# 참여정부 시기의 금융 이야기

FINANCE STORY

# 참여정부 시기의 금융 이야기

김진호 지음

이화여자대학교출판부

# 책을 펴내며

스스로 짧은 지식의 한계를 모른 체하고 세상을 향해 겁 없이 쓴 글들을 모아 출간했던 책이 2003년에 나온 『김진호 교수의 금융 이야기』였다. 책의 출간 이후 예상치 못한 독자들의 반향에 즐거워하면서도, 한편으로는 글 쓰는 것에 대한 일말의 두려운 책임감까지 느끼곤 했다. 첫 번째 책을 출간하고 난 뒤에도 나름대로 꾸준히 써온 칼럼들을 모아, 다시 두 번째 책을 출간하고자 하니 감회가 새롭다. 급변하는 현실 속의 사회갈등을 부족한 필력으로 다루다보니 지치고 좌절하여 몇 달 간은 붓을 놓은 적도 있다. 그러나 우리 금융시장의 일기를 쓴다는 기분으로 부족하면 부족한 대로 달려오다 보니 어느덧 또 한 권의 책을 묶어 낼 만큼의 글들이 모아졌다.

이 책은 『김진호 교수의 금융 이야기』 후속편이다. 첫 번째 책의 서문에서 필자는 다음과 같이 책의 성격을 밝혔다.

> 복잡한 금융현상을 이해하기 위해서는 경제학의 여러 과목들 – 미시 및 거시경제학, 화폐금융론, 재정학, 계량경제학, 국제경제학 – 과 재무학의 주요 과목들 – 기업재무, 투자분석, 금융시장, 금융기관론, 국제재무론 – 더 나아가서 수학과 통계학에 대한 광범위한 지식을 필요로

한다. 그러나 이들 과목을 모두 이수한 학생들조차 실제 금융현상에 당면하여 이를 해석하고 나름대로 분석을 통해, 재테크에 활용하거나 더 나아가 정책비판 및 대안제시를 하는 것에 대해서는 막막해하는 경우를 자주 접하고는 한다. 따라서 이 책은 통상적 교재들과 반대의 순서를 취한다. 맛있는 음식을 먼저 맛보고 나서 그 안에 담겨 있는 재료나 요리기법을 분석하는 것이다. 금융에 대한 일종의 사례 연구와 비슷하다 할 것이다……

칼럼 하나하나로서는 나름대로 당시 금융현상을 분석, 비판하고 대안을 제시하려는 독립적 역할을 수행하였으되, 이들 전체로서는…… 필자 나름대로의 금융교육을 위해 주제 선정과 칼럼 안에 포함되는 재료선정(경제학과 재무학의 제 이론들)에 있어 통합적인 체계를 갖추려고 노력하였다. 따라서 이 책에 등장하는 제반 이론들을 모두 모으면 대략 금융을 이해하는 데 필요한 학문분야들을 포괄하도록 구성하였다.

이상과 같은 책의 목적은 두 번째 책에서도 그대로 유지하려고 노력하였다. 이 책에서 다루고 있는 시기는 2003년 가을부터 2007년 여름까지로서, 마침 참여정부가 막 제대로 일을 시작하던 시점부터 이제 마무리하려는 시점에 걸쳐 있다. 그러다보니 책 전체에 걸쳐 참여정부의 가치관이나 금융정책에 관한 논쟁들이 자주 등장하게 된다. 특히 금리정책과 부동산정책에 관해서는 뚜렷한 대립각을 발견하게 될 것이다. 하지만 이 책은 정치문제를 다루려는 것이 아니라 '금융'을 다루는 것이 주된 목적이다. 따라서 일부 다뤄지는 정치적 요소들은 금융을 이해하기 위해 꼭 필요한 만큼으로 한정하려고 노력하였다.

첫 번째 책이 나오고 만 4년 만에 두 번째 책을 내려니 필자의 지식이 짧음을 느끼며 부끄러운 마음이 하염없다. 지난 4년간 필자의 학문이 오히려 줄어든 것은 아닐까? 잘 알지도 못하면서 세상을 비판한다고 어설프게 학문을 견강부회(牽强附會)한 것은 없을까? 이에 대한 모든 판단을 독자들에게 맡기고 책을 세상에 내보내며 따뜻한 질책을 기다리고자 한다.

필자의 일부 칼럼들을 위해 지면을 할애하여준 월간 『신용경제』에 감사를 표한다. 전화와 이메일 등을 통해 필자의 주장에 동의와 반론을 제기하면서 다양한 논평을 해주신 여러 독자들에게 이 자리를 빌려 크게 감사드린다. 또한 졸업 이후에도 필자의 칼럼들을 꾸준히 읽으면서 학창시절을 회상한다던 이화여대 여러 제자들에게도 고마움을 표한다. 매달 1-2편씩 쓰던 칼럼이 필자의 게으름으로 인해 늦어지면 어김없이 재촉하던 선배, 동료들, 특히 멀리 캐나다에서 필자의 칼럼들을 빠짐없이 읽어주고 있는 죽마고우(竹馬故友) 김중수 군과 칼럼 내용에 현장감 있는 조언을 해주고 있는 HSBC 이동진 부대표에게 특별한 감사를 드린다. 부족한 원고로 좋은 책을 만드느라 여름내 땀 흘린 이화여자대학교출판부 직원들과 꼼꼼히 교정을 보아준 이화여대 박사과정 김윤정 양에게 감사를 표한다. 늘 그러하듯 마지막에 표하지만 결코 마지막일 수 없는 가장 큰 고마움을 부모님들과 아내, 그리고 영권, 영은에게 보내며 이제 이 책을 세상 속으로 내보낸다.

2007년 8월

이화여대 연구실에서

# 차 례

책을 펴내며 5

## 2003

09월 가을의 기쁨 13

10월 달을 가리키는 손가락 19

11월 단풍생각 25

12월 대학의 금융교육 31

## 2004

01월 난지도의 달걀 37

02월 종합선물세트 나누어 먹기 42

03월 달러 바꾸기 48

04월 판도라의 상자 53

04월 경제 살리기를 위해 정치권이 할 일 59

05월 10 in 10 유감(有感) 65

06월 어느 모임에서 나눈 대화 70

07월 물 한 컵의 펌프질 75

07월 지금의 재테크, 이대로 좋은가? 81
08월 아시아적 가치와 신자유주의 86
09월 경제 우울증을 치료하려면 92
10월 부모교육과 금융회사 98
10월 실물펀드 투자에서 짚어보아야 할 점 104
11월 은행의 독주(獨走), 바람직한가? 110
12월 가랑비와 소나기 116

## 2005

01월 사촌이 땅을 사면 123
02월 부는 바람에 때맞춰 올리는 돛 129
03월 위험과 리스크 134
04월 엘리스가 가는 길 139
09월 친구들과의 대화 145
10월 금융기관 이용자의 보호 151
11월 매화향기를 기다리며 162
12월 금융회사들의 고민: 백화점과 전문점 168

## 2006

01월 다시 맞는 '개'의 해 175
02월 내가 채권을 산 이유 181
03월 여도지죄(餘桃之罪) 188
04월 손쉬운 대출의 책임 195

05월 IB와 MBA 201
06월 월드컵과 장마 212
07월 시대유감(時代有感) 218
08월 바다이야기 224
09월 인문학의 위기와 금융 230
10월 지자불언(知者不言) 언자부지(言者不知) 240
11월 마지막으로 쓰는 부동산 칼럼 248
12월 천(千) 척의 군함 258

2007

01월 황금돼지의 해 267
02월 대학에서의 기금의 필요성 275
03월 두꺼비가 파리를 물고 283
04월 국민연금 문제의 해결책 291
05월 미자루, 이와자루, 키카자루 297
06월 국민연금의 은행인수 305
07월 참여정부 시기의 금융 이야기 311

2003

# 가을의 기쁨

15년 전 유학할 당시에나 이번에 교환교수로 체류하는 과정에서 공통으로 느끼는 것은 이곳 뉴욕 부근의 날씨가 서울과 많이 비슷하다는 것이다. 올해 이곳에서는 예년 같지 않게 비가 많이 와서 미국에서도 혹시나 장마 비슷한 것이 새로 생겼나 했더니 서울에서도 이번 여름에는 잦은 비가 내렸다는 소식이 전해진다. 지구 반대편에 있는 두 곳의 날씨가 비슷하기는 어렵겠는데 기상학적으로 달리 이유가 있는지 궁금하다. 많던 여름비도 이제 그치고 가을의 문턱에 들어섰다.

가을의 초입에 고국으로부터 전해져온 소식들 가운데 특히 필자의 눈에 띈 것은 신용불량자가 지난 7월 말 현재 335만 명으로 증가했으며, 특히 신용카드 관련 신용불량자가 207만 명으로 급증해 신용불량자 증가의 최대 요인이 되고 있다는 소식이었다. 1997년 외환위기가 기업들의 신용불량에서 출발했다면 앞으로 다가올 수도 있는

제2의 위기는 가계 부문의 신용 위험에서 출발할 것이라는 반갑지 않은 경고가 많은 전문가들 사이에서 이루어져 왔음을 고려할 때, 최근까지 지속적으로 증가하는 신용불량자의 문제는 결코 가볍게 보아 넘길 문제가 아니다.

신용카드 관련 신용불량자의 증가는 크게 다음 두 가지 원인에 의한 것으로 분석된다. 첫째는 투명한 세원 확보를 위해 정책당국이 신용카드 사용을 적극적으로 권장하여 신용카드 시장 기반을 넓혀준 것이다. 신용카드 사용분에 대해 연말정산에서 세금 공제를 해주고 복권 추첨을 통해 큰돈을 벌게도 해준다. 이에 편승하여 신용카드 회사들은 적극적 마케팅을 통하여 신용카드 한 장이면 세상이 행복해질 것 같은 착각을 소비자들에게 전파시켰다. 이는 결과적으로 발급받지 않아도 좋았을, 아니 발급받지 않았어야 할 사람들에게조차 신용카드가 발급되도록 했으며, 결과적으로는 사회 전체적으로 책임지지 못할 과소비를 촉발시키는 한 요인이 되었다.

신용카드 불량자 증가의 두 번째 이유는 높은 은행 문턱으로 인해 필요한 대출을 받지 못한 서민층이 신용카드의 현금서비스 기능에 크게 의존함에 따른 것이다. 외환위기 이후 양극화된 금융시장은 최근까지도 제대로 기능을 회복하지 못하여 한편에서는 역사적 저금리 하에서 운용처를 찾지 못하는 자금이 남아돌아 쩔쩔매는 과정에 있는 반면, 또 다른 한편에서는 살인적인 고금리에도 필요한 자금을 얻지 못해 동분서주(東奔西走)한다. 따라서 시중의 풍부한 자금 사정에도 불구하고 불확실한 상환 능력 탓으로 은행 대출이 쉽지 않은 서민층들이 신용카드에 의존하게 됨은 자연스러운 결과이다.

신용카드란 미래의 소득을 담보로 하여 현재 소비를 가능하게 해주는 도구이다. 쉽게 말하면 빚내어 소비하게끔 해주는 것이다. 건전한 소비자라면 현재의 소득에서 일부를 소비하고 남은 돈은 미래의 불확실성에 대비하여 저축하는 것이 옳다. 따라서 현재의 소득으로도 부족하여 미래의 소득까지 끌어다가 현재의 소비에 충당하는 것은 기본적으로 바람직한 소비 행태라고 볼 수 없다. 이러한 예외가 인정받기 위해서는 최소한 다음 두 가지의 조건이 필요하다. 첫째는 미래로부터 차용된 현재의 소비로부터 느끼는 효용이 이를 위해 지불되는 각종 비용보다 커야만 한다. 문제는 소비의 효용이라는 것이 워낙 주관적이어서 이를 객관화하기 어렵다는 것이다. 요즘처럼 사회가 극단적으로 물질지상주의로 흐르는 상황에서 사람들이 소비에서 느끼는 말초적 효용은 커지게 마련이다. 둘째는 미래의 소득이 차입의 변제를 확실하게 감당할 수 있어야 한다는 것이다. 오늘날 신용카드로 인한 신용불량의 증가는 이에 대한 고려가 부족했던 것이 가장 큰 이유로 보인다.

빚이 무서운 이유 중 하나는 365일, 24시간 우리가 일하든, 놀고 먹든, 잠자든 부담해야 할 이자를 확실하게(!) 계속 늘려간다는 데 있다. 우리의 미래 삶은 기본적으로 불확실하여 큰돈을 벌 수도 있지만 불행하게 실업(失業) 상태에 놓일 수도 있다. 빚은 이러한 불확실성을 고려해주지 않은 채 무자비하게 그 규모를 키워나간다. 따라서 확실하게 미래 소득에서 빚을 변제할 자신이 있다고 해도 살다보면 불안해지는 것이 빚의 변제인데, 하물며 내일이면 어찌어찌 상황이 좋아져서 혹시(!) 빚을 갚게 될지도 모른다는 허망한 기대에 덥석 빚을 얻었다가는 두고두고 고생하게 마련인 것이다. 따라서 전문가들은 전체 소득에서 빚 관련 부담 비용을 일정 비율 이하로 통제할 것을 강력히 경고해온 것이다. 결국 빚이란 우리 미래 삶의 불확실성을 더욱 증폭시키는 악영향을 미치게 되기 때문이다.

필자가 이런 얘기를 주변에 해주다 보면 많이 당면하는 질문은 다음과 같은 것이다. 교과서 말씀이 옳은 줄은 알겠는데 당장 발등에 떨어진 불은 끄고 보아야 하는 것이 아니냐는 것이다. 집안 가족 중에 급한 환자가 생겼는데 당장 입원비가 없다면…… 등등. 이 글에서는 이런 예외적 경우까지를 포함하여 비판하고자 하는 것은 아니다. 생명의 가치는 세상 물질 모두를 능가하는 절대적인 것이므로 세속적 분석의 대상이 될 것이 아니다. 문제는 우리 사회 신용불량의 많은 경우들이 불요불급(不要不急)한 소비 행태와 맞물려 있다는 것이다. 회사에서 승진 턱을 내기 위해, 여름 바캉스 비용을 조달하기 위해, 애인과의 데이트 비용을 위해, 아직 쓸 만한 가전제품의 교체를 위해……

부채는 확실한 반면 우리의 미래는 불확실하다는 사실만 염두(念頭)에 둔다면 신용불량의 많은 경우들은 발생하지 않을 것이다. 이 사실이 뜻하는 바는 빚을 갖고 살아가는 경우에는 우리가 계획하는 미래의 모습에 약간의 불행만 생겨도 이 불행이 즉각적인 증폭효과를 가져올 수 있다는 것이다. 즉 예기치 않은 미래 소득의 감소는 확실한(!) 부채 상환 요구에 맞물려 새로운 부채 조달의 필요성을 유발할 것이며 이는 새로운 악순환(惡循環)의 출발이 될 것이다. 따라서 현재의 소득으로 감당하기 어려운 문제라면 대개의 경우 이에 따른 아쉬움과 고통을 현재의 시점에서 감내하고 끝내는 것이 옳다. 지금 당장의 고통을 회피하기 위해, 남의 눈이 무서워서, 미래에는 좋은 일이 있겠지 하는 막연한 희망으로 끌어다 쓴 부채는 오늘뿐만 아니라 내일의 행복마저 앗아가는 경우가 더 많음을 기억하기 바란다. 건전한 소비문화와 금융에 관한 체계적 교육이 자리 잡지 않은 우리나라 상황에서 폭발적인 신용카드 사용의 확대는 개인들에게 손쉽게 신용을 공급해줌으로 인해 아쉽게도 신용불량자로의 길을 활짝 열어준 셈이 되고 말았다.

최근 재정경제부 발표에 따르면 직불카드 가맹점 가입률을 내년 말 80% 수준까지 높이기로 했다고 한다. 직불카드란 금융기관에 개설한 계좌의 잔액범위 내에서만 물품을 살 수 있으므로, 자유롭게 사용이 가능한 신용카드에 비해 무분별한 지출을 줄일 수 있다. 또한 정부는 직불카드 사용액에 대한 소득공제율을 신용카드의 20%보다 높은 30%로 확대했으며, 올해 1월부터 영수증 복권제도의 직불카드 추첨 기회를 2배로 늘리기로 했다고 한다. 신용카드 가맹점을 모두 이용할 수 있어 편리한 데다 통장 잔액 범위 안에서만 쓸 수 있기 때문에 직불카드의 장점을 함께 갖춘 체크카드도 곧 활성화될 예정으로 보인다. 이 모두는 최근 과도한 신용카드 사용이 가계부채 증가와 신용불량자 양산 등 사회적 문제를 유발시킴에 따라, 신용카드와 동일한 과표 양성화 효과가 있으면서도 부작용이 없는 직불카드의 사용을 활성화하기 위한 것이다. 다소 늦은 감이 있지만 건전한 소비문화 정착과 가정경제의 안정을 위한 중요한 발전으로 생각하여 전폭적인 지지를 보내는 바이다.

이제 가을 수확철이 돌아온다. 수확의 기쁨이란 실컷 먹고 남은 곡식과 과일을 내년을 위해 비축하는 데 있는 것이지, 지난해 당겨쓴 고리대(高利貸)를 갚고 텅 빈 창고를 바라보는 허망함에 있는 것이 아닐 것이다. 모두에게 나름대로 풍성한 가을의 기쁨이 충만하기를 바라며……

/ 월간 『신용경제』 2003년 9월

# 달을 가리키는 손가락

## 이야기 하나

필자가 대학생일 때 얘기다. 하루는 수업시간에 한 교수님이 뜬금없이 다음과 같이 물어보셨다. "서울시 인구가 날로 증가하여 큰 걱정인데 이를 획기적으로 줄일 수 있는 방법을 아는 사람?" 모두들 나름대로 머리를 짜내어 인구의 수도권 집중을 줄이고 지방 분산을 촉진할 수 있을 것으로 사료되는 방안들을 조심스럽게 나열하기 시작했다. 이를 다 듣고 나신 후 교수님이 말씀하시기를, "모두들 좋은 의견을 주었습니다. 그러나 가장 빠르고 간단한 방법은 지금의 서울시 행정구역을 과거와 같이 사대문(四大門) 안쪽으로 조정하는 것입니다. 그렇다면 지금 당장이라도 서울시 인구는 100만 명 정도로 줄일 수 있습니다." 물론 이 교수님의 마지막 제안이 당신이 믿고 계셨던 정답이 아님은 자명(自明)하다. 당시 교수님은 이를 통해 학생들에게 사물의 본질을 파악하는 핵심을 알려주고 싶으셨던 것이다.

## 이야기 둘

작금(昨今)의 우리나라 중고등학교 교육이 이만저만한 문제가 아니다. 초등학교에서 고등학교 졸업까지 배우는 모든 내용이 겨우 컴퓨터 CD 한 장에 담길 정도에 불과하다는데, 이를 익히고 암기하느라 대부분의 청소년들이 암울한 시기를 고통 속에 보내고 있음은 어제 오늘의 일이 아니다. 더불어 자고 일어나면 바뀌는 입시제도는 대학에서 일하는 필자조차도 따라가기 버거울 정도이다. 이에 따른 고통은 이제 학교교육의 현장에서 벗어나 모든 학생들의 가정에까지 일파만파(一波萬波)로 번져 청소년을 둔 가정들이 겪는 심적, 물질적 고통은 날로 커지고만 있다. 이제 교육의 문제는 우리나라 국민들의 고통의 최대 원인이 되고 있으니, 오죽하면 교육문제만 해결해도 대통령이 되고도 남을 것이라는 자조적(自嘲的) 한탄이 나오는 것일까?

이렇듯 살인적인 경쟁환경에 지친 우리의 아이들은 조기유학이라는 미명(美名) 아래 조국을 떠나 낯선 외국 땅으로 흩어져간다. 이를 위한 국부(國富)의 유출은 우리나라 국제수지에 주름살을 끼칠 정도에 이르고, 아이들 양육을 위해 엄마들까지 따라나설 경우 남아 있는 '기러기 아빠'들의 외로움은 이 땅을 더욱 살기 어렵게 만든다. 자녀들의 교육을 위해 중산층이 이민 행렬에 줄을 서는 나라에서 남아 있는 사람들은 어떤 희망을 찾아야 할까?

이러한 와중에 정부가 내놓는 정책은 다음과 같은 것들이다. 강남의 부동산 가격이 치솟는 원인이 사설학원들을 중심으로 한 양호한 교육환경 탓이니, 이를 대체할 수 있도록 판교 신도시에 대규모 사설학원 단지를 만들어 제2의 강남을 만들겠단다!!! 또 사설학원비가 너무 비싸 학부모들에게 부담이 되니 방과 후 학교시설을 사설학원들에게 빌려주어 과외교육 원가 절감을 통해 학부모들의 사교육비용을 줄여주겠단다!!! 코미디 프로도 이만하면 정상급이다.

## 이야기 셋

신용카드를 중심으로 소비자금융 채무불이행으로 인한 신용불량자의 숫자가 날로 급증하고 있다. 전체 신용불량자가 335만 명에 달하고 있는 가운데 교육공무원이나 은행원 등 전통적으로 안정적 직업에서조차 신용불량자가 급증하고 있어 문제의 심각성을 더해주고 있다.

이에 대해 정부가 최근 제시한 '신용불량자 종합대책'을 보면 소액채무 불이행자에 대해서는 금융기관들이 자체 판단으로 대환 대출, 만기연장, 원리금 일부 감면 등의 대책을 추진토록 정부가 유도하며, 2개 이상의 금융기관에 빚을 진 다중채무자들에 대해서는 공동추심제를 추진한다는 것이다. 이것으로 무엇이 달라질 수 있을까? 오히려 이러한 무의미한 대책들의 남발(濫發)은 마치 빚을 안 갚아도 되는 것처럼 알려져 신용불량자들의 도덕적 해이만 부추길 가능성이 아주 크다.

그러나 보다 중요한 것은 궁극적인 정부의 의도이다. 정부는 이 과정에서 신용불량자의 원금 탕감이나 신용 사면(赦免)과 같은 조치들이 결코 없을 것임을 천명하고 있지만, 정부가 신용불량자 제도의 변경 또는 폐지를 검토하고 있음은 널리 알려진 바이다. 필자는 지난 칼럼(2001년 5월)에서 이의 부당성에 대해 논한 바 있다. 신용불량자 제도의 변경 또는 폐지는 오히려 장기적으로 이들에게 가장 큰 피해를 줄 것이기 때문이다. 기록을 없애고 나면 금융기관 입장에서는 향후 대출 여부를 결정할 때 '눈을 감고' 대출을 해주는 것과 다름없으므로 전반적으로 대출을 꺼리게 될 것이며, 이는 신용경색을 유발하여 결국 서민들에게 피해가 가장 크게 돌아갈 것이기 때문이다. 결국 신용불량자 기준을 완화하여 신용불량자 수를 인위적으로 줄이거나 신용사면 등으로 신용불량자를 구제하는 것은 문제의 본질은 그대로 둔 채 손바닥으로 하늘을 가리는 것에 다름 아닌 것이다.

## 걱정되는 원화절상 추세

현재 우리나라는 역사적으로 아주 어려운 시기를 통과하고 있다고 판단된다. 많은 사람들이 해방 이후 가장 큰 이념적 혼란기, 1997년 외환위기 이후의 가장 극심한 경제침체에 대해 걱정을 한다. 보수와 진보 진영, 양쪽이 모두 불만이며, 기업가와 노동자, 양쪽이 모두 못 살겠다고 아우성이다. 이와 같은 난세(亂世)를 극복할 지도자를 찾지만 여의치 않다. 나라 전체가 방향을 잃은 채 난파(難破)한 배처럼 어지럽게 흔들리고 있다.

나라 전체가 시끄러울 때 금융시장은 그동안 그런 대로 조용한 모습을 유지해왔다. 최근 몇 년간 국가적 혼란의 진원지였다는 자책 때문이었을까, 아니면 다른 정치, 사회적 문제들이 하도 시끄러워 금융의 문제들이 파묻혀 버렸던 것일까? SK 글로벌을 중심으로 일부 재벌의 회계부정 사건과 신용불량자 급증에 따른 신용카드사 부실이 우리 경제의 목에 비수와 같은 잠재적 위협이 되어왔지만, 그런 대로 금리와 환율은 안정되어 있었고 주가는 양호한 상승세를 보여 왔다. 그러던 금융시장에 최근 중요한 변화의 조짐이 보이기 시작했다. 환율이 급락한 것이다.

바다 건너 멀리서 이를 지켜보는 필자에게 들려오는 이에 대한 대책은 역시 앞서의 이야기 하나, 둘, 셋과 다를 바 없다. 문제의 본질에 대한 치밀하고 깊은 접근과 분석 없이 표피적인 대증(對症) 요법들에 치중되어 있다. 달러화 결제를 줄이고 유로화나 엔화 결제를 늘리겠다, 원화절상을 상쇄할 만큼 생산성 향상에 치중하겠다는 교과서적이고 단기적인 반응들이 대부분이다.

그러나 최근의 급속한 원화절상은 가볍게 지나칠 문제가 아닌 듯싶다. 한 나라의 통화가치는 기본적으로 국가경쟁력과 무관하지 않다. 미국 경제의 회복 조짐이 여러 군데에서 감지되는 반면 우리나라는 외환위기 이후 가장 극심한 침체로 들어가고 있다는 아우성이다. 이론에 따르면 이럴 경우 원화가 절하되는 방향으로 가야만 한다. 그럼에도 불구하고 오히려 원화는 절상되고 있다. 이는 우리나라

상품의 수출경쟁력 훼손을 통해 우리에게 주어진 어려움을 더욱 증폭시킬 가능성이 크다. 도대체 우리 주변에서 무슨 일이 일어나고 있는 것일까? 지금은 대증(對症) 요법이 아니라 궁극적 진단과 처방을 필요로 하는 중요한 시점인 것이다.

"손가락은 달을 가리켜 이를 찾게 할 뿐이지, 손가락 끝이 곧 달은 아니다. 달을 보려는 이가 이를 가리키는 손가락에만 매달려 있으면 손가락만 볼 뿐 달을 보지 못한다." 소요(逍遙) 대사의 선시(禪詩)를 복잡하고 시끄러운 세상일수록 궁극적인 해답을 찾아야 하는 사람들에게 다시 권해본다.

/ 월간 『신용경제』 2003년 10월

# 단풍생각

필자가 현재 임시 거주하고 있는 미국 뉴저지/뉴욕 주 북부지역에도 단풍이 곱디곱게 물들었다. 집집마다 마당에 형형색색(形形色色)으로 물든 단풍에 취해, 이곳 교민에게 부러움 섞인 말로 '이곳 사람들은 따로 단풍구경을 갈 필요가 없겠군요?' 라고 물어본 적이 있다. 그 사람 대답이 '그래도 고국의 백두대간을 따라 산골짜기 깊은 곳에 자리한 그런 아름다움을 이곳에서는 느낄 수 없지요' 라고 한다. 답을 듣는 순간 아스라하니 두고 온 고국의 설악산 단풍생각이 머리 가득히 자리함을 느낀다. 아! 한국에도 지금은 단풍이 한창이겠구나!

그런데 지금 한국의 얼마나 많은 사람이 한가하게 단풍구경을 할 수 있을까 하는 생각에 다시 우울해졌다. 새 정부가 들어선 지 일년도 채 안 되어 온갖 비리는 썩은 시궁창에서 냄새나듯 끊일 줄 모르고, 급기야는 대통령이 자리를 걸고 재신임을 받겠다고 선언하기에 이르렀다. 서울 강남지역을 중심으로 하는 부동산가격의 급등은 멈출 줄 모르고, 급기야는 세제, 교육제도 등 정부가 쓸 수 있는 모든 수단을 써서라도 이를 잡겠다고 하는 무리수를 두기에 이르렀다. 경기는 침체를 거듭하면서 각 경제 예측기관들은 연초에 작성한 경제성장 전망치를 수차례에 걸쳐 계속 낮추어가고 있다. 이런 상황에서 기업 신입사원 채용경쟁률이 수백 대 일에 달하는 것은 전혀 놀라운 일이 아니다. 극심한 가난이 가져오는 가정 붕괴의 안타까운 소식들은 연이어 신문 지면을 채우고 있으며, 나라 밖에서는 북한 핵문제에 대한 우려로 인해 여전히 관련 당사국들 간에 복잡한 이야기가 계속 오간다. 2003년 가을, 우리에게 단풍을 즐길 마음의 여유가 과연 있는가?

그런 와중에 반가우면서도 이해가 쉽게 되지 않는 현상이 금융시장에 나타났다. 주가가 오르고 있는 것이다. 지난 3월 종합주가지수는 500선을 위협받더니, 이후 등락을 거듭하면서도 추세 상승을 계속하여 10월 말 현재 800선을 목전(目前)에 두고 있다. 상승의 원동력은 이번에도 외국인들의 순(純)매수 지속이다. 반면 이 기간 중에 국내 개인들은 주식을 순(純)매도했다. 외국인들은 한국의 내수경기가 바닥을 통과하고 있는 것으로 보는 반면, 개인들은 극심한 체감경기 침체로 인해 비관적 입장을 취하고 있기 때문이라는 것이 시장의 일반적 분석 같아 보인다.

사실상 인터넷을 통해 읽는 국내 정치, 경제 소식들을 보면 주가가 오른다는 사실이 의아하게 느껴지는 것이 당연하다. 일부의 주장처럼 현 정부를 흔들기 위해 언론이 일부러 악의적(惡意的) 기사만을 골라 실은 것이 아니라고 한다면, 현재 우리나라 상황은 그다지 좋아

보이지 않는 것이 사실이다. 그런데 어떻게 국내 주가는 상승 추세를 지속해온 것일까?

최근 주가상승의 근원에는 미국을 중심으로 한 세계경기 회복에 대한 강한 기대감이 반영되어 있다. 미국 경기가 뚜렷한 회복신호를 보내는 가운데 장기간 침체에 빠졌던 일본과 독일도 이에 가세할 징조를 보이면서 세계경기가 지난 몇 년 동안의 침체에서 벗어나 회복을 시작했다는 믿음이 전 세계에 확산되고 있다. 이는 두 가지 방향에서(사실은 결국 한 가지이지만!) 국내 주가에 긍정적 영향을 준다. 첫째, 선진국들의 주가상승으로 인해 상대적으로 한국 등 아시아 국가들의 주가가 저평가된 것처럼 보이게 된다. 이는 국제 포트폴리오 재구성을 통해 아시아 국가증시에 대한 주식투자를 늘리는 방향으로 작동한다. 당연히 한국 주식에 대해서도 외국인 매수가 증가한다. 둘째, 미국 경기의 회복은 국내 수출의 확대를 가져온다. 최근 내수와 기업투자의 극심한 부진에도 불구하고 수출이 지속적으로 늘고 있는 것은 이러한 배경에서이다. 수출증가에 따른 긍정적 효과는 결국 침체에 빠진 내수에도 활력을 줄 수 있다. 이들은 최종적으로 기업 수익성 개선을 통해 주가상승으로 나타난다. 결국 최근 국내 주가상승은 이러한 두 가지 효과에 대한 기대감에 따른 것이다.

그러나 기대가 과연 현실로서 실현될 것인가는 다른 문제이다. 세계경기가 따스한 회복의 꿈을 꾸는 동안 우리의 준비 자세는 어떠한가? 다른 나라들은 경기회복을 꿈꾸는데 현재 우리는 왜 1997년 외환위기 때보다 더 심하다는 내수침체를 겪고 있는 것인가? 결론적으로 각종 정치 관련 비리, 부동산으로만 몰려드는 부동(浮動) 자금,

열악한 교육제도, 북한 핵문제, 잇따르는 노동계의 파업, 여기에 더하여 가장 중요한 것으로서 '지겹고 가증스러운 정치 싸움' 속에서 우리는 세계경기 회복에 동참할 절호의 기회를 놓칠 가능성이 큰 안타까운 상황에 놓여 있다. 우리나라와 같이 부존자원(賦存資源)이 적은 경제 소국(小國)이 세계경제의 큰 흐름에서 벗어나 독자적인 경기 활황세를 지속적으로 유지하는 것은 아주 어렵다. 그러나 반대로 세계경기가 회복세를 보일 때 이와 동떨어져 침체를 지속하는 것은 아주 쉬운 일이다. 문제는 우리가 세계경기 회복세를 타고 이용할 만한 준비 자세를 갖추었는가 여부에 달렸다.

이를 위해 우리나라가 현재 풀어야 할 과제를 짧은 글에서 일일이 열거할 수도 없고, 또 모든 문제에 대한 정답을 자신 있게 제시하기는 어렵다. 이중 몇 가지만 살펴보도록 하자. 첫째, 부동산 시장에 머물러 있는 부동자금(浮動資金)을 주식시장으로 끌어들여야 한다. 부동산 가격 상승은 근로자들 생활원가(生活原價) 상승을 통해 물가 상승의 원인 및 빈부(貧富) 격차를 확대시키는 부정적 결과를 가져오는 반면, 주가상승은 일부 우려되는 부작용에도 불구하고 '기업하려는 유인 증대'를 통해 경제 활성화의 동력(動力)이 될 수 있다. 필자는 이미 본 칼럼을 통해 부동산 투기문제 해결을 위해서라도 부동자금(浮動資金)이 보다 건전한 곳으로 이동할 유인을 제공할 필요가 있음을 주장한 바 있다. 주가의 상승은 기업의 투자의욕을 증대시켜 줄 뿐 아니라, 국부(國富) 증대를 통한 내수증진 효과를 기대할 수도 있다. 또한 다수 투자자들의 관심을 불건전한(?) 부동산에서 떼어내어 기업부문에 집중하게 함으로써, 기업인들로 하여금 '기업하려는 의지'를 북돋워줄 수도 있을 것이다.

둘째, 정치권은 이제 기업에 부담이 되어온 관행을 끊어야 한다. 정치권이 정화(淨化)되어 진정하게 국민을 위한 정치를 할 것을 기대하기는 당장 어렵겠지만, 이제부터라도 돈 안 드는 정치를 통해 더 이상 기업을 고생시키지 말기 바란다. 최근 일부 기업의 대선 비자금(秘資金) 문제로 온 나라가 떠들썩함을 지켜보았다. 부정한 돈을 준 기업을 옹호하고 싶은 생각은 전혀 없지만 그동안 이 나라에서 그러한 관행으로부터 완전히 자유로운 기업이 과연 있었던가를 생각하고, 우리의 수많은 정치인들 중 비자금 문제에서 깨끗한 사람이 과연 얼마나 될까 생각하면, 이를 관행처럼 만들어온 정치권이 한없이 원망스럽기만 하다. 국민을 먹여 살리는 것은 결국 기업이다. 정치권은 국민을 위한 생산적 활동을 할 능력과 생각이 없다면 차라리 기업들에게 부담이나 되지 말기를 바란다. 잘못된 과거 관행을 막후(幕後)에서 은밀히 요구받는 상황에서 기업인들이 자유로울 수 없고, 더군다나 이로 인해 기업인들이 처벌을 받는 나라에서 '기업하려는 의지'를 기대하는 것은 연목구어(緣木求魚)가 아닌가?

셋째, 지금 당장이라도 교육제도를 개선해야 한다. 우리나라가 지난 사십 년간 고도성장을 유지해올 수 있었던 잠재력의 큰 원천은 교육을 통해 양성된 우수한 인력자원이다. 그러나 안타깝게도 우리는 더 이상 이를 기대할 수 없다. 초등학교 때부터 대학입시를 겨냥하여 사교육(私教育)으로 맹훈(猛訓)을 시킨 아이들이 대학에 들어오지만, 과거보다 기초실력이 크게 떨어졌을 뿐 아니라 필요한 도덕적 소양(素養) 또한 부족한 경우를 자주 접하게 된다. 모든 학생들이 대학만을 바라보며 끔찍한 사춘기를 온몸으로 겪고 있는 가운데, 실업(實業) 교육은 외면받아 과거에 비해 경쟁력을 크게 잃어가고 있다. 결과로 나타난 것이 필요 이상으로 많이 배출된 대학졸업생들의 극심한 취업난이고, 반면에 중소기업들의 극심한 생산인력 구인난(求人難)이다. 모든 학생들을 한 줄로 세워 대학입시로써 그들의 인생성적표로 삼으려는 사회에서 끔찍한 경쟁에서 살아남기 위한 각 가정마다의 처절한 고민은 이 땅에 사는 행복이 과연 무엇인가 회의(懷疑)하게 할 만하다. 이제 이를 바꾸어야 한다. 가진 것이라고는 많은 인구와 이에 따른 우수한 인력자원뿐인 나라에서 이렇게 낙후된 교육제도를 가지고 세계와 발맞추어 번영을 유지하기를 기대할 수는 없다.

이제 가을이 깊어가면 저토록 아름답던 단풍도 모두 떨어질 것이다. 어디에서부터인가 따뜻한 겨울 소식을 기대할 수 있을 것인가? 지금은 가을인데도 춥다. / 월간 『신용경제』 2003년 11월

# 대학의 금융교육

서울대학교 정운찬 총장이 10월 한 국제 콘퍼런스에서 "외환위기 이후 한국의 금융이 많이 변화했으나 금융시장과 금융관행은 글로벌스탠더드에 못 미친다"라고 지적했다고 한다. 고통스럽던 그 시기를 지나오는 동안 외형적으로 국내 금융기관들이 많이 달라진 것은 사실이다. 잇단 합병을 통해 대형화되었으며 외국자본 도입과 함께 첨단 금융기법을 도입하려는 의지도 돋보였다. '철밥통'이라 칭해지던 직업 안정성은 어디로 간 채 수많은 직원들이 물러났으며 그 자리를 새로운 인력으로 메우기도 했다. 국가 전체를 위기로 몰아갔다는 죄책감으로 그동안 금융권이 감당해온 아픔과 이를 딛고 일어서려는 노력은 과연 눈물겨운 바 있었다. 그럼에도 불구하고 아직도 우리는 국제적 기준에 한참 미달하고 있다는 지적을 받은 것이다.

오늘날 국내 금융기관들의 국제 경쟁력 부족의 원인을 어디에서 찾을 수 있을까? 오랜 기간 동안 관행화되어온 정경유착(政經癒着),

관치금융(官治金融)에 아직도 원죄(原罪)를 물을 수는 없다. 이들의 잔재는 아직도 국내 금융시장 구석구석 남아 있기는 하되 이미 지나간 역사의 산물일 뿐이다. 아직껏 남아 있는 과거 역사의 안타까움은 시간이 곧 해결해줄 것이다. 그럼에도 불구하고 정운찬 총장의 비판에 대해 아쉽게도 동감할 수밖에 없는 이유는 무엇인가? 필자는 그중 중요한 한 가지가 바로 우리나라 대학에서의 금융교육에 있다고 판단한다.

금융은 다른 어떤 산업보다도 인력(人力)에 오로지 의존하는 곳이다. 제조업처럼 공장과 기계 없이도 금융상품을 만들어내는 것이 사람 머릿속이며, 이를 판매하기 위해 마케팅을 하고 창구에서 고객 상대로 설득을 하는 것도 사람이다. 최근 들어 컴퓨터의 강력한 지원을 받기는 하지만 금융산업은 곧 '사람장사'라고 해도 좋을 만큼 사람에 의존한다. 이러한 이유로 인해 미국 MBA 시장에서는 가장 비싼 연봉을 주면서 최우수 학생들을 거의 위에서부터 싹쓸이해가는 곳이 컨설팅 업계와 더불어 월가(Wall Street)이다. 금융기관들이 제시하는 연봉은 다른 산업에서 감히 엄두를 내지 못하는 고액이다. 이들이 이렇듯 과감하게 인력을 채용하는 것은 금융산업이 곧 사람장사라는 믿음에 기초하는 것이다.

따라서 국내 금융기관들이 국제 경쟁력을 갖추기 위해서는 미국 MBA 전문대학원에서 배출하는 것과 동질(同質)의 학생들을 우리 대학들이 배출할 수 있어야 한다는 결론에 도달한다. 혹자는 현재 국내 금융시장 각 분야에서 능력을 발휘하고 있는 사람들 중 적지 않은 수가 유학생 출신임을 들어, 과거 우리 학문의 여러 분야에서 그러했듯이 외국 유학 출신자들로 이 자리를 계속 채움이 어떠하냐고 반문할 수 있겠지만 이는 중장기적으로 유지 가능한 방법이 아니다. 국내 금융산업에 필요한 수만큼의 인력을 꾸준히 공급받을 수도 없을뿐더러, 국가 전체적으로 보면 비용/편익 측면에서 그다지 효율적이지 못하다. 한편에서 소수의 유학생들을 계속 받아들이면서도 그 중심에서는 우리 대학들이 주요 금융인력을 배출할 수 있어야만 국내 금융의 경쟁력을 제고시킬 수 있다.

그렇다면 이에 대한 국내 대학의 현실은 어떠한가? 금융교육을 담당하는 경영대학들은 현재 학부교육과 MBA 전문대학원, 양자(兩者)간의 선택을 두고 고민하고 있다. 이제까지 해온 대로 학부교육을 고집하는 것은 현재와 같이 우수한 신입생을 지속적으로 확보할 수 있다는 장점이 있는 반면, 기업에서 요구하는 전문인력을 배출하기에는 부족하다는 어려움이 있다. 그렇다고 두 시장을 모두 붙잡고 있기에는 현재 국내 대학의 역량(力量)으로는 크게 힘에 부친다. 이러한 고민을 대학들이 하는 동안에도 세월은 계속 흐르고, 대학이 기업이 원하는 인력을 제대로 배출하지 못하는 동안 우리 졸업생들은 취업난, 기업들은 필요한 인재 구인난으로 고생하고 있다. 이에 실망한 적지 않은 기업들은 아예 외국으로 취업설명회를 나가거나 사내대학(社內大學), 기업연수 프로그램 등을 통해 자체적인 인력양성에 나서기도 한다. 흥미롭고 안타까운 것은 이때 교육을 담당하는 대부분의 강사들 중 상당수가 역시 국내 대학에 재직하는 교수들이라는 점이다. 교수들이 대학현장에서 직접 금융인력을 양성하지 못하고 이런 저런 기업연수에 참석하여 교육을 담당하는 것이다. 제도적으로 대학과 기업을 연결하는 직접 통로가 형성되지 못한 상태에서 전문인력에 대한 교육 수요(需要)가 존재하다보니 생겨나는 현상이다.

그렇다면 국내 대학들이 금융기관들에게 필요한 인력을 양성할 수 있는 요건은 무엇일까? 이에 답하기 위해서는 우선 우리 사회에서 대학의 역할이 무엇인가부터 짚어볼 필요가 있다. 결론부터 이야기하면 대학은 직업교육 전문기관이 아니다. 따라서 현재 학부 중심의 대학에서 교육내용이나 체재개편을 통해 금융인력 양성에 나서려고 하는 것은 대학의 본질을 훼손하는 큰 잘못이 될 것이다. 대학의 본질은 인간과 자연에 대한 무궁한 진리탐구를 통해 우리 삶의 방향을 모색하는 것이어야 한다. 따라서 금융교육을 포함하여 전문교육에 대한 수요는 별도의 전문교육기관 부설로써 해결해야 한다. 이것이 곧 현재 수년간 논의가 진행되어온 MBA 전문대학원에 대한 설립 필요성이다.

그동안 숱한 논의에도 불구하고 MBA 전문대학원이 국내에 본격화되지 못한 원인에는 여러 가지가 있다. 그중 첫 번째로 지적할 것은 각 대학들의 학부에 대한 집착이다. 경영학 분야는 현재 인문계열 학생들 중 최고 우수한 인재들이 모여드는 인기 학부이다. 또한 각 대학들이 오랫동안 다루어왔기에 익숙한 영역이기도 하다. 그러나 이제 제대로 된 금융전문인을 배출하기 위해서 MBA 전문대학원은 본격화되어야 한다. 국내 모든 대학들이 같은 길을 갈 필요는 없다. 학부 중심으로 계속 남을 대학이 있는가 하면, 과감하게 MBA 전문대학원을 세우는 대학도 있어야 한다. 다만 앞에서 지적한 바와 같이 현재 부족한 교수인력으로 이 둘 모두를 잡고자 하면 모두를 놓치는 어리석음을 범할 수도 있다.

두 번째 요건은 전문대학원 등록금의 현실화이다. 금융교육은 일반 학부대학과 달리 피교육자의 이익이 교육의 사회환원 효과보다 뚜렷이 큰 탓으로 국가나 사회가 교육비용을 감당할 수 없다. 따라서 피교육자 부담의 교육이 진행될 수밖에 없는데 현재의 국내 등록금 수준으로는 국제적 경쟁력을 갖추는 것이 너무 어렵다. 최고의 금융교육 능력을 갖고 있는 미국이 일인당 GNP는 우리의 2-3배 수준이면서도 대학 등록금은 우리의 몇 배에 달하도록 높게 책정하는 것은 교육 경쟁력 확보가 그만큼 많은 비용을 유발하기 때문이다. 대형 강의실에 많은 학생들을 몰아넣고 소수의 교수진들이 분필 한 자루로 강의를 해야 한다면, 우리의 몇 배에 달하는 수의 교수진을 확보하고 최첨단 교육시설에서 업계 최고의 전문가들을 비싼 돈을 주고 초빙교수로 모셔오는 그들과 경쟁하는 것은 불가능하다.

마지막으로 지적할 것은 대학교수들의 업적평가 방법의 개선 또는 다양화이다. 현재 대부분 대학에서는 연구, 교육, 봉사의 세 영역으로 나누어 교수들의 업적을 평가한다. 그러나 교육과 봉사부문에서 교수들간 평가 차이는 무시할 만하며 대부분 평가점수의 차이는 연구실적으로부터 나온다. 훌륭한 연구는 좋은 교육의 바탕이라는 점에서 이를 결코 무시할 수는 없다. 그러나 대부분 학회 연구논문은 실무 지향보다는 이론과 이에 대한 검증 중심이며, 아쉽게도 금융분야의 많은 연구들은 국내 현실보다 미국 중심 이론에 치우쳐 있기도 하다. 이런 상황에서 연구실적, 특히 해외논문을 강조하다 보면 국내 전문 금융인력의 양성이라는 목표는 함께 할 수 없는 경우가 많을 것이다. 따라서 필자가 제시하는 대안은 연구실적에 대한 평가는 현재대로 두어 지속적으로 양질(良質)의 연구를 유도하되, 국내 현실에 적합한 금융 분야 '교육'에 대한 평가를 상향 조정해주어야 한다는 것이다.

이러한 제도적 변화들에도 불구하고 대학이 전문인 양성에 실패한다면 이는 대학의 전적인 책임으로 돌아올 것이다. 지난 수년 동안 우리는 금융에 대해 많은 비판과 더불어 개선을 요구해왔다. 이제는 대학이 일어나서 금융을 도와야 할 시점에 왔다.

/ 월간 『신용경제』 2003년 12월

2004

# 난지도의 달걀

필자가 어렸을 때 서울 난지도에 놀러간 적이 있다. 한때는 아름다운 섬이었으나 이후 쓰레기 매립장이 되었다가 지금은 국제경기장이 들어서고 대규모 재개발이 이루어지고 있는 곳이다. 기억이 명료하지는 않지만 아마도 쓰레기 매립이 시작되기 전이거나 막 시작한 직후였을 것이다. 여기저기 들꽃이 피어 있는 가운데 큼지막한 물구덩이들이 흩어져 있었던 것을 기억한다. 그다지 깨끗해 보이지는 않았지만 모른 척하고 길가 포장마차에서 달걀을 사먹고 있었다. 그때 마침 물구덩이에 그물을 던지고 고기를 잡던 아저씨들이 막 건져낸 것은 보기에도 끔찍하게 더러운 쓰레기 오물들이었다. 차라리 보지 말 것을…… 그리고는 한동안 달걀 먹기가 싫어졌었다.

우리나라 정치에 대해 조금이라도 관심이 있었던 사람이라면 기업 비자금(秘資金)과 불법 정치자금의 연관성에 대해 막연하게 짐작을 해왔을 것이다. '더러운 돈이 흘러 다니겠지…… 하지만 어쩌겠어, 가끔 욕이나 하며 모른 척 사는 것이지'. 그러나 막상 수면으로 떠올라 온 천하에 공개되는 이들의 최근 실태를 보면서 필자는 수십 년 전 난지도에서 먹던 역겨운 달걀의 맛을 떠올리게 된다. 차라리 보고 듣지 말 것을……

이 칼럼은 금융이 주제이므로 정치권의 얘기는 여기서 멈추자. 이번에 드러난 엄청난(?) 규모의 비자금의 존재는 우리나라 기업들의 회계투명성에 또 한번 결정적인 타격을 주었다. 비자금이란 말 그대로 '비밀스러운 자금'이다. 재무제표에 제대로 기록되지도 않으며 따라서 적절한 세금을 납부하지도 않은 돈이다. 어떻게 조성된 자금인가에 따라 성격을 달리하겠지만 비자금이 갖는 공통점은 일부 대주주를 제외한 대다수 주주들의 이익에 위배된다는 것이다. 이들 비자금은 정상적으로 처리되었을 경우 기업의 미래 생산성 제고를 위한 투자에 사용되거나 주주들에게 배당금으로 지급되었어야 할 돈이다. 그런 돈이 주주들 모르게 트럭에 실려 검은 돈으로 정치권에 전달되는 과정을 지켜본 주주들의 입장은 참담하다.

재무제표란 기업의 성적표이다. 성적표가 위조될 경우 대학은 신입생을 뽑을 수 없으며, 기업은 신입사원을 채용할 수 없다. 마찬가지로 재무제표가 위조될 경우 우리들은 기업에 투자를 할 수 없다. 우리나라 기업들의 주가가 본질적 가치에 비해 저평가되고 있다는 일부의 지적을 받는 것은 남북대치라는 특수한 정황 이외에 이와 같은 회계투명성에 대한 신뢰부족이 갖는 영향도 대단히 크다.

필자가 특히 지금 시점에서 비자금의 문제를 가슴 아프게 생각하는 것은 시중에 떠도는 부동(浮動) 자금을 부동산 시장에서 빼내어 주식시장 또는 벤쳐 마켓으로 옮겨와야만 우리 금융시장이 정상 흐름을 되찾을 것이라고 그동안 여러 번의 칼럼을 통해 주장하여왔기 때문이다. 날이 갈수록 실업(失業) 문제가 심각해지고 경제파탄으로 인한 가정붕괴의 안타까움을 해결하기 위해서 우리 경제는 다시 활력을 되찾아야 하며, 이를 위해서는 필히 다수의 투자자들이 기업인들과 함께 위험과 그에 따른 예상과실을 공유하기 위해 주식을 매입하도록 유도해야 한다고 주장해왔다. 그러나 거짓된 재무제표를 믿고 어찌 투자를 할 수 있다는 말인가? 또한 대기업들이 앞 다투어 바치는 불법 정치자금의 은밀한 대가를 짐작하는 수많은 중소기업들의 소외감은 공정경쟁에 대한 신뢰를 지워 버리기에 충분하다. 제발 정치인들은 서로의 얼굴에 묻은 더러움을 앞 다투어 비난하기에 앞서 진정한 민생(民生)의 문제가 어디에 있는지 각성하여야 한다.

한편 주식시장으로 들어오기를 망설이는 부동자금(浮動資金)은 어디에 머무르고 있는가? 대통령까지 극성스럽게 나서서 온갖 협박과 무리한 세금제도 변경을 통해 이제 겨우 부동산 투기의 끝머리를 붙잡는 데 성공한 듯하다. 언론에 따르면 매물은 쏟아지는데 매수자가 나타나지 않아 거래는 소강상태라고 한다. 시장의 자율적 조정을 기대했던 필자로서는 참으로 아쉬운 결과라고 생각한다. 부동산 투기의 해악을 누구보다 강하게 비판해온 필자이지만 거품의 제거란 적절한 시점이 있기 마련이다. 부동산 시장의 움직임이 이미 심상치 않았던 작년에 선제적(先制的) 금융긴축을 하고 시중자금의 물길을 돌리려는 노력을 했어야 옳았다. 이제 곪을 대로 곪은 다음에 토지공개념까지 들고 나와 시장을 협박하면서 겨우 가라앉힌 부동산 투기의 망령은 우리 시장에서 떠나지 않고 사회 분위기나 규제가 조금 약화되는 경우에는 또다시 돌아올 것이다. 시장자율조정을 통해 이루어진 안정균형이 아니기 때문이다.

이제 부동자금(浮動資金)은 또다시 물밑으로 잠수(潛水)하는 듯하다. 여기저기 둘러보아도 마땅한 투자처가 보이지 않는 마당에 당분간만의 은신처를 찾는 것이다. 일부에서는 토지, 농가, 상가 등 비(非) 아파트 부동산으로 자금이 옮겨가는 징후를 보이기도 하지만 이는 좀 더 지켜 볼 일이다. 이제 시중자금은 어디로 갈 것인가?

다른 나라들의 경우에도 최근까지 이와 같은 현상은 비슷하게 나타났다. 국제적으로 은행예금 금리는 역사상 최저수준을 유지하고 주가의 변동성은 아주 큰 반면 주가수준은 계속 하락했다. 한때 지속적 상승을 통해 짭짤한 자산소득을 안겨주던 부동산 시장도 안정에 들어갔다. 이들 나라는 이후 다행히 자금의 물길을 주식시장과 채권시장으로 돌리는 데 어느 정도 성공한 것으로 보인다. 특히 신용파생금융상품을 통해 시중자금을 전통적인 채권과 다른 형태로 기업금융시장에 끌어들인 성공의 예는 본받을 만하다.

그러나 우리의 경우 시중자금은 부동산 시장에서 축출(逐出)되었으나 주식이나 채권을 통해 기업금융시장으로 쉽사리 흐름을 전환하지 못하고 있다. 이와 같은 불안상태가 계속 유지된다면 필자로서는 자금의 해외유출을 걱정하지 않을 수 없다. 이미 제조업을 중심으로 생산시설을 중국이나 동남아로 해외 이전하는 움직임이 나타난지 오래이다. 아직까지는 해외금융투자에 대한 지식과 경험부족으로 망설이고 있는 투자자들이지만, 이미 국내에 다수 진입한 해외금융기관들이 간접투자서비스를 적극적으로 제공할 경우 실물투자와 함께 금융투자도 해외로 향할지 모른다.

실물투자이든 금융투자이든 해외로 가는 것이 나쁘기만 한 것은 아니다. 포트폴리오 분산 효과를 위해서도 그렇고 국제적 투자에 대한 경험을 쌓는다는 면에서도 분명 긍정적 측면이 많다. 다만 이는 국내투자가 기본이 된 다음에 할 수 있는 얘기들이다. 아무리 둘러보아도 국내에는 마땅히 투자하기가 적합지 않아서 불가피하게 해외로 나가야 한다면 이는 다른 문제이다. 더군다나 지금 우리는 성장 잠재력 저하(低下) 및 실업(失業) 문제로 뒤숭숭한 분위기가 아닌가? 지금 떠도는 자금은 '기업하려는 의지'를 갖고 있는 기업가와 한창 열심히 일하려는 의욕에 불타는 근로자들에게 기회를 주는 데 분명 돌려져야 한다. 그렇지 못하다면 우리의 미래는 현재보다 나아질 가능성이 없다.

거지 성자(聖者)로 국내에 알려진 독일인 페터 노이야르(63)가 다음과 같은 말을 했다고 한다. '몸에 벼룩이 있어 가려워 긁었더니 피가 나고 이를 맛본 벼룩들이 더욱 들끓더라. 이에 참고 긁지 않으니 피가 멈추고 마침내 벼룩은 먹을 것이 없어 몸을 떠나 더 이상 가렵지 않더라'. 부동산 투기는 적어도 지금은 벼룩과 같은 존재가 되어버렸다. 가려워도 참고 긁지 말라는 것은 부동산 투기의 단면만 보고 일희일비(一喜一悲) 하여 세상 뒤집힐 듯 덤벼들 것이 아니라, 이럴 때일수록 기업의 회계투명성 제고와 기업하려는 의지 북돋움을 통해 시중자금의 물길을 돌려주고 경제체질을 강화하는 데 국력(國力)을 쏟아야 한다는 것이다. 그런 면에서 난지도의 달걀들은 정치인들이 먼저 한번 먹어볼 일이다.

/ 월간 『신용경제』 2004년 1월

# 종합선물세트 나누어 먹기

지난 수년 동안 카드회사들이 경쟁적으로 외형을 확장하는 가운데서 우리 국민들 대부분은 주변에서 카드를 발급해주겠다는 수많은 제의를 받았을 것으로 생각한다. 친구, 친척, 단골 거래고객, 심지어는 지하철역과 놀이공원 입구마다 늘어선 카드발급 판촉요원들의 집요한 권유를 모른 척하기에는 아직까지 우리 사회의 끈끈한 인정이 이를 어렵게 한다.

그러나 신용카드 발급이란 무엇인가? 신용으로 재화나 서비스를 구입하든, 현금 서비스를 받든, 이는 기본적으로 돈을 빌려주는 행위일 뿐이다. 누가 돈을 빌려달라고 찾아와도 그 사람의 신용도를 고려하며 망설이는 것이 우리네 사람 사는 기본이라 할진대, 아무나 붙잡고 돈을 빌려주겠으니 카드를 발급받아 가라고 그렇게 난리를 쳤으니 오늘날 신용카드 회사들의 부실은 이미 예견되었던 것인지도 모른다.

최근 카드 사태의 여파로 그동안 신용카드사들의 최대 자금줄이던 자산담보부증권(ABS) 시장이 침체하고 있다는 소식이다. ABS 시장의 위축은 직접적으로는 모 카드사의 부도를 막기 위해 정부가 해당 카드사 발행 ABS의 만기를 일방적으로 연장했기 때문인 것으로 분석된다. 사람들이 이제야 신용카드사 채권을 담보로 한 ABS의 신용위험에 눈을 뜨기 시작한 것이다.

사실상 그동안 신용카드사 채권(카드사용자들로부터 받을 돈)에 대한 신용은 지나치게 높게 평가되어 있었다. 카드 사용자들 중에는 신용도가 좋은 사람도 많겠지만 한계 신용등급 또는 불량 신용평가를 받아야 할 사람들이 구별되지 못한 채 섞여 있었다. 이런 상황에서 단지 신용카드 회사가 대기업 계열사이거나 은행 계열사라서 신용도가 좋을 것이라는 막연한 믿음만 갖고, 신용카드 채권에 대해 높은 신용등급을 부여한 것은 참으로 이해하기 어려운 것이다. 이제라도 시장이 이러한 신용위험을 제대로 파악하고 반응하기 시작하는 것은 만시지탄(晩時之歎)이나 바람직한 일일 것이다.

남은 문제는 과거의 잘못으로 인한 시장의 충격을 어떤 방향으로 원활히 대처해나가야 할 것인가에 관한 구체적 방법 선택에 있다. 신용카드 회사들은 자체 자금보다는 미래 현금흐름을 담보로 하는 ABS 발행으로 필요한 자금을 조달하여왔다. 이제 와서 드러난 신용카드 회사 채권의 신용위험으로 인해 ABS 시장이 침체할 경우 신용카드 회사들의 자금조달은 어렵게 된다. 이로 인한 카드회사들의 치열한 자금조달 경쟁은 결국 국내 금융시장에 또 다른 왜곡요인이 될 수밖에 없으며, 이 과정에서 국내 신용카드 시장이 축소될 경우 소비에도 영향을 주어 국내 경제에 좋지 않은 영향을 미치게 될 것은 자명(自明)하다. 이에 대해 필자가 제시하는 대안은 신용카드 회사 채권을 한 묶음으로 팔거나 담보로 제공할 것만이 아니라 이를 다양한 방법으로 나누어 팔자는 것이다. 이렇게 하면 신용카드 회사들은 지금보다는 보다 원활하게 시장에서 자금을 조달할 수 있을 것으로 믿기 때문이다.

필자가 어렸을 때 가끔 집으로 전달되는 선물로서 과자종합선물세트를 기억한다. 큼지막한 상자 안에 비스킷, 초콜릿, 사탕, 양갱들이 가지런히 놓여 있는 것을 보며 뿌듯해하곤 했지만 막상 먹으려고 들면 어떤 것은 마음에 들지 않게 마련이다. 과자회사 입장에서는 소비자들의 다양한 입맛을 한꺼번에 맞추기 어려워 여러 가지 종류를 섞어 종합포장을 한 것이겠지만, 막상 단 것을 싫어하는 필자는 비스킷만 집중적으로 손을 댄 반면, 단 것을 오히려 좋아하는 동생들은 초콜릿이나 사탕을 탐닉했던 것으로 기억한다. 따라서 막상 모든 형제들에게 종합선물세트 한 상자씩을 나누어주어 그 중 싫어하는 것까지 먹기를 강요하기보다는 서로 원하는 것만 골라 먹을 수 있었으므로 더 좋았던 경험이다.

신용카드 채권 담보 ABS 발행에서도 이와 같은 방법을 사용할 수 있다. 신용카드 채권이란 결국 우량고객과 불량고객의 신용을 묶어서 파는 종합선물세트에 다름 아니다. 그러다 보니 기관투자자 등 안전을 우선적으로 생각하는 투자자 입장에서는 불량고객의 신용위험에 대한 걱정으로 인해 다른 채권에 비해 조금 금리가 높다 하더라도 이를 선뜻 받아들이기가 쉽지 않다. 한편 고위험-고수익을 추구하는 적극적 투자자들에게도 이는 별로 탐탁치 못한 상품이다. 시장금리를 조금 넘는 수익률 정도로는 만족하지 못하기 때문이다.

그렇다면 최근 수년간 국제 금융시장에서 선풍적인 인기를 끌고 있는 Collateralized Debt Obligation(CDO) 및 일부 ABS 시장에서 시도된 바 있는 방식을 따라 신용카드 채권 묶음을 구분하여 판매하는 방법을 생각해보자. 이미 국내에서도 Collateralized Bond Obligation (CBO) 상품 판매 때 시행해본 방식이기도 하다. 묶음을 나누어 판다고 하면 고객별 채권을 나누어 판매하는 것으로 착각하기 쉽지만, 그것이 아니라 현금 흐름의 위험성격에 따라 구분하여 파는 방식이다. 예를 들어 시장에 판매할 채권의 액수가 100억 원이라고 가정하자. 이중에는 우량고객 채권 70억 원과 불량고객 채권 30억 원이 섞여 있다. 따라서 카드 사용자 전부가 문제없이 돈을 갚을 경우 100억 원을 받게 되겠지만, 일부라도 채무불이행을 하면 이 채권 묶음의 가치는 100억 원 이하로 떨어지게 된다. 단, 우량고객의 채무불이행 가능성이 없다고 가정하면 이 채권 묶음의 최소가치는 70억 원이 된다.

그렇다면 이를 세 묶음으로 다음과 같이 나눈다. A 묶음(이를 금융시장에서는 tranche 라고 부른다)은 확정이자를 지급하는 대신 금리를 무위험 금리 또는 약간 높은 수준에서 책정한다. 주로 기관투자자들에게 판매하는 저위험-저수익 상품이다. 우리 예의 경우에 60-70억원 규모로 발행할 수 있을 것이다. 반대로 C 묶음은 우량, 불량고객 중 누구라도 채무불이행을 하면 그에 따른 피해를 우선적으로 모두 받는 채권이다. 가장 위험한 대신 이를 감내할 만한 높은 기대수익률을 제공해주면 된다. 우리 예에서는 5-10억 원 규모로 발행할 수 있을 것이다. 그런데 만일 카드 사용자의 채무불이행 규모가 C 묶음의 발행액(5-10억 원)을 넘어서는 최악의 경우는 어떻게 하는가? 이에 대한 손해는 나머지 B 묶음의 채권을 산 투자자들이 진다. 결국 B 묶음 채권은 초기 손해의 상당분을 C 묶음이 처리해주므로 위험은 많이 줄어들지만, 그래도 위험이 어느 정도 남아 있는 중(中) 위험 상품이 된다. 따라서 금리 수준도 A와 C의 중간수준에서 결정될 것이다.

이제 종합선물세트를 입맛에 따라 나누었다. 위험선호성향이 각각 다른 투자자들 모두가 원하는 것을 선택할 수 있게 해준 것이다. 사실 이 방법은 국내 시장에서도 전혀 새로운 것이 아니다. 이미 지적한 바와 같이 외환위기 당시 금융기관들의 불량채권을 시장에서 소화시키기 위해 도입된 CBO를 통해 국내에 소개된 기법이다. 그럼에도 불구하고 필자가 이를 다시 들고 나와 강조하는 것은 이 방법이 갖는 '다양성의 장점' 때문이다. 위에서 제시한 예는 지극히 단순한 경우이지만 시장상황에 맞추어 이를 얼마든지 다양한 방법으로 변형할 수 있다. 묶음의 수를 여러 개로 늘릴 수도 있고, 가장 안전한 묶음 A가 그래도 불안하다면 A에 대해서만 신용위험 보증을 더해줄 수도 있다. 또한 막상 시장 불확실성이 너무 큰 상황이 되어 A, B를 제외하고 C가 전혀 판매되지 않을 경우에 신용카드 회사가 자체적으로 이를 떠안을 수도 있다.

신용카드 회사들의 문제가 심각해지자 정부에서 들고 나오는 정책들을 보면 이들 회사들의 채권발행 총량을 규제한다거나 만기를 강제적으로 연장한다는 것이다. 그러다가 문제가 더욱 심각해지면 이제까지 자주 그러했던 것처럼 자산관리공사에서 이들 불량채권을 인수하는 방식으로 갈지도 모른다. 그러나 보다 바람직한 것은 시장이 문제를 스스로 해결하도록 하는 것이다. 위험이 낮다고 판단하면 낮은 금리에 만족하고, 높은 수익률을 기대한다면 그에 상응하는 위험을 지도록 하며 또한 그에 따른 결과를 스스로 받아들이는 습관을 갖도록 유도하여야 한다. 정부는 이 과정에서 시장의 자율성을 지켜주고 혹시 있을 수 있는 시장의 실패에 대처하는 것이 옳을 것이다.

/ 월간 『신용경제』 2004년 2월

# 달러 바꾸기

일 년간의 미국 대학 교환교수 생활을 마치고 귀국했다. 얼마 되지 않지만 쓰고 남은 달러를 바꾸기 위해 은행에 갔더니 예상보다 원/달러 환율이 크게 하락해 있어 다소 놀랐다. 담당자 얘기를 들으니 최근 갑자기 큰 폭으로 떨어졌다고 한다. 아직 시차적응도 채 되지 않아 이것저것 알아보기도 귀찮고 금액도 크지 않아 일단 원화로 환전하고 나서 며칠 지나서야, 최근 외환시장에 큰 사건이 있었음을 알게 되었다.

뒤늦게 들은 소식은 다음과 같다. '외국인 투기세력 역외 차액결제선물환(NDF: Non Delivery Forward) 매도→국내 은행 NDF 매입→현물시장 달러 매도→원/달러 환율 하락'으로 이어지는 악순환의 고리를 끊겠다는 의도 하에 정부가 NDF 시장 규제안을 발표했다가 한 달여 만에 이를 실질적으로 철회한 것이다. 정부의 원래 의도는 NDF 시장에서 국내 금융기관들의 매입(long)과 매도(short) 초과포지션 규모를 현 단계 수준에서 묶어버리면, 해외 투기세력들이 원/달러 환율을 낮춰 투기공격을 한다 해도 이를 받아줄 상대방이 없거나 무력(無力)해질 것이라고 판단한 듯하다.

그러나 이중에서 특히 매도초과포지션(매도물량이 매입물량보다 많은 상태)의 90% 이상을 유지해야 한다는 규제로 인해, NDF 만기가 돌아올 때마다 국내 금융기관들은 무리하게 헐값에 NDF를 팔아야 하고 이로 인한 상당한 손실이 불가피했으며, 정부로서도 급락하는 원/달러 환율을 저지하는 것은 고사하고 오히려 이를 더욱 가속화시킨 셈이 되었던 것이다. 결국 재정경제부는 규제조치를 단계적으로 완화하기로 결정하고 인위적 고(高)환율정책 시도에서 한발 물러섰다.

정부가 이러한 무리수를 감수하면서까지 외환시장에 개입한 것은 쉽게 짐작할 수 있듯이 수출 가격경쟁력을 유지하고자 함이다. 국내의 정치/경제적 불안감 확산으로 내수와 투자가 극도의 침체국면에서 벗어나고 있지 못한 반면에, 수출은 전 세계적인 경기회복에 힘입어 활기찬 성장세를 보여주고 있다. 국민소득 20,000불의 허황(虛荒)된 목표 때문이 아니라 목전(目前)에 급한 청년실업과 가계빈곤층 증가, 신용불량자 확산의 사회문제를 해결하기 위해 수출증가는 절대 없어서는 안 될 구원요소인 것이다. 그런데 이 와중에 원화가치 상승이라니! 정부로서는 정말로 아쉬운 상황이 된 것으로서, 할 수만 있다면 어떠한 방법을 사용해서라도 시장에 개입하여 환율을 끌어올리고 싶었을 것이다.

정부가 외환시장에 개입하여 환율결정에 영향을 주는 것이 타당한 것인가에 대한 논쟁은 경제학에서 오래 지속된 것이다. 간단히 말하자면 상품경쟁력, 물가, 금리 등 경제적 기본요인(fundamentals)의 변화에 따라 추세적으로 환율이 움직일 경우 이에 저항하여 정부가 개입하는 것은 국제사회에서 용인받기 어려울 뿐 아니라, 이미 막강한 세력을 과시한 바 있는 국제 투기세력과 싸워 이기기도 어렵다는 사실을 역사가 증명한다. 다만 정부의 개입이 그나마 허용될 수 있는 때는 외환시장의 실패로 인해 환율 움직임이 본질적 가치에서 이탈하여 일시적 혼란상태에 들어섰을 경우 정도일 것이다. 우리나라 정부는 1980년대 한때 이와 관련하여 인위적 환율조작 가능성에 대해 일부 국제 사회의 비난을 받았던 경험이 있다.

그렇다면 최근 원/달러 환율 하락의 배경은 무엇인가? 우선 달러 가치의 하락은 원화에 대해서만 국한된 것이 아니라 유로 및 엔화 등 대부분의 통화에 대해 공통적인 것임에 유의할 필요가 있다. 이는 우리나라만의 문제가 아니라 기본적으로 전 세계적인 달러 가치의 하락이라는 것이다. 이미 오랫동안 무역과 재정, 양면에서 이른바 '쌍둥이 적자'를 벗어나고 있지 못한 미국이다. 경제이론에 따르면 이러한 적자를 보이는 나라의 통화는 당연히 가치가 하락하는 것이 옳다. 그럼에도 불구하고 이제까지 달러화 가치에 큰 변화가 없었던 것은 군사력을 배경으로 하며 '강한 달러'를 주창해온 미국의 전 세계적 헤게모니에 힘입은 바 크다. 그러나 미국은 이제 '강한 달러' 정책에서 벗어나고 있는 것으로 판단된다. 이제는 달러가치의 하락이 주는 상대적 이익이 더 크다고 판단했기 때문일 것이다.

이는 결국 최근 원/달러 환율의 하락이 일시적 시장의 교란이 아니라 경제적 기본요인의 변화에 따른 시대적 추세임을 뜻한다. 정부로서는 참으로 아쉽겠지만 이러한 추세에 대항하여 싸운다는 것은 승산 없는 일이다. 이미 일부 외환시장 관계자들은 정부의 환율방어 비용이 이미 한계를 넘어선 만큼 인위적 시장개입을 재검토해야 한다고 주장했다. 우선 NDF 시장에서 정부가 매입한 선물환과 외평기금 등을 통해 매입한 외환현물에서 환율하락으로 인해 수천억 원대의 평가손이 발생했을 것으로 추정된다. 또한 외환시장 개입자금을 마련하기 위해 발행한 외국환평형기금채권과 시장개입으로 시중에 풀린 유동성을 흡수하기 위해 찍어낸 통화안정증권에서도 막대한 비용이 이미 지급되고 있을 것이다.

따라서 지금 시점에서 원/달러 환율하락을 저지하고자 하는 것은 밀려오는 강한 태풍에 단기필마(單騎匹馬)로 맞서는 만큼이나 미약한 저항에 불과하다. 더군다나 이번 정부의 규제조치처럼 비논리적이며 반(反)시장적이어서는 오히려 정부에 대한 시장의 신뢰감을 떨어뜨리는 역할을 할 뿐이다. 이럴 때일수록 정부가 나서야 할 것은 시장의 신뢰를 구축하면서 경제의 기본을 충실히 다지는 것이다.

전 국민이 내 편, 네 편으로 나뉘어 싸우는 모습을 보이고, 정권이 바뀌면서 하루아침에 국시(國是)가 친미(親美)에서 반미(反美)로 넘어가며, 한창 현장에서 뛰어도 모자랄 기업인들이 검찰과 교도소를 번갈아 드나드는 시점에서 경제가 살아나기는 어렵다. 경제는 불확실성을 몹시 싫어하기 때문이다. 정권을 맡은 사람들로서는 동시에 정치도 개혁하고 경제도 살리고 싶겠지만 아쉽게도 지금은 그런 때가 아닌 듯싶다. 그럼에도 불구하고 무리하게 욕심을 내다보면 이번 같은 실수를 저지르게 되는 것이다. 늘 주장하지만 경제를 살리고 실업자 문제를 해결하며 국민소득 20,000불 시대를 앞당기고 싶으면, 하루라도 빨리 지금 우리를 덮고 있는 불확실성부터 제거하려는 노력을 기울여야 한다.

앞서 처음 얘기로 다시 돌아가서…… 달러를 원화로 바꾸는 창구에서 은행직원이 권유하던 것이 기억난다. '지금 환율 등락이 심한데 며칠 지켜보시면 어떨까요?' 귀찮아서 덜컥 바꾸고 돌아오니 이후 며칠 환율이 다시 올랐다. 그 직원은 지금쯤 '박사도 별 수 없구먼' 하고 웃고 있지 않을까? 또한 재테크 전공의 남편을 믿고 환전을 맡겼던 안사람의 눈치도 심상치 않다. 아! 다음부터는 안사람에게 모든 일을 다 맡기고 뒤편에 물러나 있어야지. 이렇듯 복잡한 문제들이 눈에 보이기 시작하는 것을 보니 한국으로 돌아오기는 온 모양이다. 그래도 나는 우리나라가 좋다!

/ 월간 『신용경제』 2004년 3월

# 판도라의 상자

온 나라가 대통령 탄핵과 관련한 정치 문제로 시끄러운 가운데, 서민들의 생활에 직접적 영향을 줄 만한 금융정책이 발표되어 이 또한 시끄럽다. 신용불량자 대책이다. 이헌재 경제부총리의 등장과 함께 이에 대한 대책이 곧 마련될 것이라는 시장의 기대가 줄곧 있어온 터이며, 현재 우리 시장에서 잠재적 시한폭탄과 같은 이 문제에 대해 어떤 방식으로든 해결책이 제시되어야 한다는 점에서 이미 광범위한 공감대를 갖고 있던 문제이다. 그러나 당장 시행을 앞두고 시안(試案)만 발표된 상태에서 이에 대한 논란은 뜨겁기만 하며, 금융기관들의 불만도 점차 배증(倍增)하고 있다는 느낌이다.

발표된 대책은 신용불량자의 상태에 따라 여러 단계로 나누어지지만 핵심에는 5월에 문을 여는 배드뱅크(bad bank)가 있다. 3월 10일 기준, 2곳 이상의 금융기관에 연체된 신용불량자로서 6개월 이상, 5천만 원 미만의 채무액을 갖고 있는 사람들에게 해당된다. 배드뱅크를 통할 경우 원금의 3%만 갚으면 연체원금을 즉시 대출해주어 원래 채무를 갚게 해준다. 신용불량자 등록을 해제하고 연체이자도 감면해준다. 신용불량자는 최장 8년에 걸쳐 연 5-6% 이자로 분할상환하면 된다. 일정 기간 성실하게 원리금을 갚으면 원금의 일부를 탕감해준다는 발표도 있었다. 다만 구제를 받은 뒤, 3개월 이상 연체하면 감면받은 이자를 모두 되갚아야 하고, 연체가 시작된 시점부터 배드뱅크 대출금에 대한 17% 안팎의 고금리를 부담해야 한다. 이때는 신용불량자로 재등록될 수도 있다. 이와 같은 배드뱅크의 지원 대상에 포함되지 않는 경우라면 신용회복위원회의 개인워크아웃과 다중채무자 공동채권추심 프로그램, 개인채무회생제와 개인파산제를 이용하도록 할 계획이다.

고통받는 신용불량자들의 문제를 해결하기 위해 고심 끝에 제시된 이번 대책은 유감스럽게도 시장에 심각한 충격을 주고 있다. 전문가들은 이번 대책이 임박한 총선을 의식하여 단기적인 신용불량자 '숫자 줄이기'에 치우쳐, 채무자들의 도덕적 해이(moral hazard)를 야기할 것을 가장 걱정한다. 이미 시장에서는 정상적으로 채무를 갚아 오던 사람들조차 오히려 신용불량자로 편입되어 혜택을 받기를 기대하는 어처구니없는 현상이 속출(續出)하고 있다. 전문가들은 스스로 빚을 갚을 의지를 갖고 있는 신용불량자들의 신용회복을 정부가 지원하는 것은 좋지만, 정부가 주도하여 신용불량자를 구제하려 한다는 인식을 심어줄 경우 채무자들의 도덕적 해이를 부추길 우려가 있음을 비판한다. 금융기관들은 '정부가 크게 개입한 결과 도덕적 해이가 확산되어 연체율이 높아지는 등 부작용이 심각하다'고 쓴 소리를 하고 있다. 금융권은 이번 대책이 오히려 신용불량자를 늘릴 가능성을 우려하고 있다.

이렇게 되자 정부는 뒤늦게 도덕적 해이의 확산을 막기 위해 '더 이상의 대책은 없다'며 못 박고 나섰다. 그러나 기다리면 정부가 뭔가 해줄 것이라는 기대감은 이미 시장에 확산되고 있다. '판도라의 상자'가 열린 것이다. 금융시장에서 신용이란 마시는 공기와 같은 것이다. 1997년 외환위기는 금융기관들의 신용위기에서 출발했다. 엄청난 액수의 공적 자금을 집어넣었지만 금융기관의 위험관리 강화와 자본적정성에 대한 감독 강화를 요구하여 문제의 재발(再發)을 막을 수 있는 제어장치를 확보할 수 있었다. 그러나 개인 신용불량의 경우는 문제가 다르다. 돈을 빌리고도 버티면 갚지 않을 수 있다는 믿음을 갖기 시작하면 시장에서 돈의 흐름은 멈추게 된다. 흐르지 않는 물이 고여 썩으며, 순환되지 않는 혈액이 고여 각종 질병을 유발시키는 것처럼, 이제 신뢰상실(信賴喪失)은 우리 시장에 초기 암(癌)으로 자리 잡기 시작하여 갖가지 예상치 못한 부작용들을 유발시켜갈 것이다. 정부는 열지 말았어야 할 '판도라의 상자'를 열었다. 기본적으로 사적(私的) 채권채무 관계에 정부가 적극적이고 주도적으로 개입하는 모습을 보이지 말았어야 했다.

어떤 문제이든 원인제공 및 이에 책임을 져야 할 당사자가 있는 법이다. 신용불량자의 경우 우선적 책임은 물론 본인에게 있다. 어느 시대, 어느 사회이든 신용불량자는 있어왔다. 그러나 현재 우리 사회에 400만 명으로 추산되는 신용불량자와 주변의 잠재적 신용불량자를 생각한다면, 이는 당사자 본인만의 책임이 아닌 사회구조적 문제가 배경에 깔려 있음을 짐작하게 한다. 여기서 필자는 또 다른 책임 당사자로서 정부와 금융기관들을 지적하지 않을 수 없다.

오늘의 사태를 유발한 원인 중 하나는 정부의 카드정책 실패이다. 당초 내수부양을 통한 경제위기 극복을 위해 추진됐던 신용카드 사용 장려정책이 무분별한 카드시장 확대정책으로 이어져 결국 현재의 위기를 만들어냈다. 올 1월 말 기준 신용불량자 중 65.1%가 카드 관련 신용불량자로 추산된다. 신용카드 관련 신용불량자 수가 연말 기준으로 2000년 78만 명, 2001년 104만 명, 2002년 149만 명, 2003년 240만 명으로 급격히 늘어났다. 이에 따른 당국자들의 책임을 철저히 묻지 않은 상태에서 진행되는 어떠한 대책도 시장의 신뢰를 회복하기 어렵다. 외환위기 당시 일부 정부 당국자가 전혀 책임을 지지 않은 것은 아니지만, 전 국민이 짊어져야만 했던 당시의 엄청난 고통을 생각해볼 때 과연 정부가 그만한 고통을 당시에 분담했던가에 대해 필자는 의문시하지 않을 수 없다. 이번에도 그렇게 진행된다면 정부에 대한 신뢰는 바닥으로 떨어질 것이다.

금융기관들 또한 당장의 영업을 위해 신용위험 관리에 소홀했던 책임을 통감해야 한다. 카드회사들은 무분별한 고객확대 과정에서 고객 신용평가에 소홀했으며, 이로 인한 카드회사 부실은 오늘날 금융시장에 큰 부담으로 작용하고 있다. 이제 우리 사회의 신용불량자 문제는 당사자와 더불어 정부 및 금융기관들의 공동의 책임인 것이다.

따라서 이제 정부와 금융기관들이 해야 할 일은 고통을 신용불량자 당사자들에게만 지울 것이 아니라 스스로 감당할 부분만큼을 인정하고 받아들이는 것이다. 결국 신용불량자, 정부, 금융기관 중

누군가가 손실을 감당하지 않는 한 이 문제가 해결될 수 없다. 신용불량자 당사자는 물론 가장 주된 책임을 져야 한다. 이번 문제는 기본적으로 사적(私的) 채권채무 계약에서 유발된 것이기 때문이다. 그러나 한편에서 정부와 금융기관들이 감당할 응분(應分)의 책임을 지지 않고 시장에서 모른 체하고 있을 경우 예상되는 시장비용을 추산하고, 정부는 국민세금, 금융기관은 주주들에게 그 비용을 부담토록 하여야 한다. 평소 성실하게 경제생활을 해온 나머지 국민들에게 이러한 부담은 참으로 억울하기 짝이 없는 것이기는 하나, 이를 방치할 경우 예상되는 금융시장의 혼란과 붕괴, 이에 따른 모두의 피해를 막기 위해서 불가피한 것으로 보인다. 물론 앞서 지적한 책임자 문책 없이 이러한 부담을 국민들이 받아들이기 어려울 것이다. 금융기관들 또한 주주들의 문책을 겸허히 받아들이고 이에 대해 책임질 사람은 져야 한다.

그러나 필자가 지금 가장 걱정하는 것은 이 사회에 '신용'이 사라지고 있다는 것이다. 논어(論語) 자로 제13편(子路 第十三) 4절에 보면 다음과 같은 글이 나온다.

> …… 윗사람이 예(禮)를 좋아하면 백성들이 감히 불경(不敬)하게 굴지 못할 것이고 윗사람이 정의(正義)를 좋아하면 백성들이 감히 복종하지 않을 수 없을 것이고, 윗사람이 신용을 좋아하면 백성들이 감히 사실을 어기지 못할 것이다. 이렇게 한다면 사방의 백성들이 자식들을 싸 업고 모여들 것이다……

우리나라 '정치'에서 상실된 신용과 이에 따른 도덕적 해이가 이제 그대로 우리 '경제'로 전이(轉移)되고 있다. 정치가들이여, 그대들에게 책임을 묻지 못하고 고통받는 국민들을 제발 좀 쳐다보아주기 바란다.

/ 월간 『신용경제』 2004년 4월

# 경제 살리기를 위해 정치권이 할 일

허리둘레가 나온 사람들이 이를 줄이는 방법을 크게 두 가지로 나눌 수 있을 것 같다. 하나는 음식의 섭취량을 줄이고 운동을 열심히 하여 체내 지방성분을 점진적으로 줄여나가는 것이며, 또 다른 방법은 과감하게 외과적 수술을 하거나 약을 복용하여 이를 강제적으로 제거하는 것이다. 이때 통상적으로 의사들이 권장하는 것은 전자(前者)의 방법이다. 우리 몸은 살아 있는 유기체(有機體)이므로 칼을 대어 이를 무리하게 바꾸려고 할 경우 부작용이 만만치 않다는 것이다.

경제 또한 살아 있는 유기체와 같다. 하루 속히 개혁하여 효율성과 공평성을 제고(提高)하고 싶은 욕심이 나지만, 이를 무리하게 추진할 경우 간혹 경제에 심각한 부작용을 미치는 경우를 보게 된다. 과거 고도성장을 추진하는 과정에서 정경유착(政經癒着), 회계부정 등의 악습(惡習)이 우리 경제에 뿌리 깊게 자리 잡았다. 이제 이를 개혁하는 시대적 사명이 우리에게 주어졌다. 불룩 나온 뱃살을 빼는 것이 당연한 것처럼 과거의 잘못은 고쳐야만 한다. 문제는 그 방법이다. 마음에 들지 않는 몸매라 하여 칼로 무조건 재단(裁斷)할 수 없는 것과 마찬가지로, 과거의 잘못이라 하여 단칼에 해결하려다보니 경제 내 활력이 떨어지는 부작용이 생긴다. 지금 많은 기업가들이 시대의 불확실성 앞에 이른바 '기업하려는 의지'를 상실하고 있는 것도 이러한 부작용의 일부일 것이다.

## 어려운 경제 현실

지금 우리 경제는 경기부진 속에 물가불안이라고 하는 이중의 고통을 겪고 있다. 다른 나라들이 모처럼 찾아온 경기호황을 즐기는 것에 비하면 참으로 안타까운 일이 아닐 수 없다. 경제의 생산요소는 노동과 자본이며, 이를 결합하여 최적의 효율성을 추구하는 것이 기술개발과 경영능력일 것이다. 그러나 작금의 우리 경제는 노동부문에서 청년실업으로 대표되는 고실업의 고통에 직면하여 있으며, 자본측면에서 시중자금이 갈 곳을 잃고 단기 부동화(浮動化)하여 부동산 시장 등을 들락거리고 있다. 기술개발 측면에서는 '이공계 위기'로까지 불리며 선진국과의 기술격차가 날로 확대되어가는 것은 아닌가 하는 불안감을 주고 있다. 마지막으로 기업경영 측면에서는 '기업하려는 의지'를 상실한 채 기회만 닿으면 해외로 기업을 이전하려는 움직임을 보이는 기업가들을 드물지 않게 만날 수 있는 현실이다. 이런 상황에서 경제는 어려울 수밖에 없다.

몸의 질병이 발생하는 원인이 딱히 한 가지가 아닌 것처럼 우리가 당면한 경제적 어려움의 원인을 한 가지로 짚어낼 수는 없다. 여러 가지 원인들 중에 필자가 오늘 살펴보고자 하는 것은 '불확실성'이다. 경제는 체질적으로 불확실성을 싫어한다. 본래 경제란 불확실한 상황에서 자원의 효율적 활용을 극대화하는 것이지만, 지금 우리가 당면한 불확실성은 과거에 우리가 경험했거나 다른 나라들이 지금 경험하고 있는 것과 또 다른 것이다. 우리는 지금 향후 국가경제를 지배할 경제철학에 대한 전반적 재검토 과정을 거치고 있는 것으로 판단된다. 기업지배구조, 성장과 분배간의 균형, 노사문제, 정치와 경제의 관계 등에 관해 그동안 우리 사회를 지배하고 있었던 많은 가치관에 대해 새로운 검토작업을 벌이고 있는 것이다. 그러나 이러한 변화는 설령 그 과실(果實)의 달콤함 여부와 상관없이 당장의 불확실성을 증폭시키고 있는 것이 현실이다.

## 보수주의와 진보주의

여기서 우리는 보수(保守)와 진보(進步)의 갈등을 보게 된다. 보수주의(保守主義)란 전통적 제도와 관습을 소중히 여기며, 검증되지 않은 혁신에 대한 불신에 기반을 둔다고 한다. 이에 반해 진보주의(進步主義)는 기존 사회를 유지하기보다는 개선하고 변혁해나가고자 하는 입장을 견지한다. 진보주의가 극단에 치우치면 어떤 이념이나 정책, 사회적 운동 등을 매우 빠르게 실현하려고 하는 급진주의(急進主義)

로 가게 되며, 반대로 보수주의가 지나치면 옛 제도나 관습을 무작정 그대로 지키고 따르려는 수구(守舊)에 흐르게 될 우려가 있다.

따라서 지금 우리 사회가 시급히 할 것은 현재 지니고 있는 것들 중에서 어떤 부분을 유지, 계승하며, 어떤 부분을 과감하게 개혁(改革)할 것인가에 대한 사회적 공감대를 만들어나가는 것이다. 이 과정에서 불확실성이 증폭되고 사회적 갈등이 심화된다 하여도, 우리 경제가 재도약을 이루기 위해서는 불가피한 과정으로 생각된다. 이제까지 우리 경제를 이끌어온 철학에 더 이상 시대에 맞지 않는 심각한 결함이 있다면 과감한 개혁을 필요로 한다. 이 과정에서 수구적(守舊的) 일부 기업인들의 퇴장(退場)과 이에 따른 높은 실업의 고통이 우리를 위협하더라도 새로운 환경 설정과 새로운 기업인들의 출현을 기다리며 이를 참아내야만 한다. 그러나 국민 대다수가 당장의 고통을 감내하기가 너무 힘들다면 개혁의 속도를 점진적으로 유지할 필요가 있다. 반면에 과거 고도성장을 이끌어낸 원동력이 우리 경제의 고유한 장점에 기인한다면 이를 유지하고 승계하려는 노력을 기울여야 한다. 검증받지 않은 변화의 요구가 노도(怒濤)와 같이 몰려온다 하여도 우리 사회가 정말 지켜야 할 가치관이라면 이를 갖고 가야만 한다.

## 정치권의 역할

이렇듯 다양한 사회구성원들의 엇갈린 의견을 집약하고 조화롭게 승화(昇華)시켜 사회적 공감대로 이끌어내는 것이 바로 정치인들에게 주어진 고유한 사명이다. 다행스럽게도 각 정당은 '적어도 표면적으로는' 경제를 최우선 정강정책으로 내세우고 있다. 그러나 아쉽게도 각론(各論)에 들어가면 어떤 방법으로 경제를 살리겠다는 것인지 구체적 내용을 보기 쉽지 않다. 보수주의를 지향한다면 과거 전통 중 어떤 부분을 발전적으로 계승할 것인지, 진보주의를 추구한다면 우리에게 필요한 새로운 가치관은 무엇이며 그에 따라 우리 경제가 과거와 어떻게 달라질 것인가에 대한 구체적 청사진을 제공하고 있지 않은 것이다. 더 안타까운 것은 과연 어떤 정당이 진정한 보수를 지향하며, 또 다른 어떤 정당이 진보를 추구하는지조차 필자에게는 명확하지 않다는 것이다. 이런 상황에서 지리한 정치싸움만 벌이는 정치권에 대한 환멸은 우리 사회를 정치적 허무주의로 끌고 가는 것이 아닐까 하는 걱정마저 들게 하는 것이다.

서경(書經)의 우서(虞書)편 대우모(大禹謨)에는 다음과 같은 글이 나온다(을유문화사, 차주환 외 번역).

> ……정치의 목적은 백성들의 생활을 유족하게 기르는 데에 있는 것입니다. ……재화(財貨)를 유통시켜 백성들의 생활을 편리하게 하는 것, 의류(衣類) · 식량(食糧) 등을 풍부히 하여 부족함이 없게 하는 것을 잘 해나가셔야 합니다. ……그래서……공업(功業)이 잘 펴지게 되면, 이를 칭송하는 백성들의 노래가 퍼질 것입니다.

이 글은 정치의 목적이 백성들의 생활안정에 있음을 밝힌 것이다. 그러나 지금 우리 경제가 당면한 가장 큰 어려움은 정치에서 유발된 불확실성이며, 이를 풀어갈 열쇠 또한 불행히도 정치가 갖고 있는 것 같다. 이제라도 정치권은 보수와 진보 간 경제철학에 관한 구체적 청사진을 명확히 제시하고, 따라서 노동과 자본의 효율적 사용, 기술 개발과 경영능력 증진을 가로막는 불확실성의 제거에 나서주기 바란다. 그러나 그것이 그렇게도 어렵다면 정치권이 불필요한 불확실성을 새롭게 창출(創出)하지나 말기를 간곡히 바란다.

/ 월간 『금융』 2004년 4월

# 10 in 10 유감(有感)

필자의 전공이 '돈'을 연구하는 것이기는 하지만 최근의 재테크 열풍은 좀 지나친 감이 든다. 얼마 전 TV 드라마를 시청하던 중 '10 in 10'이라는 말을 듣게 되었다. 옆 사람에게 물어보니 10년 안에 10억 원을 모으는 것이란다. 기가 차서 아무 말도 못하고 있었더니, 드디어 아예 이를 제목으로 하는 TV 드라마가 방영되기에 이르렀다. 인터넷에는 수백 개에 달하는 '10억 만들기' 카페가 있으며, 어른들 사이에 '10억 만들기'도 모자라 요즘은 아이들까지 난데없이 '1,000만 원 모으기' 바람이 불고 있단다. 이 정도면 전 국민이 물신주의(物神主義)에 흠뻑 빠져든 것은 아닌가 하는 걱정이 든다.

왜 하필 10억 원일까? 지난 과거에 10,000불 소득, 100억불 수출 목표에서 보듯 10의 배수로 목표를 잡는 것이 일반적 관행이기에, 1억 원은 목표로서 좀 작고 100억 원은 너무 크다 싶어 10억 원이 된 것이 아닐까 싶다. 10억 원을 현금으로 갖고 있다면 특별히 재테크에 신경 쓰지 않고도 은행 정기예금에만 묻어두어도 일 년에 4,000만 원 가량의 이자가 나오니, 재벌만큼은 못해도 풍족하게 살 수 있을 만한 금액이라 싶은 이유도 있을 것이다.

그러나 '10년 이내에 10억 원 모으기'라는 목표가 과연 현실적으로 타당한 것일까 생각해보자. 재테크의 시작이면서 가장 고통스러운 부분은 초기에 종자돈(seed money)을 모으는 것이다. 종자돈이 있어야만 눈덩이 굴리듯 시간흐름에 따른 복리(複利) 효과를 추구할 수 있다. 아무것도 없는 빈손에서 종자돈 1억 원을 모으려면 금리 5%인 정기적금에 매달 100만원씩 7년을 넣어야 한다. 만만한 금액이 아니다. 10년 목표로 10억 원을 만들고자 한다면 이만큼 종자돈 1억 원을 모으는 데 이미 7년이 걸렸으니 이제 남은 3년 이내에 이를 10배로 키워야 한다. 기적이 일어나지 않는 한 불가능에 가까운 일이다.

만일 그동안 알뜰살뜰 모았거나 부모님 등에게서 물려받은 재산이 1억 원 정도 이미 있었다고 가정해보자. 앞으로 10년 동안 이를 10배로 키우는 것은 쉬운 일인가? 종자돈 1억 원을 10년 이내에 10억 원으로 만들려면 연 평균 수익률 25%가량을 달성해야 한다. 현재 은행 정기예금 금리가 4% 대임을 고려하면 이는 어마어마한 목표수익률이다. 필자가 수업시간에 학생들에게 가르칠 때 개인으로서도 열심히 노력하고 재테크 방법들을 공부하면 연 평균 수익률 12% 정도는 누릴 수 있겠지만, 20% 이상을 추구하는 사람들은 아예 펀드매니저나 금융기관의 전문 투자 담당자가 되는 편이 좋을 것이라고 말한다. 이런 점에 비추어볼 때 현재 시점에서 25%의 목표수익률은 지나치게 높다.

한편으로 매월 급여에서 일정 몫을 떼어 10년 동안 꾸준히 적금을 부어나가는 방법은 어떠할까 생각해보자. 필자의 계산에 따르면 현재 4% 대의 은행 적금이자 수준이라면 10년 이내 10억 원을 만들기 위해서는 650만 원 이상을 매월 적금으로 부어야 한다. 일반 직장인으로서는 상상할 수 없는 금액이다. 이 금액이 너무 크다고 생각하여 매월 적금액을 낮춰 잡으려면 당연히 목표수익률이 높아져야 할 것이다. 같은 계산에 의하면 10년 이내 10억 원을 만들기 위해 매월 적금액을 400만 원으로 할 경우는 연간 평균 목표수익률이 13%가 되어야 하고, 300만 원으로 할 경우는 18%, 200만 원으로 할 경우는 24%, 100만 원으로 할 경우는 34%가 각각 된다. 어느 경우를 택하든 보통 사람이 시도하기에는 참으로 어려운 것이다.

이렇게 되다보니 사람들의 마음은 조급해지고 따라서 택하는 방법이 무리수가 되기 쉽다. 지나친 '고위험-고수익' 전략을 추구하는 것이다. 그렇지 않아도 선물(先物)과 옵션 시장에서 우리나라는 독특하게도 일반 개인투자자의 비중이 높은 것으로 알려져 있다. 이른바 위험에 대한 헤징 기능을 수행하도록 만든 파생금융상품이 오늘날 대한민국에서는 엉뚱하게도 개인들에게 유용한 재테크 수단으로 활용되고 있는 것이다. 이에 더하여 전국적으로 불어닥치는 '10 in 10' 열풍은 더욱더 개인투자자들을 고위험 투자전략으로 몰아넣을 가능성이 농후하다. '저위험-저수익' 전략을 택하든 '고위험-고수익' 전략을 택하든 원칙적으로 그것은 개인의 순수한 자기선택의 문제이다. 그러나 지금처럼 언론들까지 덩달아 흥분하여 떠들어대는 '10 in 10' 열풍은 건전한 중산층까지 고위험 투자전략의 문턱으로 밀어넣을 가능성이 크며, 이는 결국 우리 사회의 안정성을 해치는 독소(毒素)로 자리할 수도 있다.

무리하게 재테크를 추구하는 또 다른 한 편에서는 부동산 시장의 문을 두드릴 것이다. 최근 수십 년 동안 우리나라의 부동산 투자 수익률은 여타 재테크 수단들을 압도하고도 남음이 있었다. 몇 주일 전 '씨티파크' 분양 열풍은 돈의 흐름을 광적(狂的)으로 좇는 우리나라 자본주의의 천박함을 보여준 대표적인 사건이라 할 수 있다. 선물(先物), 옵션이나 부동산 시장을 두드려볼 능력이 없는 사람들은 아예 로또나 경마, 도박 등 사행심(射倖心)에 의존한다. 우리 사회가 갖고 있던 정신적 가치관들은 모두 어디로 가고, 오로지 물신주의(物神主義)만이 횡행(橫行)하는가 생각하니 암담하기만 하다.

궁극적으로 '돈'이란 우리가 자유(自由)를 사기 위해 필요한 도구에 불과하다. 즉, 내가 하고 싶은 것을 마음대로 할 수 있는 자유, 그리고 더 중요한 것은 내가 하기 싫은 일을 하지 않을 자유를 얻기 위함이다. 그러나 사람의 욕심이란 끝이 없다. 인간의 물질적 욕망을 통제하지 않고 한껏 풀어놓기만 하면 우리는 계속하여 돈으로 하고 싶은 것을 찾게 되고, '10 in 10' 열풍은 이 사회에서 결코 사라지지 않을 것이다. 우리의 삶에는 물질로써 결코 충족될 수 없으며 오히려 그보다 훨씬 가치가 있는 것들이 많다는 사회적 반성이 지금은 꼭 필요한 시점이다.

조선 중기 선비 김정국(金正國)은 친지 중 한 사람이 재산 모으기에 지나치게 치중한다는 소식에 이를 경고하여 알리기를 다음과 같이 했다 한다(『선비』〔이용범 지음, 바움사 간행〕에서 발췌).

(사람이 살아가면서) 반드시 있어야 할 것은 책 한 시렁과 거문고 하나, 벗 한 사람, 신발 한 켤레, 베개 하나, 바람 부는 창 하나, 햇볕 쬘 마루 하나, 차를 다릴 수 있는 화로 하나, 늙은 몸을 부축할 지팡이 하나, 봄 경치를 찾아다닐 때 몸을 의지할 나귀 한 마리뿐이다.

요즘 세상에 이런 한가한 얘기를 했다가는 못 들을 소리를 듣기 십상이다. 자본주의 사회에서 열심히 노력하고, 그에 대한 대가로서 보다 나은 미래의 물질적 풍요를 추구하는 것은 당연한 일이다. 조선시대 양반들처럼 살림은 모른 체하고 시구(詩句)나 읊으며 술 한 잔에 담론(談論)만을 즐기자는 것은 아니다. 그러나 지금처럼 '10 in 10'이라는 허황된 목표 앞에 갈급(渴急)함과 미래의 불확실성에 대한 두려움에 쫓기며 물질적 풍요를 무리하게 추구함은 결코 옳지 않다. 그것이 과연 효율적일 것이며, 또한 우리 삶의 행복에 얼마나 큰 도움이 될 것인가에 대한 깊은 자기반성을 한번쯤은 꼭 해보아야 할 것이다.

봄의 캠퍼스 숲에서 나오는 향긋함을 느끼고 겨우내 추위를 이기고 이제 막 터져나오는 연녹색 푸르름을 창문 너머로 지켜보는 즐거움은 살아가면서 꼭 지키고 싶은 그런 행복이다. 결코 돈으로는 살 수 없는……

/ 월간 『신용경제』 2004년 5월

# 어느 모임에서 나눈 대화

(편의상 등장인물의 이름을 김기업〔金企業〕, 이진보〔李進步〕, 박노동〔朴勞動〕이라고 칭한다. 이렇게 표현하는 필자의 의도는 발언자 각자의 입장을 분명하게 하기 위함이다.)

(김기업) 지금은 한국경제의 위기국면이라 아니할 수 없다. 성장잠재력은 계속 저하되는 추세이며, 기업들은 남는 여유자금을 부채 갚는 데에만 사용할 뿐 투자를 하려고 하지 않는다. 설령 투자를 확대하려는 기업들도 아예 짐을 싸서 해외로 나가려고만 한다. 노동계에서는 분배를 통한 성장을 요구하지만 결국 성장을 지속할 수 있을 때만 분배의 개선이 가능한 것이 아닌가? 가장 좋은 분배정책은 새로운 일자리를 만들어내는 것인데, 일부에서는 부유세 신설이나 비정규 노동자의 정규직 전환 등으로 기업들에게 부담만 주려고 하고 '기업하려는 의지'를 죽이기만 하니 이 경제가 제대로 버티겠는가?

(박노동) 자네가 지금 그렇게 얘기하는 것은 현재의 중국 쇼크, 원유가 상승 및 세계적 금리인상 움직임 등의 외부 악재(惡材)를 핑계로 하여, 우리 사회에 꼭 필요한 개혁에 저항하는 것이 아닌가? 이를 핑계로 우리 노동자들의 임금 억제라도 해보려는 불순한 의도가 아닌가 말일세. 지금 우리 경제가 어려운 것은 극심한 빈부(貧富) 격차와 대기업 중심의 경제운용에서 오는 불평등 때문이라고 보네. 1997년 외환위기 때 노동자들이 정리해고의 아픔을 감내한 대가가 지금 400만 명의 신용불량자와 늘어만가는 비정규 노동자들의 고통이라니……

(이진보) 신용불량자와 비정규직의 확산이 현재 내수침체의 원인이라는 박노동 군의 의견에 동의하네. 지금 당장 우리 경제에 닥친 외부 충격에 주가가 다른 나라보다 더 민감하게 반응하는 것은 우리 경제구조의 심각한 불균형이 경제체질을 크게 약화시킨 때문일 것이야. 그렇다면 개혁을 통해서 불균형을 해소하고 경제체질을 강화하는 것만이 우리 경제가 사는 방법이라고 생각하네. 성장과 분배는 동전의 양면(兩面)과 같아서 어느 하나만을 위해 다른 쪽을 포기하는 것은 어리석은 것이지만, 적어도 각자의 능력 차이 이상으로 부(富)의 불균형이 확대되는 것은 막아야 하지 않겠나?

(김기업) 성장-분배간의 논쟁이 무의미한 것이라는 이진보 군의 지적에는 동의한다. 지금 세상 돌아가는 것을 보면 정치권 변수만 요란하게 제시되고 있을 뿐 민생대책이나 경제대책은 실종된 것 같다. 각 당이 모두 한 목소리로 '경제 살리기'에 나선다고 떠들면서 막상 가시적(可視的)으로 하는 일이 무엇이 있나? 총선 뒤 정국안정을 기

대했는데 오히려 보수-진보, 성장-분배 등 정책방향과 관련한 논란이 일면서 혼란만 가중되는 느낌이다. 지금은 기업의 경쟁력 개선을 통해 국가 경쟁력을 키워야 한다. 나는 오히려 최근 국내 주가가 크게 하락하는 불안한 모습을 보이는 것은 우리의 국가 경쟁력이 취약함을 보여주는 증거라고 해석한다.

(이진보) 최근 주가하락은 세계 금융시장 불안에 따른 것이지 우리에게만 국한된 것은 아니지 않은가? 저금리로 돈을 차입하여 상품이나 주식 등 자산에 투자하는 이른바 캐리 트레이드(carry trade) 투자가들이 미국 금리인상설이 흘러나오자 이를 정리 · 축소하기 위해 달러를 사들이고 경기변화에 영향을 덜 받는 산업 등으로 자금을 이동시키면서 시장의 혼란이 가중된 것이지. 자네가 자꾸 민감하게 떠드니까 위기를 과장하여 개혁을 방해하려는 의도로 보이는 것이 아닌가? 물론 우리 주가가 더 민감하게 반응한 것은 사실이나 이는 아까 지적한 바와 같이 우리 경제의 불균형 발전이 경제체질을 약화시킨 때문이지 기업환경이 나쁘기 때문이라고는 보지 않네.

(박노동) 불균형 발전이 문제의 원인이라는 이진보 군의 의견에 동의한다. 이제는 대기업들이 중소기업을 좀 챙겨주고 부자들에게 세금을 더 걷어서 사회복지제도를 개선하고 신용불량자와 비정규 노동자들의 고통을 덜어주어야만 한다. 지금 내수가 극심한 침체를 보이는 것은 이들 중산층과 서민들이 소비를 하고 싶어도 여력이 없기 때문이다.

(김기업) 그 점에 대해서 전혀 동의하지 않는 것은 아니다. 그러나 지금은 경제적 여유가 조금 있는 사람들조차도 지갑을 열어 소비

를 하려고 하지 않는 극도의 '소비심리 위축' 또한 큰 문제이다. 다른 나라들은 이미 수십 년 전에 겪은 계급갈등의 유령이 지금 이 땅에 다시 등장하는 것은 아닌가 하는 우려를 하는 사람도 있다. 이러한 갈등을 조화롭게 해결해야 할 정치권은 오히려 갈등을 증폭시키기만 하니 참으로 답답하다. 기업하는 사람들도 노동자 임금을 올려주면 좋겠지. 하지만 그렇게 하면 원가 경쟁력이 떨어지니 자꾸 해외로만 나가려고 하는 것 아니겠나? 자꾸 기업들에게 부담을 주어 기업들을 해외로 내쫓는다면 누구에게 이익이 될 수 있겠나 생각해보자. 우리 국민소득이 이제 만 불 수준이면 여기에 맞는 사회복지 수준이 있는 것이지, 이를 어찌 선진국 수준만큼 요구하려고 하는가? 지금은 성장에 대한 구체적 청사진을 제시하고 투자활성화를 촉진하여 중장기적으로 분배구조를 개선하는 것이 옳다고 본다.

(이진보) 외환위기 이후 고통과 성장 과실(果實)의 분담을 생각해보자. 적지 않은 수의 기업들이 쓰러져갔지만 그래도 대기업과 일부 부유층은 과거보다 더 잘살게 된 것은 사실이다. 몰락한 중산층과 서민들이 겪는 아픔은 이루 말을 할 수가 없을 것이다. 따라서 대기업과 부유층은 설령 정당하게 번 돈이라 하더라도 지금보다 더 적극적으로 사회책임을 지는 이른바 '노블리스 오블리제'를 보여야만 한다. 박노동 군의 말과 같이 대기업은 중소기업과 함께 살아가려는 아량을 보여야 하고, 부유층들은 보다 많은 과세(課稅) 부담을 지거나 또는 적극적으로 사회기부문화에 동참해야 한다. 몰락한 중산층이나 서민들을 위한 사회안전망의 확충은 이제 더 이상 미룰 수 없는 시점에 이르렀다. 더불어 과거에 부정한 방법으로 더러운 '부(富)'를 쌓

을 수 있도록 했던 부분은 과감하게 개혁을 해야 한다. 그래야만 우리 사회에도 존경받는 '부(富)'의 참모습을 보여줄 수 있을 것이고, 따라서 국민 모두가 기업인들의 '기업하려는 의지'에 박수를 보낼 수 있을 것이다. 그러나 기업들이 미래가 불투명하다고 하여 투자를 꺼려한다면 이는 우리 모두의 책임이다. 기업들의 투자가 살아날 수 있도록 하자는 데에는 우리들 간에 이견(異見)이 없을 것이다.

(모임을 마치고 나서……)

너무도 많은 담론(談論)들이 오고갔다. 가끔 화가 난 큰 소리도 나왔고 감정의 충돌도 이어졌다. 그러나 각자가 서 있는 위치에서 근본적인 변화를 보이려는 사람들은 없었다. 말끝을 이어 이런저런 부분은 상대방에 동의한다고 시작하면서도 결국에는 자기들만의 주장을 고집하는 것으로 이어졌다. 서로에 대한 신뢰가 없어 보였다. 상대방에 대한 신뢰가 없는 담론은 허무한 것이며 지력(智力)과 시간의 낭비일 뿐이다. 모두들 문제의 핵심이 투자와 내수 부양(浮揚)에 있음을 인정했다. 그러나 그 구체적 처방에 있어서는 뚜렷한 합의를 찾지 못하고 있다. 아픈 아이를 두고 부모들이 서로 다른 처방전을 들고 부부 싸움을 하는 동안 우리의 귀한 아이는 고통 속에 죽어가는 것은 아닐까? 기업인도 아니고, 노동자도 아니며 그렇다고 말을 잘하는 정치인도 아닌 교수(教授)라는 직업이 참으로 무력(無力)하게 느껴진 깊은 밤의 모임이었다. / 월간 『신용경제』 2004년 6월

# 물 한 컵의 펌프질

경제위기에 대한 논의를 자제하자는 일부 움직임에 의해 지금은 다소 물밑으로 가라앉아 있지만, 현재의 경기를 둘러싼 서로 다른 팽팽한 의견은 여전히 맞서고 있는 것 같다. 여당에서는 대기업과 수출기업 중심으로 하는 거시통계를 들어 현재의 경기가 걱정할 정도가 아니라고 주장하지만, 야당과 일부 언론은 중소기업 위기와 내수 부진을 들어 여전히 경기가 어려움을 주장한다. 일견 보기에는 서로 상대편의 정치적 기반이 갖는 경제적 상황을 들어 현재 경기를 각자 판단하고 있다는 점에서 흥미롭기도 하다.

필자가 판단하기에는 현재의 경기가 위기인가 아닌가를 따진다는 것은 큰 실익이 없다고 본다. 다만 국내 경기가 부문적으로 호황과 불황의 양 극단에 놓여 있으며, 이로 인한 사회 불안이 증폭될 위험에 노출되어 있다는 점에서 무엇인가 조치를 취해야 할 시점에 도달했다는 생각은 든다. 일부 대기업은 올해 들어 역사상 유례없는 이익을 남겼다고도 하고, 전반적인 수출이 예년 대비 높은 증가율로 성장한다고 하지만, 이에 따른 효과가 경제 전체에 골고루 전달되지 못하고 있다는 점에 문제의 핵심이 있는 것 같다. 이 글에서는 이른바 '따뜻한 아랫목'의 열기를 어떻게 하면 '차디찬 윗목'으로 나누어줄 수 있는가에 대해 재정적 측면과 금융시장의 두 가지 측면에서 나누어 생각해보고자 한다.

## 현재의 어려움과 재정, 금융

먼저 재정적 측면에서 경기를 진작시키는 방법으로 두 가지를 생각해볼 수 있다. 하나는 법인세와 소득세의 인하를 통해 투자와 소비를 증대시키고 이를 통해 성장하는 것이다. 레이건 전(前) 미국 대통령이 사용한 공급주의 경제정책이다. 그러나 현재 투자와 소비 부진의 근본적 원인이 투자비용 부담이나 가처분소득의 부족 때문이라기보다는, 정치, 경제적 측면에서 우리를 둘러싸고 있는 급격한 변화 움직임과 이로 인한 불확실성의 확대에 기인한다는 점에서 이 정책은 현재 그다지 효과적일 것 같지 않다. 두 번째로는 정부지출의 증대를 통한 유효수요의 확대를 들 수 있다. 미국의 1930년대 대공황 탈출에 기여한 케인즈의 이론을 기반으로 하는 정책이다. 현재와 같이 경기가 양극화된 시점에서 적시적소(適時適所)에 사용할 수 있다면 효과를 기대할 수 있지만, 성공 여부는 정부의 올바른 판단과 집행과정의 효율성이 절대적 관건이 될 것이다.

다음은 금융시장의 측면에서 문제를 보자. 현재 금융시장은 주식시장 약세, 채권시장 강세(저금리)로 요약될 수 있다. 국내 시장은 시가총액에서 외국인들이 차지하는 비중이 40%를 넘나들며, 이 비율이 세계에서 다섯 손가락 안에 꼽힌다. 이렇듯 엄청난 외국인 수요의 지원을 받으면서도 내국인들이 외면해버린 국내 주식시장은 취약하기가 이를 데 없어 약간의 외부충격에도 지나치게 민감하게 반응한다. 기업이란 주식시장에서 자신의 성적표를 평가받으며 이에 자극을 받아 더욱 열심히 '기업하려는 의지'를 북돋운다. 한때 900대를 바라보다가 하릴없이 700대 초반까지 무너진 종합주가지수를 바라보면서 '기업하려는 의지'를 기대하는 것은 무리일 듯싶다.

반면에 은행과 채권시장은 지속적으로 저금리의 강세를 보인다. 국제적 호황을 맞아 다른 나라들이 대개 금리를 인상하는 추세에 역행하며 국내에서는 역사적 저금리를 고집스럽게 유지할 수 있는 것은 아직도 우리 시장에 '안정희구성향(flight-to-quality)'이 강하게 남아 있기 때문이다. 이와 같은 저금리 기조는 기업의 투자비용을 절감시키며 가계부채 부담을 줄여준다는 긍정적 효과가 분명 있지만, 이에 반하여 시중자금을 부동화(浮動化)시켜 전국적 부동산 가격 상승을 유발한 원인으로 손꼽힌다. 정부의 강력한 투기억제정책에 따라 부동산이 주춤거림에 따라 시중자금은 다시 부동화(浮動化)하거나 혹은 일부의 우려대로 해외에서의 보다 좋은 기회를 찾아 국내를 이탈할 가능성이 크다. 한마디로 금융시장에서 자금이 놀고 있는 것이다. 주식에 투자하여 리스크를 부담하기에는 부담스러우니 저금리에도 불구하고 은행과 채권시장 주변만을 맴돈다. 유망한 기업이 은행

대출이나 채권발행을 통해 이들 자금을 흡수하여 실물투자에 사용했으면 하고 기대하지만, 기업인들은 적극적으로 투자에 나서려고 하지 않는다.

## 정부가 적극적으로 실물투자에 나서야

이제 재정과 금융의 양 측면을 종합하여 현재의 어려움을 돌파할 방법을 생각해보자. 필자는 정부가 나서 금융시장에서 놀고 있는 돈을 흡수하여 적극적 실물투자에 나설 것을 권고한다. 정부도 나름대로 경기 양극화의 문제를 해결하기 위해 여러 가지 정책을 취해왔음을 알 수 있다. 신용불량자 문제를 해결하기 위해 배드뱅크를 포함한 여러 가지 방안을 강구했으며, 어려움을 겪고 있는 중소기업들을 돕기 위해 각종 지원책들을 내놓고 있다. 그러나 중소기업이 가장 바라는 것은 안정적 판로(販路)이며, 노동자들이 가장 원하는 것은 안정적 직장일 것이다. 경제원론대로라면 '따뜻한 아랫목'에서의 열기로 인해 '차디찬 윗목'의 중소기업 제품에 대한 수요가 창출될 것이며, 대기업과 중소기업 전반에 걸친 수요증대는 투자활성화를 통해 고용의 증가로 나타나야만 한다. 그러나 지금은 이러한 흐름이 단절되어 있다는 것이 큰 문제점이 아닐 수 없다.

따라서 정부는 중소기업 및 가계가 갖고 있는 어려움에 대해 대증(對症) 처방만을 할 것이 아니라, 정부 스스로 나서 리스크를 부담하고 기업이 미래 불확실성을 두려워하여 망설이는 투자에 함께 팔

걷고 나서기를 바란다. 우리가 갖고 있는 유한(有限)한 자원을 제대로 사용하기 위해서는 가장 효과적인 곳에 써야 한다. 지금 중소기업과 가계 부문은 '타는 목마름'에 지쳐가고 있다. 이들에게 당장의 해갈(解渴)을 기대하여 물 한 컵을 나누어준다 하여 문제가 해결될 수는 없다. 물길을 찾아 우물을 파고 물을 끌어 올릴 수 있는 펌프를 심어주는 것이 바람직하다. 그러기 위해서 적어도 지금은 정부가 앞장서 나서 실물투자에 적극성을 보여야만 한다.

필자는 기본적으로 자금의 사용에 있어 정부 부문보다는 민간 부문에서의 효율성이 더 높음을 믿는다. 그러나 지금은 미래 불확실성 때문에 기업이 투자하려 하지 않고, 투자한 기업들조차 중소기업의 제품을 잘 구매하려고 하지 않는다. 중소기업 사장들을 만나보면 대기업에 안정적으로 납품을 할 수 있다는 보장만 있으면 지금이라도 투자를 하겠다고 하고, 대기업 담당자들은 국내 제품의 기술력을 믿지 못하기 때문에 이를 적극적으로 받아들이기 어렵다고 한다. 지금은 민간 부문, 특히 '윗목'의 활력이 크게 떨어져 있으며 이는 '따뜻한 아랫목'의 열기가 시간이 흘러 전달됨으로써 쉽게 해결될 국면이 아니다. 정부가 '우리 경제는 좋아질 것'이라는 막연한 기대를 전파하고 기업하기 좋은 환경을 만들겠다는 훈수꾼의 역할에서 잠시 벗어나, 직접 나서 불확실성에 대한 두려움을 함께하고 리스크를 짊어지고자 할 때 민간 부문에서도 우리 경제에 대한 신뢰를 회복하게 될 것이다.

어릴 때 마을마다 우물가에 펌프가 놓여 있었다. 펌프질을 시작하기 전에 먼저 물 한 컵을 위에서 부어주면 잠시 후 펌프에서 물이

콸콸 쏟아지던 경이로운(?) 장면을 기억한다. 지금 우리에게 물 한 컵이 있다. 이 물을 목마른 사람들에게 바로 나누어줄 것이 아니라, 펌프에 붓고 펌프질을 통해 안정적인 급수(給水)를 확보해주는 것이 바람직하다. 민간 부문에서 부동(浮動)하는 자금을 끌어들이고 정부가 투자하여 원하는 효과를 거두기 위해서는, 기업과 함께 리스크를 부담하겠다는 적극성과 더불어 양심적이며 올바른 판단능력을 함께 요구한다. 우리나라가 '한강의 기적'을 이루어내는 데 큰 역할을 했던 그러한 정부의 역할을 지금처럼 어려운 때에 구원투수로서 다시 기대해본다. 한 컵의 물이 세찬 물줄기로 이어질 때 정부는 다시 선량한 지원자의 원래 역할로 돌아갈 수 있을 것이다.

/ 월간 『금융』 2004년 7월

# 지금의 재테크, 이대로 좋은가?

재테크에 어려운 시절이 다시 도래하고 있다. 주식은 직접투자, 간접투자를 불문하고 마이너스 수익률을 내고 있으며, 부동산 또한 정부의 안정대책의 영향으로 별로 매력이 없다. 보수적 위험회피자들은 채권 쪽으로 눈길을 돌려보지만 워낙 낮은 수익률이 성에 찰 리가 만무하다. 다소 높은 금리를 주던 회사채는 신용위험이 겁이 나기는 하지만 그나마도 시장에서 찾기가 쉽지 않으며, 국민주택채권, 증권금융채권, 일부 카드회사 채권만이 겨우 거래될 뿐이다. 이라크 전쟁 등 해외 악재와 국내 정치, 경제불안에 따른 내수침체로 경기부진이 지속되면서 재테크 시장도 함께 얼어붙고 있다.

최근 2-3년간 은행들은 주가지수 연동형 정기예금, 그 중에서도 특히 원금 보존형 또는 보장형을 팔아 그런대로 투자자들의 입맛을 맞출 수 있었다. 이들 상품은 기본적으로 투자 원금의 상당 부분을 만기 시점에서 투자 원금만큼 원리금이 나오도록 채권에 투자하고,

나머지는 주가 관련 파생금융상품에 투자하는 구조를 갖는다. 따라서 주가가 원하는 대로 움직여주지 않아도 최소한 원금은 보존 또는 보장되게끔 설계되어 있으며, 운이 좋아서 주가 향방이 기대에 부응한 경우 일반정기예금 이자를 크게 상회하는 기쁨을 만끽할 수 있다. 연초까지만 해도 이와 같은 주가지수 연동형 금융상품에서 짭짤한 재미를 본 사람은 제법 된 것으로 알려진다.

그러나 올해 들어서 국내 주가가 크게 밀리면서 국내 주식에 기초한 연동형 금융상품의 인기는 사라진 것으로 보인다. 오히려 국내 주가지수가 하락할 경우 이자를 더 주는 금융상품이 등장할 정도이다. 금융기관들로서는 저금리 환경에서 투자자를 유치하기 위해 다시 안간힘을 쓰게 되었고, 이와 같은 노력의 산물이 최근 인기를 끄는 일본 주가지수 연동형 금융상품들이다. 이는 주가지수가 국내물에서 일본물, 주로 Nikkei 지수로 바뀐 것을 제외하고는 이전 상품과 큰 차이가 없으며, 일본 경제의 회복 징후가 뚜렷하게 강하다는 점에서 기대와 함께 시장의 인기를 끌고 있다.

투자자의 인기를 끄는 또 다른 상품으로는 은행 후순위채권이 있다. 만기가 길어 5-7년간 자금을 묻어두어야 하는 단점에도 불구하고 비교적 고금리라는 매력이 강조되는 상품이다. 최근 간접투자자산운용법에 따라 선보이기 시작한 부동산 펀드도 비슷한 이유에서 투자자들의 인기를 모으고 있다. 부동산 개발사업에 투자돼 일정 기간별로 대출이자 및 펀드운용수익 형태로 투자자들에게 수익을 나눠주는 이 상품은 현재 금융기관들이 제시하는 기준으로 연 7-8% 수준의 수익률이 기대된다고 한다. 다만 이들 후순위채권이나 부동산 펀드들은 아직까지 투자자의 수요를 감당할 만큼 시장에 충분하게 공급되고 있지 못하여 욕구 충족에는 미흡한 것이 현실이다.

이렇듯 국내 재테크 수단에 만족하지 못하는 사람들과 정치, 경제적 격변기에 불안을 느끼는 일부 투자자들은 해외 투자에 나서기도 한다. 이제는 전 세계 대부분의 나라의 주식과 채권을 국내에서도 손쉽게 투자할 수 있다. 한편 풍문에 들려오기는 미국 서부지역, 특히 교포들이 밀집하여 사는 지역의 부동산 값이 크게 상승했는데 이는 아마도 우리나라의 자금이 몰려간 때문이라고도 한다. 국제화 시대에 많은 기업들이 해외에 진출했고 유학을 간 학생들, 이들과 함께 동반한 가족들이 세계 각국에 흩어져 있는 마당에 이들을 기반으로 한 국내 자금의 해외진출 규모를 쉽게 계산하기는 어렵다. 다만 주변에서 들리는 사적(私的) 정보들을 취합하여보건대 예년보다 크게 늘어나고 있는 것만은 사실인 것 같다.

마지막으로 최근 들어 다소 특이하게 재테크 대상으로 인기가 급상승하고 있는 것은 금(金)이다. 금은 이제 더 이상 화폐성 자산이 아니지만 한때 주요 지급수단이었으면서 가치보존 기능이 뛰어나 중요한 예비자산으로서의 가치를 오랜 기간 동안 여러 나라에서 인정받아왔다. 1997년 외환위기 때는 전 국민적인 '금 모으기' 운동을 통해 우리 국민들의 애국심을 세계만방에 알리고 위기극복에 일조(一助)를 하기도 했다. 금은 비교적 가치안정적인 투자수단으로서 국내외 정세가 불안하고 인플레가 우려되는 시점에서 대개 인기가 좋은 편이며, 특히 요즘처럼 미국의 국제적 위상이 흔들리는 시점에서는 달러 가치의 하락을 헤징할 수 있는 좋은 수단으로 인정받기도 한다.

또한 국제 금 가격은 미국의 경기 또는 환율과 반대로 움직이는 속성을 보여 포트폴리오의 효율성을 제고(提高)하는 데에도 도움을 준다.

1990년대 하반기에 하락하던 금값은 2000년대 들어와 상승 추세로 전환한 것으로 보인다. 이에는 여러 가지 이유가 있겠지만 미국 자산이 안전자산으로서의 기능이 약해지면서 대체 투자대상으로서 인기가 높아진 것이 아닌가 하는 분석을 내놓을 수 있다. 국제 금값의 상승추세 전환과 함께 국내외 정정(政情) 불안요소가 더해지면서 국내 금 투자도 본격화하는 느낌을 받는다. 관세청에 따르면 금년 5월까지 금 수출은 전년 동기대비 332.2%, 금 수입은 238.4% 각각 늘어났다. 금 수출 · 입이 이처럼 급증한 이유는 국세청이 세공업자, 위탁제조판매업자, 도매업자에 한해 부가가치세를 면제해줬기 때문이기도 하지만, 국내의 풍부한 부동(浮動) 자금이 시세차익을 노리고 투기에 나선 것도 크게 역할을 하는 것으로 추정된다고 전해진다.

이상에서 살펴본 최근 인기 있는 재테크 수단들을 요약해보면 해외주가지수 연동 금융상품, 후순위채, 부동산 펀드, 해외 금융상품 및 부동산 투자, 금(金)이라고 할 수 있다. 이들 상품의 공통점은 국내 기업들에게 자금을 공급하는 데 별로 큰 기여를 하지 못한다는 점이다. 경제위기 논쟁 속에서 경기 양극화(兩極化) 추세는 최근 점점 더 악화되는 조짐을 보인다. 대기업, 수출 중심 일부 기업들은 넘치는 현금을 주체하지 못하고 미 달러 기준 100만 불 이상의 금융자산을 보유하여 백만장자 대열에 들어선 국내 부자(富者)들의 숫자가 크게 증가했다는 소식의 한 편에는, 판로(販路)가 막히고 자금난에 봉착(逢着)하여 하루하루를 외줄타기 하듯 살아가는 수많은 중소기업들과 역시 빠른 속도로 늘어나는 극빈층(極貧層) 서민들이 있다. '따뜻한 아랫목'의 열기가 '차디찬 윗목'으로 전달되어 열기가 경제 전반에 골고루 퍼져야 한다는 것은 더 큰 발전을 위한 잠재력의 확보라는 '한가로운' 차원의 얘기가 아니다. 지금 우리가 서 있는 이 땅에서 계층 간의 갈등은 무서운 속도로 악화되고 있으며, 이를 이대로 방치할 경우 우리 사회는 분노와 갈등이 지배하는 곳이 되어버릴 것이다.

금융의 역할은 비생산적인 부문의 여유자금을 생산적인 곳으로 유인하여 투자를 통해 더 많은 가치를 생산하도록 지원하는 것이다. 고급 재테크를 원하는 투자자들의 입맛에만 맞추어 자금을 해외로 보내고, 집안의 금고로 퇴장(退藏)시키는 데에 급급한다면 우리 금융은 원래의 기능을 다하는 것이 아니다. 금융기관들은 이제부터라도 시중의 풍부한 부동(浮動) 자금이 국내 산업현장에 투자될 수 있도록 하는 상품의 설계에 최대한 노력을 기울일 필요가 있다. 정부와 학계도 금융기관들과 함께 머리를 맞대고 진지하게 고민을 함께 하면서, 이에 필요한 모든 지원을 아낌없이 해주어야 한다. 금융기관 점포 한편에서 부자(富者)들이 해외상품을 여유 있게 고르는 가운데, 신용불량자들이 계속 눈물을 흘리고 빠듯한 자금압박에 중소기업 사장들이 계속 진땀을 흘리게 해서는 안 된다. 원래 자본주의는 다 그러한 것이라고 탁상공론(卓上空論)을 하기에는 지금 우리 시장이 갖는 양극화(兩極化)의 골이 너무도 깊어 보인다.

/ 월간 『신용경제』 2004년 7월

# 아시아적 가치와 신자유주의

필자가 유학을 갔을 때 얘기이다. 첫 수업에서 교수가 다짜고짜로 물어보는데, 질문 내용인즉슨 '어떻게 한국경제가 그토록 짧은 시간에 고도성장을 이룰 수 있었는가' 하는 비결에 관한 것이었다. 이제 도착한 지 얼마 되지 않아 영어가 짧은 탓도 있었겠지만 필자는 질문에 답을 하지 못했다. 외국인들 눈에는 불과 이삼십 년 전에 전쟁으로 폐허가 되고 자기들이 구호물자를 보내주어 겨우 연명하던 가난한 나라가 자동차와 전자제품을 만들어 수출까지 하는 것이 참으로 신기해보였던가 보다.

질문을 받던 1980년 후반 당시 외국에서는 한국 경제 급성장의 원인을 다각도로 분석하고 있었는데, 그중 대표적인 것으로서 '아시아적 가치(Asian Value)'라는 것이 많이 언급되었다. 노동자들이 전통적 유교(儒教) 문화 속에서 조직에 대한 거의 무한(無限) 충성을 보인다면, 사용자들은 연공서열(年功序列)과 종신(終身) 고용으로 화답(和答)하는 과정에서 고도성장이 가능하지 않았겠는가 하는 것이 당시의 분석이었다. 이에 따라 일부 외국기업들은 과감하게 자신들의 전통인 업적 중심 연봉제(年俸制)와 계약제 고용을 버리고 아시아적 가치를 받아들이기도 했다.

서구적 가치와 아시아적 가치의 우열(優劣) 다툼은 1997년 외환위기를 겪으면서 적어도 우리나라에서는 끝난 것처럼 보인다. 초유(初有)의 위기 앞에서 우리는 당황했고 겁을 먹었으며 우왕좌왕(右往左往)했다. 우리가 갖고 있던 것들 중에서 좋은 것이 무엇인지, 나쁜 것이 무엇인지에 대해 엄밀하게 재검토해볼 기회조차 제대로 갖지 못한 채 우리는 너무도 빨리 서구적 가치를 받아들였다. 그중 현재 많은 논란의 대상이 되는 것이 '신자유주의'일 것이다.

신자유주의는 경쟁에 따른 '시장 기능'을 통해 균형과 발전을 이룰 수 있다는 점에서 고전학파와 출발점을 같이한다. 그러나 대공황을 겪으면서 고전학파가 몰락하고, 이어 등장한 케인즈는 필요할 경우 정부의 적극적인 개입을 주장하여 시장만능주의에 일격(一擊)을 가했다. 그러나 케인즈 주의도 1970년대 이후 스태그플레이션을 해결하지 못하자, 이에 대한 비판적 대안으로 등장한 것이 신자유주의이다. 우리나라에서도 과거 정권에서 사용된 바 있었던 이른바 '세계화'의 주장이 바로 신자유주의를 상징하는 것으로 볼 수 있다. 이는 정부의 시장 개입을 가능한 한 억제하며 국경 없는 시장에서 자유경쟁을 통해 경제 성장이 달성 가능하다고 본다. 이에 따르면 금융산업은 개방되어 자본이 자유롭게 국경을 넘나들도록 허용되어야 하며, 노동시장은 국제경쟁력 강화를 위해 유연하게 바뀌어야 한다.

이상에서 보다시피 신자유주의는 아시아적 가치와 공존하기 어려운 여러 가지 요소들을 갖고 있다. 우리는 정부 주도의 강력한 경제개발계획과 시장기능을 조화롭게 유지하면서 전 세계가 놀랄 만큼 고도성장을 이룬 경험이 있다. 물론 이 과정에서 정경유착(政經癒着)으로 인한 부정부패가 있었고 부실대출 등의 문제들이 누적되어 1997년 위기를 겪은 것이 사실이다. 그러나 외환위기가 아무리 심각했다고 하더라도 과연 우리의 가치를 송두리째 저버리고 서구적 가치를 급급하게 (거의) 무비판적으로 받아들였어야만 했는가를 이제는 다시 짚어볼 시점이 된 것 같다.

외환위기를 겪는 과정에서 강권(强勸)에 의해 금융시장은 해외투자자들에게 활짝 열렸고 우리의 금융환경은 상전벽해(桑田碧海)만큼이나 변화했다. 효율성 추구의 명분 아래 수많은 임직원들이 정든 금융회사를 떠나갔다. 결과적으로 금융회사는 건강해지고 더 많은 이익을 실현하게 되었는지 모르지만, 이에 따른 이익의 상당 부분은 우리가 아닌 외국인들의 손으로 넘어갔다. 위기를 겪으면서 우리 스스로 기업들에게 너무도 실망한 탓일까, 아니면 우리 국민들에게 투자여력이 소진된 탓일까 잘 모르겠지만, 외환위기를 겪어내면서 우리 주식의 상당 부분은 외국인들 손으로 넘어갔다. 정든 동료들을 내보내고 갓 대학을 졸업한 청년들을 실업자(失業者) 대열에 줄 세워둔 채 회사가 잘 된다 해도, 그로 인한 이익의 상당 부분을 외국인들이 가져간다면 우리는 위기를 제대로 극복한 것이라고 할 수 있을까?

신자유주의가 가져온 또 다른 부작용은 능력 있는 사람들이 과거보다 훨씬 많은 몫을 챙겨가는 반면, 그렇지 못한 사람들은 퇴출되거나 비정규직에 머무르면서 신분 불안 속에 방치된다는 사실이다. 이로 인한 빈부(貧富) 격차는 마침 불어 닥친 부동산 광풍(狂風)과 맞물려 이 사회에 극심한 갈등 요소로 자리 잡았다. 위기를 극복하는 과정에서 전 국민들이 보여준 '금모으기' 운동의 뜨거운 열정이 아직도 눈앞에 생생한데, 수많은 중산층이 몰락한 반면 소수의 부유층은 과거보다 더 많은 부(富)를 즐기고 있다.

외환위기 이전에 우리 기업들이 고용 측면에서 비효율적인 면을 갖고 있었음에는 부정할 생각이 없다. 그러나 이를 '국민행복' 이라는 측면에서 살펴본다면 정부가 못하는 '복지' 를 기업이 대행해준 것으로 해석할 수는 없을까? 다소 무능력한 사람일지라도 기업이 껴안고 가면서 비록 한직(閒職)일지라도 정년까지 일하게끔 해주던 사회, 이는 분명 비효율적인 사회일 것이다. 그러나 그런 사람들을 솎아내어 회사 밖으로 내보내고 남아 있는 사람들 상당수를 비정규직이라는 신분 불안 속에서 방치하여 그 대가로서 얻어지는 '효율성' 이라는 것이 국민행복에 어떤 기여를 할 것인가? 이렇듯 우리의 과거는 모두 잘못된 것으로 부정되어야만 하는 것일까?

아시아적 가치에서 신자유주의로 극단적으로 움직이는 과정에서 우리 사회의 갈등은 이미 심각한 지경에 이르고 있는 것으로 보인다. 빈부(貧富) 격차와 청년실업, 일부 지역에서의 부동산 가격 폭등에 분노하는 일부는 좌파적 가치관을 주장하기에 이르렀고, 반면 보수층은 이러한 움직임에 대해 나라가 당장 망할 것 같은 위기감을 토로하기도 한다. 지금 이 나라에 중간은 없고 좌(左)와 우(右)의 극단만이 목소리를 높이고 있는 것처럼 보인다. 이제라도 우리는 미래 사회를 이끌어갈 가치에 대해 허심탄회(虛心坦懷)하게, 뜨거운 가슴, 그러나 차가운 머리를 갖고 합의를 이루어나가기를 기대한다.

'한강의 기적'을 이루는 과정에서 이런 저런 부작용이 있었다 하더라도 우리가 달성한 업적은 참으로 자랑스러운 것이라 필자는 믿는다. 기적을 이룬 배경이 '아시아적 가치'만이 전부는 아닐 것이며, 설령 그렇다 해도 변화된 환경 하에서 복고주의(復古主義)를 주장할 수만도 없음을 이해한다. 그러나 수십 년 동안 고도성장을 이루고도 불과 몇 년 동안의 위기 앞에서 헌신짝처럼 걷어 차버린 우리의 과거 속에 미래를 위한 해답이 있을 것이라고 또한 믿는다. 무비판적으로 받아들인 '신자유주의'가 우리가 버린 조강지처(糟糠之妻), '아시아적 가치'보다 과연 우리의 미래를 위해 보다 나은 해답인지 이제라도 재검토해볼 시점이 되었다.

2000년 9월, 외환위기 극복이 한창이던 때에 필자는 이 지면(紙面)을 통해 '산 너머 남쪽에는'이라는 칼럼을 발표한 적이 있다. 그때 글을 일부 발췌한다.

> 모세가 이스라엘 민족을 이끌고 황야를 헤맬 때 그는 어렵지만 지금의 고통을 극복하면 '젖과 꿀이 흐르는 땅'으로 인도하겠다고 약속했다. 지금 우리는 각 분야에서 고통을 참으며 구조조정의 험한 산을 넘어가고 있다. 과연 '산 너머 남쪽에는' 무엇이 우리를 반겨줄 것인가에 대한 궁금증에 타는 목마름으로……

아시아적 가치를 버리고 신자유주의를 택한 오늘날 우리는 '젖

과 꿀이 흐르는 땅' 에 와 있는가? / 월간 『신용경제』 2004년 8월

# 경제 우울증을 치료하려면

영국 환경국이 최근 상수원으로 쓰는 강물과 지하수를 조사한 결과 우울증 치료제 성분이 검출됐다고 한다. 인구 5900만 명인 영국에서 1991년 900만 건이던 우울증 치료약 처방이 10년 만인 2001년 2400만 건으로 늘었는데, 정신과 전문의들은 수많은 환자가 도처에서 먹고 남은 우울증 치료약을 하수구 등에 계속 버린 탓에 강과 지하수가 오염된 것으로 본다고 한다. 또한 최근에는 일본 왕세자비가 직책이 주는 부담과 임신 · 유산을 둘러싼 고민, 공사의 구별이 없는 바쁜 생활 등으로 인한 스트레스에 적응하지 못해 우울증을 앓고 있다고 일본 왕실업무를 관장하는 궁내청이 발표한 바 있다.

우리나라에서도 이제 우울증은 남의 일이 아니다. 특히 외환위기를 겪은 후 우울증이 50% 이상 늘어났다는 최근 연구결과도 있다. 조인호 등의 연구에 따르면 외환위기 이후 경증 우울증을 가진 비율은 표본 집단의 3분의 1이 넘는 38.3%에 달하며, 이는 1994년 25.3%

보다 51%가 늘어난 수치라고 한다. 또한 1994년 조사에서는 약물치료 등이 필요한 우울증 인구가 8.7%였으나, 1999년 조사에서는 10.0%로 15%가 늘었다고 한다. 이에 대해 연구진들은 국가 차원의 경제위기가 개인의 정신건강에 중요한 영향을 끼치고 있다고 해석한다.

이와 같이 전 세계적으로 동시다발(同時多發)적으로 벌어지는 심각한 우울증의 행진을 지켜보는 자체가 건강한 사람들조차 우울증에 걸리게 할 만큼 지금 우리 모두는 우울하다. 여기에 더하여 얼마 전에는 이헌재 장관이 우리 경제를 두고 '고치기 어려운 우울증과 무기력증에 빠진 환자'라고 진단을 내렸다. 개인적으로 어려운 숱한 고비들을 넘겨왔으며 그 와중에서 결코 희망의 끈을 버리지 않던 그의 강인한 모습을 기억하는 많은 사람들에게 이는 절망의 폭탄선언이 되었다.

우울증은 치료 가능한가? 전문적 의학지식이 없는 재무학자가 이를 확답할 수는 없지만, 여러 권의 의학서적을 읽고 나름대로 얻은 결론은 '즉효약은 없지만 못 고칠 병은 아니다. 고통스러워도 주변의 사랑에 힘입어 함께 견뎌내면 나을 수 있다'라는 것이다. 그렇다면 국가 경제의 우울증은 치료할 수 있는가? 여기서 잠시 '우울증 진단을 받은 대한민국'의 2004년 여름, 어떠한 일들이 벌어지고 있는가를 먼저 살펴보자.

## 전국적인 골프장 건설 촉진

앞서 경제의 우울증 진단을 내린 이헌재 장관은 내수부양을 위해 '골프장' 건설을 촉진해야 한다며 적극적 지원에 나섰다. 현재 계획된 전국 250여 골프장이 완공되면 일자리가 5만 개 이상 늘어나고 부가가치도 연간 2조 7천억 원이 새로 생기며, 외국 골프여행으로 지출되는 연간 5천억-6천억 원의 국부 유출도 줄일 수 있다는 '장밋빛 전망' 하에 추진되는 일이다. 이를 위해 골프장 하나 만드는 데 500억 원가량 쳐서 총 10조 원이 넘는 돈이 골프장에 몰리도록 정부가 나서서 적극 지원한단다. 너무나 어처구니가 없을 때는 비판을 할 만한 힘조차 나지 않는다.

## 행정수도 이전 논쟁

신행정수도 최종입지가 결정, 발표되었지만 반대여론이 무척 거세다. 이전의 명분과 실효성, 비용, 안보, 국민적 합의 등에 관한 문제점 지적에 이어 풍수(風水)와 역사적 문제 제기로까지 발전했다. 이에 대해 현 정부는 날카로운 대립각을 세우며, 행정수도 이전에 대한 부정적 비판은 대통령에 대한 도전이라고까지 치고 나왔다. 남과 북으로 갈린 한반도에서 영남과 호남의 지역갈등이 지긋지긋한 국민들에게 여당과 야당, 가진 자와 못 가진 자, 보수와 진보로 갈기갈기 찢더니만, 이제는 수도권과 충청권 주민들을 서로 맞세우고 있다. 건전한 토론을 통한 합의라고는 머릿속에 아예 없는 사람들, 목소리 큰 사람들의 삿대질만이 오가는 지금, 이 사회에서 제 정신을 갖고 웃으며 살기란 얼마나 힘든 것일까?

## 과거청산

정부는 친일파 청산을 중심으로 과거에 대한 일제 정비를 공식 발표했다. 이에 따라 권력기관들이 일제히 움직임에 들어갔다. 야당 지도자에 대한 정치적 의도가 있네, 없네 갑론을박(甲論乙駁)이 오가는 과정에서 급기야는 일제 강점기 부친의 헌병 복무 사실이 드러난 여당 지도자가 유탄을 맞기도 했다. 정부와 여당은 '과거청산이 국민화합을 위한 것이지 누구를 처벌하자는 것이 아니다'라고 말하고 있지만, 이를 그대로 믿기에는 미심쩍은 구석이 많아 보인다.

젊음이 피 끓던 대학시절, 『해방 전후사의 인식』과 『전환시대의 논리』를 읽고 자란 필자는 우리 역사의 과거청산을 부정할 생각이 결코 없다. 그러나 현 정부가 정말 순수한 목적에서 이를 추진하는 것이라면, 왜 가족들이 아파 누워서 오늘, 내일하는 하필 지금 이 시점에 '집안 대청소'를 하겠다고 빗자루, 걸레 들고 나서는지 의아해하는 국민들을 먼저 충분히 이해시킬 수 있어야 한다.

## 경제의 우울증을 치료하려면

서경(書經) 우서(虞書) 편 고요모(皐陶謨) 1절이다.

임금이 일신의 수양(修養)과 긴 생각을 가지고, 거기에 애경(愛敬)의 정(情)을 도타이 하여 일가(一家)·일족(一族)을 화목케 한다면, 도리에 밝은 사람들이 다 국사(國事)에 힘을 쓸 것이고 국정(國政)을 도와, 그래서 나라는 안태(安泰)하오리다.

같은 책, 주서(周書) 편 무일(無逸) 4절이다.

은나라 왕 중종으로부터 고종과 조갑 및…… 주나라 문왕, 이렇게 네 분께서는…… 혹 어떠한 사람이, '백성들이 당신을 원망하고 욕합니다'고 하면 즉시 스스로 크게 덕을 삼가고, '그 허물은 나의 허물이다' 하셨습니다. 진실로 이같이만 하신다면 감히 노여움을 품지 않을 뿐만 아니라 서로 화목하게 될 것입니다.

(그러나) 이러한 사실을 받아들이지 않는다면, 혹 속이고 허탄(虛誕)하며 미혹(迷惑)하게 하고는, '백성들이 당신을 원망하고 욕합니다'고 하면 즉시 이를 믿게 됩니다. 이렇게 되면 이는 임금으로서 할 일을 길이 생각지 아니함이며, 그 마음을 관대하게 하지 아니함으로써 죄 없는 사람을 벌하고…… 이렇게 되면 원망도 함께 받게 될 것입니다.

지금 심각한 우울증을 앓는 우리 경제에 필요한 것은 '즉효약은 없지만 못 고칠 병이 아니다. 고통스러워도 함께 견뎌내자'고 내미는 따스한 사랑의 손길이다. 아빠, 엄마가 눈을 부라리며 죽기 살기로 싸우는 집안에서 자식들에게 용돈 몇 푼 올려주면 행복해할 것 같은가? 가난해도 오순도순 나눠먹는 감자떡 한 개에 담긴 도타운 사랑을 먹고 자란 아이들이야말로 진정 건강하게 자랄 수 있다. 10년 만의 폭염이 사라진 이 가을이 무르익어갈 때면 우리의 지친 가슴에도 시원한 바람이 불어오기를 기원한다. / 월간 『신용경제』 2004년 9월

# 부모교육과 금융회사

역사상 어느 때인들 그렇지 않았을까마는 요즘은 청소년들을 키우기에 참으로 어려운 시기인 것 같다. 세상이 정신없이 빠른 속도로 바뀌어가면서 아이들의 문화도 어른들의 옛날과는 너무도 크게 변화한 것을 느끼곤 한다. 필자는 얼마 전에 조금이라도 아이들을 이해하고 싶은 욕심에 부모교육(parenting)이라는 것을 받게 되었다. 우리 부모님들은 이런 것 없이도 우리 세대를 이만큼 잘 키우셨는데, 아마도 부모교육이라는 것을 받는 첫 세대가 우리가 아닐까 하며 다소 씁쓸한 기분에 시작한 일이지만 결과적으로는 청소년들을 이해하는 데 많은 도움이 되었다.

부모교육이 지향하는 바는 청소년들을 몸과 마음이 건강하고 자신감에 차 있으며 협조적이고 책임감 있는 사람으로 키우는 것이라고 배웠다. 청소년들은 아직 완전한 성인이 아니기 때문에 자주 실수와 잘못을 저지르지만, 어떤 경우는 일방적인 훈계와 지도가 아닌 실수에 대한 자기반성을 통해 스스로 배워야 하는 경우도 있다. 이때 부모가 할 일은 크게 잘못되지만 않도록 울타리를 쳐서 막아주고, 그 안에서 아이의 자율성을 존중하여주는 것이다. 그래야만 아이가 올바른 성인으로 자라날 수 있다고 한다.

## 청소년기를 지나는 금융회사

필자는 부모교육과 관련하여 (외람되지만!) 지금 우리나라 금융회사들이 마치 인생의 청소년기로 비유되는 시점을 막 지나가고 있는 것이 아닐까 하는 생각을 한다. 우리나라 금융회사, 특히 은행들은 과거 '한강의 기적'을 일으키는 과정에서 '국가경제발전'이라고 하는 공공의 목적을 달성하기 위해 지대한 역할을 담당하였다. 그러다보니 금융회사 경영의 양대 축인 '공공성'과 '기업성' 중에서 기업성이 크게 무시된 것이 사실이다. 이는 안타깝게도 자원배분의 비효율성을 유발하게 되었고 따라서 금융회사들의 경쟁력이 많이 훼손되었다. 이에 대한 반성과 더불어 전 세계적으로 불어 닥친 '탈규제화(DeRegulation)' 바람으로 금융회사들의 경영환경은 '기업성'을 강조하는 방향으로 크게 바뀌었다. 공공성의 추구에 밀려 팽개쳐진 기업성을 조금이라도 살려보자는 의미에서 과거 '금융기관'으로 불리던 이름조차 '금융회사'로 바꾸어 부르게 된 것이 불과 얼마 전이다.

공공성이 강조되던 과거 시절에 금융회사와 정책당국 간의 관계는 좋을 수밖에 없었다. 국가적 목표 아래 정책당국은 금융회사들에 대해 거침없는 협조를 요청했고 이는 큰 무리 없이 받아들여졌다. 마치 유아기의 아이들과 부모의 관계가 편안하고 애틋한 것과 다름없다. 그러나 기업성이 강조되는 지금은 사정이 다르다. 이제 금융회사들은 '리스크를 최소화하는 범위 내에서 이윤극대화'를 목표로 추구한다. 물론 이 과정에서 범법행위를 하거나 비윤리적인 거래를 해서는 안 되겠지만, 과거와 같이 공공의 이익을 위해 금융회사의 일방적인 희생을 강요하는 것은 더 이상 받아들여지지 않는다.

이렇게 되니 답답한 것은 정책당국이다. 이제 금융회사들이 잘 협조하려 들지 않을 뿐만 아니라 특정 현안을 놓고서는 정면에서 비판하기조차 한다. 청소년기의 반항은 언제, 어디서나 있어왔다고 한다. 질풍노도(疾風怒濤)로 표현되는 격렬한 반항은 '자립'에 대한 갈망의 표현일 수 있다. 이제 부모가 시키는 대로만 하는 데서 벗어나 스스로의 영역을 확보하고 싶은 욕망이다. 이때 과거처럼 부모에게 순종하지 않는다 하여 강압적으로 누르려고만 하면 문제는 악화될 수 있다. 이제 그들에게 자율을 허락해야 할 때가 온 것이다.

외환위기를 겪으면서 우리 금융시장은 상전벽해(桑田碧海)만큼이나 변화하였다. 중요한 변화의 하나는 '신자유주의' 철학에 따른 무한경쟁과 적자생존(適者生存), 국경 없는 자본의 이동 등을 들 수 있다. 새로운 가치관을 진정 우리가 원해서 선택한 것인지, 아니면 위기극복 과정에서 어쩔 수 없이 받아들인 것인지 필자에게는 아직까지 명확하지 않다. 그러나 분명한 것은 국가 주도 경제체제에서 시장 중심의 자유경쟁체제로 들어섰다는 사실이다. 이제 정책당국은 금융회사들의 자율성을 인정하고 한 발 물러나야 한다. 불과 얼마 전까지만 해도 부모 도움 없이는 아무것도 할 수 없던 아이였는데…… 하는 조바심으로 쳐다보아서는 아이들을 결코 책임감 있고 성숙한 성인으로 키워갈 수 없음을 받아들여야 한다.

정책당국 입장에서는 억울한 측면도 있을 것이다. 공공의 이익을 위한 요구를 기업성을 핑계로 받아들여주지 않는 금융회사들이 야속할 것이다. 그러나 정책당국은 이 점과 관련하여 다음 두 가지를 이해하여야 한다. 첫째, 오랜 기간 공공의 목적에 희생(?)되어온 금융회사들이 이제 겨우 기업성을 추구하는 첫 걸음마를 떼기 시작하였다. 뛸 때까지는 고사하고라도 걷기 시작할 때까지만이라도 기다려주는 성숙한 사랑이 필요한 시점이다. 두 번째는 우리 금융회사들의 경쟁상대가 국제 금융회사들이라는 것이다. 국제 금융회사들에 대해 과거 국내 회사들에게 했던 것과 같은 일방적 협조요청을 할 수 없다면 우리 금융회사들에게도 같이 존중하는 입장을 보여주어야 한다.

사춘기 청소년들의 행동만을 지켜보면 불안한 경우가 적지 않다. 이때 중요한 것은 '사랑으로 기다려주는 것'이라고 한다. 인생의 지름길이 눈앞에 뻔히 보이는데 부모의 마음과 달리 엉뚱한 길을 돌아가는 자식들이 야속하지만, 참고 애정으로 기다리는 것은 더 이상 강압이 통하지 않기 때문이기도 하지만 아이들은 결국 자기를 믿어주는 사람들의 기대에 부응할 것이기 때문이다.

## 시장친화적인 공공성 추구

지금은 금융회사들의 기업성이 상대적으로 강조되지만 공공성의 중요성 또한 결코 무시되지 않을 것이다. 다만 공공성을 확보하는 방법은 더 이상 과거와 같이 정부의 일방적 협조요청이 아니라 시장친화적인 방법이 되어야 할 것이다. 즉, 공공성을 무시하고 이기적(利己的)으로 행동하는 금융회사들은 시장에서 자율규제를 할 수 있어야 한다. 이때까지 시간이 걸리더라도 정부가 기다려주어야 한다. 조급함에 자꾸 잔소리를 하다가는 청소년기의 반항만 북돋우고 성인이 되는 데 걸리는 시간만 지연시킬 뿐이라는 부모교육의 교훈을 참조하기 바란다. 자식이 어릴 때는 큰 소리로 야단치면 마음대로 행동을 통제할 수 있었지만 청소년기에 들어서면 그렇지 않다. 그들도 이제 반쯤은 어른이기 때문이다.

이러한 관점에서 볼 때 최근 모 대형은행 은행장에 대한 감독당국의 문책은 이해하기 어려운 측면이 있다. 필자는 대손충당금 설정 및 회계처리와 관련한 고의 또는 실수가 과연 은행장의 연임을 막을 만큼 대단한 사건이었다고 보지 않는다. 오히려 정부는 강력히 부정하고 있지만 일사불란(一絲不亂)한 협조요청을 거부한 은행장에 대한 괘씸죄가 적용된 것이라는 시중에 떠도는 말이 훨씬 설득력을 갖는다. 급기야는 금융통화위원까지 나서서 "시장경제 원칙에 의해 제대로 한 모 시중은행장을 몰아내는 것으로 관치금융이 오히려 강화되고 있다" 고 주장하는 형편에 이르렀다.

정부가 금융회사들을 성숙한 동반자로 새롭게 받아들이지 않고,

과거의 '편안하던' 협조관계의 향수(鄕愁)만을 되씹고 있다면 이와 같은 일은 반복될 것이며 시장은 동요할 것이다. 금융회사들은 기업성과 공공성 간의 자발적 조화(調和)를 추구하기보다는, 이도 저도 아닌 어정쩡한 모습으로 정부 눈치만 살필 것이며 이는 금융회사들의 성숙한 발전을 크게 저해할 것이다.

필자에게 부모교육을 했던 강사는 마지막에 이렇게 말했다. "청소년 자식들을 둔 부모 여러분, 절벽 끝에 나무그루터기를 한 손으로 잡고 있는 기분이겠지만 믿고 손을 놓으십시오. 떨어져 죽을 것 같지만 의외로 바닥은 편안하고 푹신할 수 있습니다. 집착을 버릴 때 구하던 것을 얻을 수 있습니다." / 필자의 개인 웹 칼럼 2004년 10월

## 실물펀드 투자에서 짚어보아야 할 점

현재 경기에 큰 문제가 없다고 자신만만하던 정부도 이제야 문제의 심각성을 깨달았는지 여러 가지 정책들을 동원하여 경기부양(景氣浮揚)에 나서기 시작했다. 일부 정책당국자는 아직도 경제운용기조 자체가 바뀐 것은 아니라고 강조하지만, 최근 변화한 일련의 정책들을 보면 다소 마음이 급해진 것만은 분명히 느껴진다. 이렇게 경기를 살리기 위한 정책 중 하나가 얼마 전에 시행된 '금리인하'이다. 현재 경기는 유동성 함정에 빠져 있으므로 금리를 내린다고 해도 소비나 투자가 살아나지는 못하며, 오히려 부동산 거품을 증폭시킬 뿐이라고 아무리 주장해도 받아들이지 못할 만큼 현재 경기에 대한 정책당국자들의 위기의식은 무거워진 것 같다.

금통위가 콜금리 인하를 발표하면서 은행들의 예금금리도 발 빠르게 인하되었다. 이젠 1년을 맡겨두어도 3.7% 전후, 세금을 제하고 나면 3% 전후에 불과하니 이자소득 생활자를 포함한 재테크하는 사람들은 점점 더 어려운 지경으로 접어들고 있다. 금리가 내려가는 효과로 경기가 살아난다면 애국적(愛國的) 관점에서라도 참아보겠는데 그도 아닌 것 같으니 답답한 것이다.

이에 따라 저금리에 불만인 투자자들의 입맛을 맞추기 위한 금융신상품들이 속속 등장하고 있다. 오늘은 그중에서 선박이나 항공기 등에 투자하는 실물펀드에 관해 살펴보고자 한다. 이들 상품을 혹 잘못 이해하는 사람들은 실물에 투자하므로 최악의 경우에도 실물은 남기 때문에 큰 손해는 보지 않을 것이라고 한다. 과연 그럴까? 저금리에 지쳐 다양한 투자상품을 찾는 것은 좋지만 상품의 리스크와 예상수익을 가능한 한 정확하게 살펴보는 것은 기본이다.

이들 실물펀드는 (상품에 따라 다소 다르기는 하지만) 기본구조가 다수의 투자자로부터 자금을 모집하여 선박이나 항공기를 취득하고, 이를 운송회사 등에 임대하여 발생하는 임대료 수입을 투자자에게 배당하는 것으로 되어 있다. 〈그림〉의 (가상) 예를 보며 자세히 살펴보자. 여기서 펀드 투자자들은 선박/항공기 구입에 필요한 자금의 20%를 실물펀드에 투자한다. 펀드는 이 자금을 자회사에 자본금 또는 후순위대출의 형태로 준다. 자회사는 선박/항공기 매입에 필요한 자금 중 70%를 담보대출의 형태로 은행으로부터 추가적으로 차입한다. 이제 부족한 나머지 자금 10%는 운송회사의 선급(先給) 임대료에서 충당할 수 있다.

이와 같은 방식으로 자금조달이 끝나면 선박/항공기 판매사로부터 실물을 매입하고 계약에 따라 운송회사에 임대한다. 이때 선박/항공기의 소유권은 대개의 경우 펀드의 자회사가 되며 이는 은행에 담보로 제공된다. 임대료가 들어오면 일차적으로 담보대출 이자부터 은행에 갚고, 나머지를 자본금에 대한 배당 또는 후순위대출에 대한 이자로서 펀드에 지급하면 펀드는 이를 다시 투자자에게 배분함으로써 거래가 완결된다. 따라서 운송회사의 안정적인 영업 및 임대료 지급이 선박/항공기 펀드의 수익 원천임을 알 수 있다.

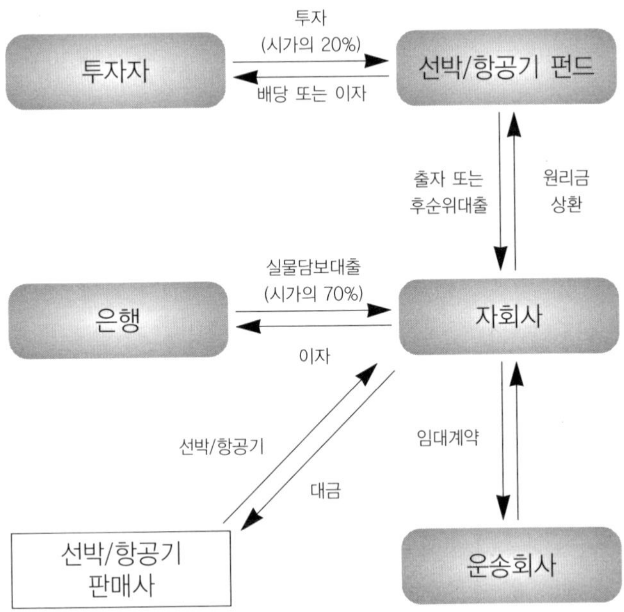


〈그림〉 선박/항공기 펀드의 (가상) 예

이제 실물펀드의 리스크를 살펴보자. 계약에 의하면 청산 시점에서 변제 선순위는 은행의 담보대출이며, 펀드의 자본금 출자 또는 후순위대출은 다음 순위가 된다. 선급임대료를 지불한 운송회사는 최후순위가 된다. 따라서 선박/항공기 펀드에 가입한 투자자 입장에서 보면 운송회사의 선급임대료만큼이 투자액에 대한 신용 보강(補强) 장치인 셈이다. 즉, 상황이 좋지 않아서 선박/항공기를 매각할 경우에도 시가가 10%까지 하락하는 경우에 펀드 투자자 입장에서 손해를 보지 않기 때문이다. 그러나 10%-30% 범위로 시가가 하락할 경우 펀드 투자자는 0%-100%까지 투자원금의 손해를 볼 수 있는 구조이다. 따라서 앞서 의문을 제기한 대로, "실물에 투자하므로 최악의 경우에도 실물은 남기 때문에 큰 손해는 보지 않을 것"이라는 일부의 주장은 틀린 것이다. 마지막으로 대출은행 입장에서 보면 선박/항공사를 담보로 잡았을 뿐 아니라 운송회사와 펀드 투자자가 최고 30%까지의 손해를 앞서 감당해주므로, 30%를 넘는 시가 하락이 발생하지 않는 한 안전한 셈이다. 물론 자회사는 이러한 낮은 리스크를 주장하여 대출금리를 저렴하게 책정받았을 것이다.

이러한 상품구조는 재무학의 입장에서 보면 새로운 것이 아니다. 어떤 기업이든 자본구조를 보면 자기자본과 타인자본으로 구성된다. 대출이나 채권 등의 타인자본은 기업의 영업성과와 무관하게 일정한 원리금을 받아가지만, 주식으로 대표되는 자기자본은 전체 이익에서 타인자본에 대한 귀속분을 제외한 나머지를 지급받게 된다. 따라서 영업성과가 나쁠 때 자기자본은 한 푼도 받지 못할 수도 있지만, 반대의 경우 큰 이익을 챙길 수도 있다.

이미 우리에게 익숙해진 자산담보부증권(ABS)도 이와 비슷한 구조를 갖는다. 선순위와 후순위로 나뉘어 발행된 채권으로부터 조달된 자금은 채권, 대출, 신용카드 외상매출금 등 자산포트폴리오에 투자된다. 이들로부터 부도 등 신용사건이 발생하면 일차적으로 후순위채를 매입한 투자자들이 손해를 부담한다. 만일 후순위채 매입자들의 투자원금을 모두 날리고도 모자란다면 그때서야 선순위채 매입자들이 부분적으로 손해를 보기 시작한다. 그렇기 때문에 후순위채 매입자는 높은 리스크-고수익, 선순위채 매입자는 낮은 리스크-저수익의 위치에 놓이게 되는 것이다.

결국 최근에 인기리에 등장한 실물펀드는 일반 기업에서의 주식, 그리고 ABS에 있어서 후순위채의 위치에 해당하는 상품이라고 볼 수 있다. 그렇다면 실물펀드에 대한 투자판단의 핵심은 운송회사의 신용리스크와 선박/항공기 가격 리스크를 종합적으로 고려할 때 제시된 (예상) 투자수익률이 적절한가 여부에 달려 있음을 알 수 있다. 특히 이들 리스크가 동시에 실현될 경우 원금손실 가능성이 크므로 리스크 간 상관관계 파악은 아주 중요한 과제가 된다.

리스크 대비 수익률을 평가하고 이에 따라 투자하는 것은 재무학의 가장 중심적 이론의 하나임에도 불구하고 현실적으로 쉬운 방법이 아니다. 일반인들로서는 리스크를 근사적으로라도 측정하는 것이 어렵기 때문이다. 하물며 선박/항공기 펀드의 경우처럼 운송회사의 신용리스크나 선박/항공기의 가격 리스크를 추정하는 것은 더더욱 어려운 일이 아닐 수 없다. 그럼에도 불구하고 최선을 다한 분석은 필요하다. "실물에 투자하므로 최악의 경우에도 실물은 남기 때문에 큰 손해는 보지 않을 것" 이라고 단순하게 믿거나, 역사적 저금리에 실망하여 단순히 고수익만을 추구하는 무모한 투기는 자칫 큰 손해로 이어질 수도 있음을 유념할 필요가 있다.

필자는 최근 이와 같은 금융신상품들의 등장을 기뻐한다. 사모투자펀드(PEF)가 등장하더니 최근에는 해외부동산투자펀드가 준비중이라는 소식도 들었다. 포트폴리오 편입대상이 되는 기초자산군이 넓어질수록 분산투자효과에 따른 리스크 감소로 인해 리스크 대비 기대수익률이 증가할 수 있다는 점에서 이러한 변화는 바람직한 것이다. 그러나 이럴 때일수록 신상품이 갖는 산뜻한 매력 뒤에 숨은 리스크의 속성을 정확하게 파악하고 투자에 나설 때 금융투자자들의 재테크 능력도 점차 개선되어갈 것임을 믿는다.

/ 월간 『신용경제』 2004년 10월

# 은행의 독주(獨走), 바람직한가?

수년 전부터 금융전문가들 사이에서 예기된 금융시장의 큰 변화 중 하나가 탈중개화 현상(disintermediation)이다. 시장이 발달할수록 금융회사보다 시장에 더 많은 정보가 효율적으로 전달되며, 소수의 금융회사들만으로 감당하기 어려운 커다란 리스크조차 시장에서는 다수의 투자자들에 의한 분산투자로 인해 소화가 가능해진다. 이에 따라 우량 대기업들은 자체 경쟁력을 통해 대출 등 간접금융보다는 주식, 채권발행 등 직접금융을 통해 값싸게 자금을 조달할 수 있게 되어 은행으로부터 떠나간다. 금융시장의 중심은 상업은행에서 증권회사나 투자은행으로 이동하고, 은행은 우량고객이 떠나고 남은 시장에서 비우량고객들만으로 고전하게 된다. 탈중개화 현상은 대략 이러한 시나리오들을 담고 있다. 그러나 최근 우리나라 금융시장에서는 이와는 정반대의 현상, 즉 은행 중심의 금융산업 개편이 이루어지고 있다는 논란이 전개되고 있어 흥미롭다.

증권회사와 보험회사들은 금융산업 내 은행업의 비중이 지나치게 커지고 있다며 우려와 비난을 쏟아내고 있다. LG경제연구원, 금융감독원 등의 자료에 따르면 금융산업에서 은행이 차지하는 비중은 외환위기 당시인 1997년 말 38.5%에서 올 6월 말에는 58.6%로 높아졌다고 한다. 또한 은행은 증권회사나 보험회사를 인수할 수 있지만, 반대로 증권, 보험사의 은행인수는 불가능한 것도 은행권 쏠림의 배경으로 지적되기도 한다. 최근 진행 중인 방카슈랑스는 이러한 논쟁의 핵심에 놓여 있다. 그러나 한국금융연구원과 은행연합회는 산업은행이 2002년부터 은행통계에 새로 포함되고 은행신탁계정이 은행부문 통계에서 제외되는 등 통계기준이 달라져 착시(錯視) 현상은 있을지 모르되, 실제적으로 은행권 비중은 별반 증가한 바 없다고 위의 주장들을 반박하고 있다.

필자는 통계 기준 논란에도 불구하고 환란 이후 국내 금융시장이 은행 중심으로 재편되었다는 주장에 동의한다. 업계 선두를 다투던 대형 증권회사들이 지금 은행 산하로 편입된 것이 이를 상징적으로 보여준다. 다수 학자들의 탈중개화 예측에도 불구하고 우리나라에서 은행권 쏠림현상이 나타난 이유는 크게 세 가지로 나누어볼 수 있다. 첫째, 외환위기 이후 은행은 적극적 구조조정을 통해 나름대로 경쟁력을 크게 개선시켰다. 은행의 숫자는 거의 절반으로 줄었으며, 인력 면에서도 뼈를 깎는 구조조정을 지속적으로 해왔다. 이에 반해 다른 금융업종에서는 오히려 회사 수가 늘어난 것을 볼 수 있다. 둘째, 구조조정과 외국자본의 은행지분 참여가 맞물려 다른 금융산업에 비해 은행업에 대한 규제가 좀 더 빠르게 풀어진 측면이 있다. 셋째, 공적 자금 수혈과 구조조정으로 은행의 안정성이 신장되고, 외환위기 이후 금융소비자들의 안정희구성향(flight-to-quality)이 강화되면서 은행 쪽으로 돈이 몰리게 만드는 요인으로 작용했다.

그러나 이와 같은 은행쏠림현상은 환란 극복과정의 일시적 현상으로 그쳐야지 이것이 국내 금융발전의 추세로 굳어져서는 곤란하다는 것이 필자의 생각이다. 함께 먹고 살아야 하는데 은행이 너무 커지니까 배고파진 증권, 보험회사의 편을 들어서 하는 얘기가 아니다. 기본적으로 은행(보다 정확하게는 상업은행이라야 맞다)은 예금을 받아 대출을 하며 이에 따른 신용리스크와 시장리스크를 부담한다. 특히 이중에서 신용리스크의 부담이 훨씬 크다고 할 수 있다. 오랜 관치금융에 젖은 국내 은행들의 신용리스크 관리능력이 몹시 취약한 상태에서 환란 이후 심화된 현재의 신용경색 국면은 은행들의 몸을 사리게 하기 충분하다. 또한 2007년 시행을 앞두고 진행 중인 신(新)바젤협약에서는 과거보다 훨씬 강화된 신용리스크 관리를 요구하고 있어 은행들의 적극적 자금운용을 더욱 위축되게 할 수밖에 없다. 최근 은행들이 정부의 강권(强勸)에도 불구하고 중소기업 대출을 주저하는 것은 이러한 배경에서 이해하여야 한다. 즉, 은행들의 몸집도 커지고 경쟁력도 강화되었다고 하지만, 현재의 금융환경과 (상업)은행의 본질을 생각해보면 은행은 주변의 기대만큼 적극적으로 리스크를 부담할 여력도, 생각도 없는 것이다.

이러한 역할을 감당해야 하는 곳은 바로 주식과 채권 등의 상품이 거래되는 직접금융시장이며, 이곳의 주체는 증권회사, 투자은행과 증권투자자들이다. 직접금융은 크게 발행시장과 유통시장으로 나뉜다. 발행시장에서는 기업의 자금수요에 맞추어 적합한 주식/채권 조합을 통해 효율적 자본조달을 지원하는 인수공모(underwriting)가 이루어지며, 유통시장에서는 이렇게 발행된 증권이 투자자들 사이에서 2차적으로 거래된다. 은행이 여러 가지 제약 하에서 적극적으로 리스크를 수용하지 못한다 해도 직접금융은 이를 맡아야 하고 또 할 수 있다. 과거와 달리 은행과 투자자들 간 '정보의 비대칭성'은 많이 해소되어 투자자들의 신용리스크 분석능력이 개선되었으며, 커다란 리스크라 할지라도 이를 잘게 나누어 투자자들 간 분산 수용할 경우 시장에서 소화가 가능하기 때문이다. 문제는 이를 담당할 증권회사와 투자은행들이다.

엄밀하게 말하면 현재 우리나라에는 투자은행은 없고 증권회사만 있다. 증권회사의 업무는 앞서 말한 인수공모 외에 증권중개(brokerage)와 자기매매(dealing)의 세 가지로 나뉜다. 최근에는 이에 더하여 자산관리가 추가되기도 한다. 이 중에서 현재 우리 시장에 크게 아쉬운 것은 인수공모와 자산관리이다. 능력과 자질은 갖추었으되 잠재적 리스크로 인해 쉽게 간접금융시장에서 자금을 조달하지 못하는 기업이나 은행이 담당하기에 너무 큰 대형 프로젝트의 경우 첨단 금융공학기법을 동원하여 효율적으로 자금조달을 지원하고(인수공모), 이렇게 만들어낸 금융상품들을 투자자들의 입맛에 맞추어 재구성하여 판매(자산관리)하는 기능이 절실히 필요한 것이다. 현재 국내 금융시장에서 가계로부터 기업으로 이어지는 자금흐름이 막힘으로 인해 큰 역경에 처해 있는 마당에 이에 대한 갈급(渴急)에 목이 탄다.

그럼에도 불구하고 국내 증권회사의 주 업무는 증권중개이며, 주식거래와 관련된 수탁수수료 수입 비중이 선진국에 비해 매우 높은 편이다. 그러다보니 주식시장의 부침(浮沈)에 따라 영업이익이 춤을 추는 이른바 '천수답(天水畓)' 경영을 아직까지도 하고 있는 것이다. 증권회사 사람들을 만나보면 증권중개 비중을 줄이고 인수공모와 자산관리로 넘어가야 한다는 점에서는 대부분 동의를 한다. 하지만 당장에 돈이 되는 증권중개를 과감하게 버리기가 힘든 것이다. 그렇게 목전(目前)의 이익만 찾다가 오늘날 국내 증권회사들의 경쟁력은 이렇듯 낙후된 상태에 머물게 된 것이다. 따라서 지금부터라도 과감한 구조조정에 들어가야 한다.

증권회사 구조조정은 중장기적으로 투자은행으로의 변신을 지향해야 한다. 이를 위해서는 구조조정 비용을 감내할 만큼의 덩치를 키우기 위한 인수합병이 필수적이다. 인력구조 또한 단순한 고객 상대의 영업직을 더욱 줄이고 자금의 효율적 조달과 운용, 금융상품 개발 등 고(高) 부가가치 부문을 적극 확장하여야 한다. 그렇지 않는 한 지금의 증권회사 영업구조만을 갖고는 국내 은행과의 경쟁에서 살아남기도 어렵겠지만, 해외 투자은행들의 진출에 대해서는 속수무책(束手無策)일 것이 분명하기 때문이다. 이에 관해 한국증권연구원은 최근 발표자료를 통해 증권회사 간 합병 시 합병비율 및 주식교환비율의 탄력적 조정 허용, 양도차익에 대한 과세이연, 합병과세 면제, 이월결손금 승계, 유가증권 범위의 확대, 증권업과 선물업 겸영 허용, 증권회사의 장외파생상품 취급규제 완화 등을 정책적 지원방안으로 건의하고 있다.

국내 은행들의 구조조정은 '환란'이라고 하는 엄청난 사건을 통해 외생적으로 강요되었던 측면이 강하다. 그러다보니 지금에 와서 볼 때 아쉬운 점이 한두 가지가 아니다. 이제 증권회사들까지 구조조정이 완결되면 국내 금융시장은 경쟁력을 갖춘 새로운 모습으로 탈바꿈할 수 있다. 그러한 변화를 또 다시 외부의 강압에만 맡겨둘 것인가, 아니면 자발적으로 이룰 것인가의 갈림길이 지금 우리 앞에 놓여 있다.

/ 월간 『신용경제』 2004년 11월

## 가랑비와 소나기

환율 움직임이 심상치 않다. 작년 초에 원/달러 환율이 1,200원대에서 비교적 안정적으로 머무르더니, 올해 초에는 가파른 환율하락(원화 절상〔切上〕) 압력이 시장에 강하게 나타났다. 필자의 칼럼 '달러 바꾸기'에서 인위적인 정부의 시장개입 부작용을 걱정했던 것이 올해 3월이다. 당시 정부는 1,150원을 중심으로 길고 지루하게 밀고 당기는 씨름을 하고 있었다. 필자는 달러 약세의 추세는 세계적인 것이며 경제의 기본적 가치를 반영한 것이므로 무리하게 정부가 개입하여 추세를 되돌릴 수도 없고 그래서도 안 된다고 주장했었다. 그러나 정부는 결국 2조 원가량으로 추산되는 엄청난 환율관리비용만 소진시킨 채, 환율하락 움직임을 저지하지 못하고 손들었다. 굳이 효과를 따지자면 환율하락의 시점을 최대한 늦추어 수출경쟁력에 미치는 악영향을 조금이라도 방지했다는 것을 들 수 있겠다.

이 글을 쓰는 현재 원/달러 환율은 1,050원을 향해 계속되는 압력을 받고 있는 것으로 보인다. 불과 며칠 사이에 각 기업들의 내년도 환율 전망이 계속 하향 수정되고 있다. 일부에서는 세 자리 숫자 환율, 즉, 달러당 1,000원 미만으로 하락할 수도 있다고 경고한다. 외환위기 이전에 물론 800-900원대의 환율로도 잘 견뎌낸 한국경제이니 이번 환율급락에도 큰 문제는 없을 것이라는 위로 섞인 분석도 보이지만, 예상 외로 급락하는 달러 가치 앞에 기업, 정부, 전문가 할 것 없이 대부분은 당혹하는 기색이 역력하다. 설상가상(雪上加霜)으로 은유적 표현으로 유명한 미국 FRB 의장 그린스펀까지 나서서 '명확한' 어조로 달러화의 약세를 시사함으로 인해 시장은 충격을 받은 모습이다.

환율 결정이론은 크게 세 가지로 나누어볼 수 있다. 고전적이면서 '장기적' 환율움직임을 설명하는 이론은 '일물일가(一物一價)의 법칙' 또는 '구매력 평가설'이다. 이는 물가가 상대적으로 크게 상승하는 국가의 통화는 절하(切下)될 가능성이 크다는 것이다. 최근 미국과 다른 나라, 특히 우리나라와 사이에 상대적 물가 변화가 크지 않았음을 생각하면 이번 달러화 급락의 직접적 원인은 아님을 알 수 있다.

두 번째로 '중기(中期)적' 환율 움직임을 설명하는 이론은 국제수지와 연관된 것이다. 이 이론에 따르면 한국의 대미(對美) 무역수지가 흑자를 보일수록 국내 시장에 달러 공급이 늘어 달러 절하/원화 절상의 현상이 나타난다는 것이다. 따라서 생산성이 높고 국내제품에 대한 선호도가 높으며 무역장벽을 높게 쌓은 나라일수록 통화는 절상된다고 한다. 과연 우리나라가 미국에 비해 이만큼의 경쟁력 우위를 갖고 있는지에 대해서는 의심의 여지가 있지만, 적어도 최근까지 한국이 대미(對美) 흑자를 유지하고 있는 것은 분명한 사실이며 이것이 이번 달러화 급락의 한 원인이 되고 있음을 부정할 수는 없다.

세 번째로 비교적 '단기적' 환율 움직임을 잘 설명하여주는 것이 '포트폴리오 이론'이다. 이는 달러화 표시 금융자산과 국내 금융자산의 상대적 수익률에 따라 달러화 공급과 가격이 결정된다고 보는 것이다. 예를 들면 달러화 표시 채권의 기대수익률은 미국 금리와 달러화 절상 기대의 합으로 나타난다. 그렇다면 미국이 계속하여 금리를 올리고 한국은 콜금리를 내린 최근 상황에서 미국 금융자산에 대한 수요가 증가하여 달러화 수요가 증가하고 따라서 달러화는 절상되는 것이 타당하다. 그러나 현실은 이와 반대인 것을 보면 적어도 현재 시점에서 포트폴리오 이론은 현실을 제대로 설명하지 못하고 있다.

따라서 이상에서 살펴본 세 가지 이론 중에서 현재 환율 움직임을 가장 잘 설명하는 것은 국제수지 이론이다. 미국의 무역적자는 이미 스스로 감당할 수 있는 수준을 벗어나고 있다. 필자가 1992년 유학시절을 마친 이래 거의 10여 년 만인 작년에 다시 미국을 찾았을 때 놀란 일이 하나 있다. 패스트푸드 가게에서 공짜로 나누어주는 숟가락, 포크, 휴지 등의 질(質)이 엄청 좋아졌다는 사실이다. 10년 전에만 해도 이들 가게에서 사용하는 용품들은 그야말로 1회용이어서 조심스럽게 사용하지 않으면 부러질까 싶었다. 그러나 이번에 가서 발견한 숟가락 등은 깨끗하고 견고하여 한 번 사용으로 버리기에는 죄책감이 들 정도여서, 우리 가족은 이를 집으로 갖고 와 잘 닦아서 여러 번 사용하였다. 미국의 패스트푸드 가게에서 사용하는 휴지의 양(量)은 웬만한 나라 전체의 종이 소비량에 맞먹는다는 보고서도 있었다. 전 세계에서 수입되는 값싼 생필품이 미국 시골 구석구석까지 널린 채 판매되는 것을 보며, 필자는 미국이 '지속 가능한' 소비수준을 이미 벗어나고 있다고 판단하였다.

이러한 상황을 악화시키는 것은 미국의 재정적자이다. 엄청난 국방비와 복지예산 집행으로 인한 세입 대비 세출 규모의 확대는 결국 막대한 미국국채 발행으로 이어지고, 이는 결국 달러화 자산공급을 증가시켜 달러 가치의 하락요인으로 작용한다. 그러나 이른바 쌍둥이 적자가 이제껏 달러화 가치에 큰 악영향을 주지 않은 것은 잘 알려진 대로 미국의 군사력을 배경으로 하는 '강한 달러 정책' 때문이다. 9. 11 테러 이후 역설적으로 자금운용처로서 미국의 안전성은 오히려 강화되었으며, 이에 따라 우리나라를 비롯한 상당수 국가들의 자금이 미국으로 몰려들었다. 이들의 자금공급은 늘어나는 미국 적자를 흡수하여주었으며, 따라서 달러화 가치 하락을 막아주었던 것이다.

이제 미국은 변화하고 있다. 아니, 어쩌면 미국을 바라보는 우리의 시각이 보다 객관적으로 변화하고 있는지도 모른다. 미국은 전 세계를 이끌어가는 리더로서 도덕적 위치를 상실해가고 있다. 세계의 지도자 국가라면 그에 합당한 도덕적 의무를 감당할 수 있어야만 한다. 후진국의 교육받지 못한 개인들조차 자기 능력 이상으로 소비하는 것은 뒤에 화근(禍根)이 될 수 있음을 안다. 미국의 엄청난 소비력을 바탕으로 우리나라를 비롯한 전 세계가 이제껏 먹고 사는 데 도움을 받은 것은 분명 사실이다. 그러나 이러한 세계 경제체제가 '지속 가능'하지 않아 붕괴 우려가 있다면 이는 참으로 두려운 일이 아닐 수 없다. 소련이 붕괴되고 중국이 아직 초강국으로 자리 잡지 못한 상황에서 미국은 적어도 현재 유일한 초강국이다. 따라서 미국에서 촉발되는 금융위기는 핵폭탄처럼 전 세계를 한 순간에 초토화시킬 수도 있다. 달러가 전 세계에서 통용되는 한 필요한 만큼 찍어내어 사용하면 된다던가, 아니면 강력한 군사력을 바탕으로 달러화의 가치를 계속 유지하려는 전략은 세계 경제 질서에 지속적 위험요인으로 작동하게 될 것이다. 풍선처럼 부풀어가는 미국 발(發) 금융위기를 잠재울 수 있는 것은 미국인들의 '점진적이고 절제된' 소비밖에는 없다.

앞에서 세 가지 환율이론을 설명하였지만 결국은 경제적으로 튼튼하고 성장하는 국가의 통화가 절상(切上)되게끔 되어 있다. 그렇기 때문에 작금(昨今)의 원화절상을 보면 아쉬운 점이 많다. 과연 우리나라의 경제가 미국보다 상대적으로 좋아졌기 때문에 저렇게 빠른 속도로 원화가 절상되는 것일까? 국제수지라고 하는 바다 속 깊은 해류(海流)의 움직임이 방향의 원인임을 잘 알지만, 적어도 표면적으로는 미국 경제가 한국 경제보다 상대적으로 좋아 보이기 때문에 이번 환율 변화는 착시(錯視) 현상을 유발할 우려가 있다. 원화가 절상되고 달러화 표시 금리가 상대적으로 상승했으므로 국내자금의 해외유출 가능성이 더 커졌다. 또한, 가진 자들에 대한 무차별적 공격은 이러한 움직임을 가속화시킬 것이다.

며칠 전 과학서적을 읽다가 흥미로운 사실을 알았다. 뇌막염이란 아주 무서운 병인데 대부분의 사람들은 이의 원인균을 이미 체내에 갖고 있다는 것이다. 그럼에도 불구하고 극히 일부의 사람들만 이 병에 걸려 고생하는 것은 어떤 원인에 의해 뇌막염 원인균에 대한 저항력을 상실한 때문이라고 한다. 비슷한 얘기이지만 시장 한복판에서 수백 명에게 독감균을 뿌려도 그중 일부 저항력 없는 사람들만 독감에 걸린다고도 한다. 국제 외환시장은 지금 엄청나게 강한 힘과 빠른 속도로 변화하고 있다. 이런 상황에서 우리나라가 국제적 변화의 추세를 되돌릴 수는 없다. 다만 대외 환경이 급변할 때 우리가 버틸 수 있는 준비를 꼭 해야만 한다.

가랑비에 옷 젖는다고 한다. 사람들은 처음 가랑비가 내릴 때 비를 피하려고 안간힘을 쓰다가도, 어느 정도 흠씬 젖으면 포기하고 내리는 소나기를 하염없이 맞는다. 지금 외환시장에 내리는 비는 처음 내리는 가랑비인가, 아니면 이미 우리를 충분히 적신 소나기인가?

/ 월간 『신용경제』 2004년 12월

# 2005

## 사촌이 땅을 사면

투자(investment)와 투기(speculation)를 구분하는 것은 간단하지 않다. 대개 투자라 함은 '미래의 보다 나은 결과를 기대하고 현재 갖고 있는, 가치 있는 무엇인가를 포기하는 행위'를 뜻한다. 이에 따르면 등록금을 지불하고 대학교에 다니는 것도 투자의 한 예가 될 수 있다. 다른 목적에 써도 좋을 가치 있는 돈을 등록금으로 '포기'하고, 이에 대한 대가로서 미래의 바람직한 교육효과를 기대하는 행위이기 때문이다. 다만 금융학에서는 투자의 범주를 실물투자와 금융투자로 한정하여 주로 다룬다. 실물투자라 함은 공장건설과 같이 현재 투자비용을 지불하고 대가로서 미래에 생산될 제품이나 서비스로부터 이익을 기대하는 행위이며, 금융투자라 함은 현재 보유 중인 유동성을 포기하는 대가로서 주식이나 채권 등으로부터 미래현금흐름을 기대하는 행위이다. 따라서 투자 의사결정의 핵심은 리스크와 이에 따른 수익률 프리미엄에 대한 판단이라고 할 수 있다. 투자자들은 리스크 대비 미래 기대수익이 충분하게 크다고 판단하는 경우에 한해 투자를 하게 될 것이다.

투기는 대상 자산의 가격흐름을 예측하여 상승할 것으로 보면 매입하고 반대의 경우라면 매도하는 전략을 뜻한다. 따라서 용어 자체로 보면 크게 부도덕하다 할 것이 없지만, 역사적으로 투기행위 자체가 말썽을 일으킨 경우가 많았던 탓인지 대개의 경우 부정적 이미지를 갖고 사용되어왔다. 따라서 최근에는 영어권에서도 '투기'를 나타낼 경우 speculation이라는 단어보다는 비슷한 뜻을 갖는 directional trading이라는 표현으로 대치하기도 한다.

사실상 투자와 투기는 서로 배타적으로 구별되는 개념이라기보다는 아래 그림에서와 같이 부분적으로 겹치는 개념이라고 보아야 맞는 것 같다.

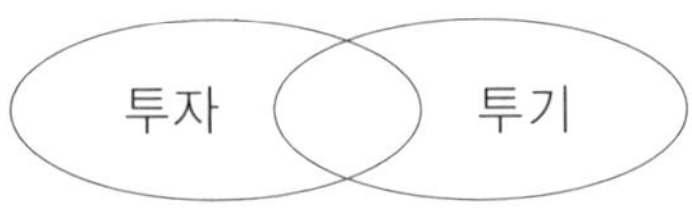


흔히 투기의 대명사처럼 알려진 부동산의 경우를 들어 이들 관계를 살펴보자. 특정 지역이 개발될 것이라는 사전 정보를 입수하고 이에 따라 지가(地價) 상승을 예측하여 부동산 매입에 들어간다면 이는 분명한 투기라고 할 수 있다. 일부 투기꾼에 의한 초기단계 매입과 이로 인한 지가상승은 시장에 가격상승에 대한 기대를 촉발시킬 수 있으며, 이는 또다시 새로운 투기꾼을 유인하는 미끼가 될 수 있다. 투기가 부정적 이미지를 갖는 것은 이와 같은 연쇄반응의 결과로서 가격에 거품(bubble)이 생성되며, 이로 인한 자원의 비효율적 배분과 낭비가 나타날 가능성이 큰 탓이다.

그러나 부동산도 '투자'의 대상이 될 수 있다. 부동산은 예금, 주식, 채권 등과 더불어 우리 국민들의 주요 자산배분 대상임에 분명하다. 포트폴리오 이론에 의하면 개별 자산의 기대수익률과 리스크 및 이들 간 상관관계를 고려하여 효율적 투자곡선을 산출하고, 이중에서 투자자의 리스크 선호 성향에 따라 선택할 것을 권장한다. 따라서 부동산도 이러한 범주 내에서 고려된다면 이는 '투기'라기보다 '투자'라고 함이 옳다. 간혹 보면 사회명망가들 중에서도 이런 저런 이유로 부동산을 투자목적으로 장기보유하고 있음을 보게 되는데, 아직까지 우리 사회에서 이들에 대한 시선이 곱지 않은 것은 투자와 투기를 명확히 구분하지 못한 탓도 있다고 생각한다.

## 외국인 주식매입, 투자인가, 투기인가?

최근 들어 일부에서 외국인들의 국내 주식투자를 둘러싼 논쟁이 일고 있다. 90년대 초 국내 주식시장을 개방했고 외환위기 이후 문호(門戶)가 대폭 확대되면서, 현재 국내시장에서의 외국인 지분은 40%가 넘는 것으로 알려져 있다. 이를 부정적 시각으로 보는 사람들은 이들 자금이 머니게임, 기업사냥 등 투기적 행위에 치우쳐 고용창출과 경제활성화에 도움이 되지 않는다고 보며, 우리 국민들의 뼈를 깎는 구조조정의 과실(果實)을 외국인들이 해외로 유출하고 있다고 비판한다. 이에 반해 이러한 '반(反)외국자본' 정서로 인해 국내 시장이 국수주의(國粹主義)적으로 흐를 경우 외국자본 유출 등으로 인해 국내 경제에 오히려 부담만 가중시킬 위험이 있다는 경계론도 한편에서 일고 있다.

이러한 논쟁이 야기된 것은 크게 두 가지 원인으로 분석된다. 우선은 일부 외국인들의 투자행태에서 주가조작과 같은 불공정행위의 징후가 발견되었으며, 국내 우량기업에 대한 적대적 M&A 가능성이 제기되는 데 따른 우려감이 직접적 촉발원인으로 보인다. 그러나 보다 근원적인 것은 외국인들이 국내 주식의 40% 이상을 차지한 상태에서 시세차익을 크게 거둔 데 반해, 국내 투자자들이 느끼는 상대적 박탈감이라고 생각된다. 신자유주의적 경제철학에 따른 강한 구조조정의 결과로서 우리 기업들의 수익성은 크게 개선되었지만, 이를 위한 비용의 상당 부분은 우리 국민들이 지불한 것이다. 그런데 외환위기 이후 국내투자자들은 지속적으로 우리 주식을 매도한 탓으로 구조조정의 과실 배분에 적극적으로 참여하지 못하는 데 반해, 외국인들은 반대로 꾸준히 매입한 결과로서 이제 와서 성공적으로 투자 성과를 가져간다는 사실이 배 아픈 것이다.

필자는 이러한 논쟁이 소모적이고 파괴적일 것으로 우려한다. 현재 자본시장에서 내외국인의 구분을 두는 것은 현실적이지도 않고 바람직하지도 않다. 외국인이라도 불공정행위를 하면 국내 투자자들과 동일한 처벌을 받아야 하는 것과 같이, 그들도 국내 주식시장에서 정당한 투자이익을 향유할 권리가 있다. 이들의 성공적 투자에 대해 부정적으로 질시하는 것은 국내 자본시장 발전에 오히려 해가 될 뿐이다. 오히려 지금 시점에서 우리가 해야 할 것은 '우리가 못 챙긴 이익을 어떻게 외국인은 챙겨 가는가?' 에 대한 깊은 반성일 것이다.

필자는 최근 내외국인들과의 이런 저런 개인적 만남을 통해 재미있는 차이점을 발견할 수 있었다. 한국 사람들일수록 우리 경제에 대해 비관적인 반면, 외국인들은 비교적 희망적 견해를 보인다는 사실이다. 외국인들이 손님 입장이라 아픈 얘기를 우리 앞에서 일부러 피해갔었을 가능성을 고려한다 하더라도 그들의 낙관에는 나름대로 이유가 있었다. 오히려 외국인들은 한국인들의 지나친 비관을 이해하지 못한다는 입장이었다. 이와 같은 차이가 외환위기 이후 우리 주식시장 참여자들의 투자행태를 설명할 수 있다.

국내 투자자들이 외환위기에 크게 놀라고 우리 기업들의 잘못된 행태에 환멸을 느껴서 이미 갖고 있던 주식들마저 아낌없이 내던지고 떠난 시장에 외국인들이 대신 들어왔다. 그들은 나름대로 한국 기업들의 구조조정을 지켜보면서 투자에 따른 기대이익과 리스크를 분석했을 것이다. 남의 나라 기업에 투자함에 따라 피부로 느끼는 리스크가 국내 투자자들보다 더 컸을 수 있었음에도, 외국인들은 리스크 대비 기대이익이 만족스러울 수 있다고 판단했기에 국내 주식에 '투자' 했을 것이다. 그렇다면 우리는 이들의 행위를 '투기적' 이라고 비판할 수 없다. 결국 우리가 버린 보물을 외국인들이 주워다가 때를 기다린 결과 바라던 수익을 얻게 된 결과일 뿐이다.

따라서 이제라도 우리는 우리 기업을 제대로 쳐다볼 수 있어야 한다. 왜 우리 눈에는 차지 않는 국내 기업들이 외국인들에게는 좋은 투자대상으로 선택되는지에 대해 다시 연구해야 한다. 그래서 그 원인이 우리가 갖고 있는 지나친 비관주의, 외환위기 이후 필요 이상으로 증폭된 안정희구성향(flight-to-quality) 때문이라면 이제라도 우리 생각을 바꾸고 투자행태를 수정할 필요가 있다. 사촌이 땅을 사면 배가 아프다는 식은 우리에게 결코 도움이 되지 않을 것이다.

/ 월간 『신용경제』 2005년 1월

# 부는 바람에 때맞춰 올리는 돛

우리나라 금융 역사상 유례가 없는 저금리의 기조가 몇 년 동안 유지되고 있다. 오랜 기간 고도성장과 더불어 높은 물가상승을 경험하던 한국 경제에서 10% 미만의 금리가 실현 가능할 것으로 보았던 전문가들은 그다지 많지 않았다. 저금리는 그동안 우리 경제에 큰 도움을 준 것이 사실이다. 외환위기 이후 증폭된 불확실성 하에서도 투자와 소비를 그나마 지탱해줄 수 있었던 배경으로 저금리를 우선적으로 손꼽을 수 있다. 그런데 최근 금융시장의 움직임들을 보면 자금흐름에서 눈에 띄는 변화의 징조들을 몇 가지 발견할 수 있다.

현재의 저금리를 유지할 수 있는 것은 금통위의 안정적 콜금리 정책과 더불어 투자자들의 '안정희구성향'이 큰 역할을 한다. 불확실한 시장환경에서 수익성을 포기하고 안정성을 지키겠다는 자금들이 지난 수년간 은행예금과 국공채로 몰려와서 시장금리를 낮추는 효과를 발휘했다. 그러나 이제 투자자들은 오래 지속된 저금리에 드디어

지친 것으로 보인다. 국내주가에 연결된 ELS, ELD 등에 이어 해외주가연계상품이 한동안 인기를 끌더니, 선박펀드와 금펀드로 대표되는 실물펀드가 폭발적 인기를 끌고 있다. 최근 일부 선박펀드 공모의 경우에는 수십 대 일의 경쟁률을 과시하기도 했다. 투자자들이 오랜 침묵에서 벗어나, 이제는 조금씩 더 리스크를 추가 부담하면서 고수익을 추구하겠다고 나선 것이다. 이러한 추세가 지속될 경우 은행예금과 국공채 등 이른바 안정자산으로부터 자금이 이탈할 것이며, 따라서 현재 저금리의 배경이 약화될 수 있다.

부동산 시장의 변화 또한 눈여겨볼 대목이다. 2003년 수도권 중심 규제조치로 인해 부동산 투기자금들은 신행정수도를 포함한 지방개발예정지로 몰려갔다. 이후 신행정수도 이전이 중단되었지만 각종 규제조치는 아직 시퍼렇게 살아 있다. 오히려 종합부동산세 도입과 기준시가 인상 등 강력한 추가조치들로 인해 부동산 시장에서 과거와 같은 고수익을 추구하기에는 많은 리스크가 따를 것으로 판단된다. 오랜 경험을 통해 불패(不敗)의 신화를 갖고 있는 우리나라 부동산시장이지만 적어도 단기간에 화려하게 부활할 것으로는 보이지 않는다. '그래도 부동산!' 이라는 믿음을 갖고 단기(短期), 부동(浮動)하던 자금들이 상당수 새로운 길을 찾는 모습들을 이제는 어렵지 않게 발견할 수 있다.

세계적인 금리 상승 움직임은 이미 새로운 것이 아니다. 미국 FRB가 지속적으로 연방금리를 인상함에 따라 일부에서는 국내 금리와의 역전(逆轉) 현상이 나타나 이로 인한 국내 자금의 해외유출을 걱정할 지경에 이르렀다. 현재로서는 원화절상의 기대감으로 인해 자금의 해외투자가 잠시 주춤하는 듯하지만, 국내외 금리차가 더 확대될 경우 이는 언제든지 폭발력을 가질 수 있다는 점에서 조심스럽게 지켜볼 필요가 있다. 최근 한국은행 총재가 콜금리를 동결하면서 국내외 금리 차 문제를 지적함과 동시에, 예금금리의 더 이상 하락이 바람직하지 않다고 피력했다. 물가상승을 제한 실질수익률이 마이너스 상태가 되면 시중자금이 또 다시 부동산으로 몰려드는 부작용을 경험할 수도 있다는 판단이었다. 세계적인 금리인상 동조화(同調化) 및 한국은행 총재의 발언내용을 분석해볼 때, 국내 금리가 바닥권을 이미 통과하고 있다는 느낌을 지울 수가 없다.

한편 증권거래소 · 코스닥시장 모두 가파른 주가상승세를 이어가고 고객예탁금이 순유입세로 돌아서는 등 연초부터 주식시장의 움직임도 심상치 않다. 주가를 결정하는 3대 변수 중 기업의 미래 실적과 할인율(금리) 면에서 최근의 변화를 설명하기는 어렵다. 그렇기 때문에 시장에서는 펀더멘탈의 변화를 수반하지 않는 주가상승이라 하여 거품의 가능성을 우려하는 목소리도 들린다. 그러나 필자는 이보다는 다소 긍정적인 생각을 갖는다. 계량화하기는 어렵지만 필자가 느끼기에 우리 경제의 불확실성이 과거보다 많이 줄어가고 있다. 여야 간 정쟁(政爭)의 수준이 낮아지고 있음이 감지(感知)되며 재벌에 대한 규제들도 치열한 논쟁 끝에 거의 확정된 듯하다. 증권집단소송제 등 논란의 여지를 갖는 내용들이 일부 남아 있고, 사안에 따라 기업들이 불만스럽게 생각하는 부분이 있다 할지라도 논쟁을 둘러싼 불확실성만은 줄어든 느낌이다.

필자는 지난 수년간 국내 주가 저평가의 원인으로서 불확실성을 줄곧 지적해왔다. 불확실성은 리스크 할인율을 증가시켜 기업 미래 기대수익의 할인가치를 떨어뜨리는 나쁜 영향을 준다. 대통령이 무리한 정치개혁에서 한걸음 물러서 경제에 'all-in'을 선언하고 야당 총재도 '정쟁(政爭) 없는 화합의 정치'를 주장하고 나서면서 우리는 정치가 본연의 역할, 즉 사회 갈등의 원인 제공이 아닌 해결자의 역할을 해줄 것을 다시 한 번 기대해본다. 이제 주가를 결정하는 변수 중 하나인 불확실성이 정말 줄어든다면 주가의 단계적 상승을 기대해볼 수 있다. 때맞춰 정부는 증권회사 육성과 자본시장 발전계획을 준비하고 있고, 통합금융업법을 중심으로 바람직한 제도적 개혁이 이루어지고 있으며 PEF의 토착화가 빠른 속도로 진척되고 있음을 알 수 있다.

이러한 모든 변화의 공통점은 드디어 우리 시장에 바람의 방향이 바뀌기 시작했다는 것이다. 외환위기로 너무도 놀란 가슴에 벤처 열풍의 깊은 후유증까지 겹쳐 지나치게 강화된 안정희구성향에서 우리 사회가 이제 벗어나기 시작한 것이다. 이제 시중자금의 물길이 바뀌고 있는 것이다. 투자자들이 과감하게 리스크를 부담하겠다고 나올 때 우리 경제는 침체와 양극화의 깊은 골에서 벗어날 수 있음을 필자는 이 칼럼을 통해 여러 번 지적한 바 있다. 이제 그 가능성의 싹이 보이기 시작한 것이다. 그러나 이러한 움직임이 안정적으로 정착되기까지에는 아직도 험난한 고비가 남아 있을지도 모른다. 환자는 중한 고비를 넘겼다고 하여 중환자실에서 바로 퇴원시키는 것이 아니라 회복실로 보낸다. 이제 조금씩 머리를 내어 밀고 시장에 들어오려고 하는 '공격적' 자금을 우리 모두는 환영하면서, 이들이 다시 안정희구의 껍질 속으로 숨어들지 않도록 격려해주어야 할 것이다.

그런 점에서 볼 때 최근 시장금리 급등으로 인해 채권형 펀드들의 수익률이 급락한 것은 그다지 바람직해 보이지 않는다. 정부채권 발행물량의 급증과 정책당국의 금리 추가인하 거부의사 등이 왜곡된 형태로 시장에 전달되면서 발생한 시장마찰 현상으로 보이지만, 정책당국자들의 부주의한 정책과 발언이 시장에 악영향을 준 과거의 사례들을 고려하면 안타까운 일이다.

우리가 바라는 대로 경제가 풀려갈 경우 금리상승은 불가피하다. 그렇다고 하여 지금 시점에서 급격한 상승은 결코 바람직하지 않다. 자금의 속성은 가능한 한 안정적 예측을 원한다. 급격한 변화의 조짐 앞에 자금은 얼어붙는 속성을 지닌다. 오랜 기간에 걸쳐 시장에서 이미 많은 경험을 축적하고 자금이 자발적으로 리스크를 찾아 움직이기 시작했다. 정책당국은 이를 조심스럽게 지켜보며 격려하고 지지해줄 뿐, 섣부른 조치로 오히려 이를 망치려들지 말기 바란다.

시장금리가 상승하면서 장기실질금리의 마이너스 현상과 국내외 금리의 역전, 장단기 금리의 역전 등 금리왜곡 현상들이 시정돼가고 있으며, 시중자금이 채권시장에서 주식시장으로 이동하는 긍정적 기미가 나타나고 있다. 이 시점에서 다시 한 번 읽고 음미(吟味)해보는 슈마허의 격언이 있다. '나는 바람을 불러일으키지 못한다. 그러나 바람이 불 때를 기다려 때맞춰 배의 돛을 올릴 수 있을 따름이다'. 각자의 행동이 때맞춰 돛을 올리는 행위인지, 아니면 잘 부는 바람에 맞서 오히려 역풍(逆風)을 불러일으킴으로써 오랜 기다림을 짓밟는 행위인지를 우리 모두는 잘 구분해야 할 것이다.

/ 월간 『신용경제』 2005년 2월

# 위험과 리스크*

요즘 금융회사 CEO들이 경영정책을 발표함에 있어 흔히 듣게 되는 단어가 '위험관리'이다. 불과 10여 년 전까지만 해도 국내시장에서 비교적 낯선 개념이었던 것을 생각하면 격세지감(隔世之感)을 느낄 수 있다. 1990년대 초반 자산부채종합관리(ALM)의 도입을 시작으로 이후 VaR 개념이 소개되며 국내 금융시장의 위험관리가 시작되었지만, 본격적인 도입은 아무래도 1997년 외환위기 이후 대외적으로 도입 압력을 받은 것과 더불어 위험을 등한시한 그동안의 금융회사 경영에 대한 뼈아픈 반성의 결과로 볼 수 있다.

금융학에서 위험의 개념은 전혀 새로운 것이 아니며 오히려 처음부터 끝이라고 할 수 있을 정도의 기본 핵심개념이다. 금융은 위험과 기대수익 간의 상충(相衝) 관계 분석에서 시작하여, 분산효과를

* 이 글의 일부는 필자의 다른 책, 『리스크의 이해』(경문사, 2005)에 실렸음을 밝혀둔다.

노린 포트폴리오 구성을 추구한다. 이렇게 해서도 제거되지 않고 남는 체계적 위험은 파생금융상품을 통해서 제거 가능하다. 금융이론 중 복잡한 편에 속하는 가격결정이론도 결국은 금융상품이 갖는 위험을 반영한 적정가격을 찾고자 하는 노력에 다름 아니다.

그럼에도 불구하고 국제 금융시장에서조차 위험에 대한 관심이 최근 새롭게 부각되고 있는 것은 지난 20여 년간 무모하게 추구된 수익 중심의 투기와 이로 인한 수많은 금융사고로부터의 반성 때문이라고 할 수 있을 것이다. 본래부터 위험과 기대수익은 동전의 양면(兩面)과 같아서 고위험-고수익의 원칙이 엄격히 유지되고 있음에도 불구하고, 뒤에 감추어진 위험은 무시한 채 겉으로 보이는 수익만을 추구한 결과 국제 금융시장은 그동안 참으로 어려운 지경을 여러 번 겪게 된 것이다. 현재 바젤 협약안으로 대표되는 국제적 위험관리 표준안은 이러한 불행한 경험의 산출물이라고 할 수 있다.

우리나라에서는 앞서 언급한 바와 같이 외환위기 이후 정책당국과 금융회사들의 적극적 노력의 결과로 국제 수준에 상응하는 위험관리 체계를 갖추어왔다. 그러나 외양(外樣)의 발전에 비추어 내실(內實)은 그에 미치지 못하는 것 같아 안타까운 마음을 금할 수 없다. 위험관리란 금융회사만이 하는 것이며 일부 전문가들의 영역이라는 오해는 아직까지 풀리지 않고 있는 듯하다. 언론에서도 위험관리를 논하는 과정에서 위험을 잠재적으로 부정적인 것으로 자주 간주하는 것을 보면 아직 우리 시장에서 위험관리에 대한 인식은 개선의 여지를 많이 갖고 있다는 판단이 든다. 이러한 오해들이 쌓여 우리 시장에서 위험관리의 내실(內實) 성장을 가로막고 있는 것이다.

금융학에서 말하는 위험은 영어 표현으로 RISK이다. 그런데 우리 말 '위험'으로 번역되는 영어 단어에는 DANGER도 있다. RISK와 DANGER는 두 가지 면에서 차이가 있다. 첫째, RISK는 예상보다 달라질 가능성을 뜻하므로 미래의 결과가 예측보다 좋아지거나 나빠질 두 가지 가능성을 모두 포함하는 데 반해, DANGER는 예상보다 오로지 더 나빠질 가능성만을 갖는다. 둘째, RISK를 부담하는 대가로서 기대수익의 증가라는 보상을 받게 되지만, DANGER를 부담함으로써 보상을 받게 되는 경우는 거의 없다. 따라서 RISK는 좋고(good) 나쁨(bad)을 평가할 수 없고 다만 좋아하느냐(like) 싫어하느냐(hate)를 따지는 대상인 데 반해, DANGER는 나쁘며(bad) 싫어하는(hate) 대상이 된다.

금융에 조금이라도 관심이 있는 사람이라면 금융시장에서 사용되는 위험이 DANGER가 아닌 RISK임을 알고 있다. 그러나 막상 투자판단에 임하게 되면 잠재의식 속에 DANGER를 떠올리는 것이 아닌가하는 혼돈을 주는 경우가 종종 있다. 최근 두 가지 사례를 보자.

현재 주식시장에 낙관적 전망이 우세한 가운데에서도 종합주가지수 1000포인트를 앞두고 지수 단기급등에 따른 조정 가능성에 대한 우려도 만만치 않다. 필자는 여기서 향후 주가에 대한 판단을 할 의도는 없다. 다만 조정 가능성을 주장하는 분들 가운데 상당수가 '이제는 위험관리에 초점을 맞출 시점'이라는 표현을 사용하는 것은 문제가 있다는 판단이다. 이 말은 주장하는 분들의 뜻과 달리 위험을 부정적으로 시사하는 측면이 강하다. 주가가 하락할 가능성이 크므로 보수적으로 몸을 사리는 편이 좋겠다는 본래의 의도와는 달리 해석될 여지가 있는 것이다. 결론부터 얘기하자면 금융학에서 위험관리는 주가 상승국면이나 하락국면 모두에서 절대적으로 필요한 것이다.

위험관리의 진정한 의미는 위험 대비 적정 기대수익률을 확인하고 분산투자에 의해 비체계적 위험을 제거하며, 투자자 자신의 위험선호 성향에 따라 저위험-저수익, 고위험-고수익 사이에서 나름대로의 목표 포트폴리오를 선택하는 것이다. 따라서 주가 상승기에는 고위험-고수익을 추구하고, 하락 예상기에는 저위험-저수익을 추구할지언정, 주가 상승기에는 위험관리를 전혀 언급하지 않다가 하락 우려가 있을 때만 이를 강조하는 것은 크게 잘못된 것이다. 이는 결국 RISK를 의미하는 '위험'이라는 단어에 DANGER의 의미를 잠재적으로 담아 부정적으로 해석하고 있다는 증거로 볼 수 있다.

위험관리가 잘못 해석된 예는 또 있다. 최근 모 유수 중견기업이 주거래은행의 변경을 검토 중이라는 소식을 들었다. 사실의 진위(眞僞) 여부가 밝혀진 것은 아직 아니지만, 언론을 통해 흘러나온 변경 이유는 기존 주거래은행이 위험관리에 보다 치중할 가능성에 대한 우려와 반발이라고 한다. 만일 이것이 사실이라면 이 또한 위험관리에 대한 오해로부터 출발한 크게 잘못된 생각이다. 은행이 위험관리를 잘한다는 것은 칭찬받을 일이지, 고객 기업을 잃을 가능성이 있는 잘못된 일이 결코 아니다. 다만 은행이 다소 융통성 있게 자금지원을 해주지 않고 다소 보수적으로 거래를 하는 것이 불만이라면, 이는 은행이 위험관리에 치중하기 때문에 생긴 불만이라기보다는 저위험-저수익을 추구하는 은행의 위험선호 성향에 대한 기업의 불만으로 해석함이 옳다. 은행도 나름대로 저위험-저수익, 고위험-고수익 간 스펙트럼 중에서 자신의 선호에 따라 포트폴리오를 구성한다. 이를 얼마나 과학적으로 잘 하는가가 위험관리에 치중하는지 여부를 따지는 기준이다. 저위험-저수익을 추구하는 것이 위험관리를 강조하는 것이 아닌 것처럼, 반대의 경우도 사실이 아니다.

결론적으로 위험관리는 상황이 좋을 때나 나쁠 때나 하는 것이다. 나쁜 상황에서 위험관리를 강조하는 것은 잠재의식 속에서 위험을 RISK가 아닌 DANGER와 혼동하는 결과로 해석된다. 이러한 이유 등으로 인해 요즘은 우리 말 '위험'보다 영어 표현 그대로 '리스크'라고 사용하는 사람들이 늘어나고 있다. 번역이 가능하다면 가능한 한 외래어 사용을 않는다는 원칙을 갖고 있는 필자도 오랜 고집을 꺾고 이제는 '위험관리' 대신 '리스크관리'라는 단어를 사용한다. 리스크에 대한 더 이상의 부정적 이미지를 탈피하고자 함이다.

/ 월간 『신용경제』 2005년 3월

# 앨리스가 가는 길

금융회사들의 자금운용에서 분산투자와 고리스크-고수익의 원칙은 가장 기본적인 것이다. 다양한 투자대상들로 구성된 투자기회집합들로부터 분산투자를 통해 비체계적 리스크를 제거하여 효율적 투자곡선을 도출한 다음, 이 선 상에서 주주 및 경영진의 리스크 성향에 합당한 리스크-수익 구조의 최적 포트폴리오를 선택하는 것이 자금운용의 핵심이다. 이 과정에서 다양한 내, 외부 정보들을 필요로 하는 것은 모두 이러한 판단을 돕고자 함일 뿐이다.

효율적 투자곡선 상에서 갖고 싶은 목표 포트폴리오가 생기면 현재 보유 중인 포트폴리오를 효과적이면서도 효율적으로 목표에 부합하게 변화시키는 절차를 밟게 된다. 새로운 금융상품을 선택하고 기존 보유상품을 매각하는 매일 매일의 투자판단에서 목표 포트폴리오는 길을 잃지 않게 지켜주는 나침반의 역할을 하게 된다.

그러나 이와 같이 효율적 투자곡선 상에서 목표 포트폴리오를 선택한다는 것 자체가 그렇게 쉬운 일은 아니다. 우선 회사들마다 규제 때문이든, 능력 때문이든 선택 가능한 투자기회집합에 제한을 받는 탓에, 선택 가능한 투자곡선이 효율적이라는 확신이 없다(참고로 여기서 '효율적'이라 함은 주어진 리스크 대비 기대수익이 가장 높다는 사실을 의미한다). 또한 투자곡선이 주어졌다 하더라도 저리스크-저수익에서 고리스크-고수익으로 이어지는 다양한 기회들 중 최적 목표 포트폴리오를 선택하는 것도 쉬운 일이 아니다. 이에 대해 금융이론에서는 효용함수의 무차별곡선과 투자곡선의 접점에서 목표 포트폴리오를 선택하면 된다고 가르치지만, 현실적으로 효용함수는 사람의 마음속에 존재하는 심리적인 개념일 뿐 관측되지 않는다. 그렇다면 결국 목표 포트폴리오 선택은 자금운용 담당자(들)의 주관적 결단을 요구하는데 이것이 여간 어려운 일이 아닌 것이다.

그렇기 때문에 대부분의 금융회사들은 목표 포트폴리오의 선택 및 이에 따른 성과를 자금운용 담당자에 대한 보상과 연결시킨다. 저리스크-저수익을 택한 경우 큰 무리가 없지만 담당자는 그저 그만한 보상을 받을 뿐이다. 반면에 고리스크-고수익을 택하여 다행히 큰 수익을 낼 경우 담당자는 상당히 큰 보상을 받게 되지만, 반대로 손실을 내면 불이익을 받게 된다. 이렇게 하여 회사의 리스크 구조와 투자판단 담당자의 리스크 구조를 일치시킴으로써, 금융회사들은 혹시나 있을 수 있는 도덕적 해이(moral hazard)나 대리인 문제(agency problem)를 제거할 수 있다.

금융회사들이 오랜 기간 경험을 통해 축적한 이와 같은 원칙들을 국내 각종 연기금, 학교, 병원 등 비영리단체 자금운용 담당자들도 배워갈 필요가 있다. 이와 관련하여 끊임없이 언론에 등장하는 이슈 중 하나가 국내 연기금들의 주식 또는 SOC 투자 허용 여부이다. 최근 기획예산처 여론조사에 의하면 국민 셋 중 둘 정도는 수익성보다 안정성이 중요하다며, 국민연금 등 정부 기금의 주식과 SOC 투자 확대에 반대 입장을 표시했다. 반면, 정부 일각에서는 주장하기를, 시간이 갈수록 불거질 수밖에 없는 연기금의 재원부족 문제를 해결하기 위해서 리스크를 감내하고서라도 고수익을 추구해야 하기 때문에 주식 투자의 확대가 꼭 필요하다고 본다.

현 시점에서 주식 등 리스크 자산투자의 추가 확대는 두 가지 면에서 검토를 해보아야 한다. 첫째, 투자기회집합의 확대라는 점에서만 본다면 새로운 투자대상의 추가는 선택 가능한 투자곡선의 효율성을 증대시켜주므로 대개의 경우 바람직하다. 이는 독약으로 알려진 비상을 한약재에 조금 섞으면 약효를 증진시키는 것과 같은 포트폴리오 효과로 인해 가능하다. 따라서 주식, SOC 투자를 포함한 다양한 투자자산들을 기회집합 속에 넣어 선택영역을 확대하는 것이 바람직하다.

두 번째 검토사항은 연기금들이 과연 지금보다 주식편입 비율을 높여 고리스크-고수익을 추구하는 방향으로 투자정책을 전환할 것인가 여부이다. 이에 대해서 필자는 2001년 6월, 이 칼럼을 통해 연기금의 주식투자 반대의견을 밝힌 바 있다. 그때에 비해 지금은 환경이 많이 바뀌었으므로, 이제는 무조건 반대의견만을 내세울 시점은 지났다고 판단하며 합리적 의사결정의 기준을 재고해볼 필요가 있다고 본다.

이와 관련하여 정부는 여유자금이 1조원을 넘는 11개 기금별 자산운용위원회와 운용전담부서를 오는 4월까지 설치하며, 기금별 자산운용지침은 7월까지 마련하여 국회에 제출할 것임을 밝혔다. 또한 10인 이하로 구성되는 자산운용위원회 민간위원의 전문자격은 기금관리기본법 시행령에서 규정하고 운용전담인력도 보강해 전문성을 제고하겠다고 밝혔다. 그동안 방만하고 비효율적으로 운용되어오던 각종 기금들에 대해 정부가 문제점을 인식하고 개선책을 강구하기 시작한 것은 크게 바람직한 진전으로 보인다. 그러나 제도의 외형(外形)적 변화가 시사하는 것만큼 내용상의 실질(實質)적 변화가 뒷받침되지 못한다면 이번 개선 작업 역시 또 하나의 실망으로 끝날 것이다.

자산운용위원회에 구체적으로 어떤 역할이 맡겨질 것인가는 아직 명확하지 않다. 다만 저리스크-저수익과 고리스크-고수익 간에서 목표 포트폴리오를 실질적으로 선택하는 역할이 동 위원회에 주어져야만 한다는 것은 분명히 요구된다. 따라서 논란이 계속되어온 주식 등 리스크 자산의 투자확대 여부를 결정하는 것도 위원회의 역할이 될 것이다. 어떤 외압(外壓)이나 유혹에도 불구하고 연기금 운용 목적에 비추어 가장 바람직한 목표 포트폴리오를 선택하는 역할은 어렵지만 보람있는 일일 것이다.

앞서 살펴본 금융회사들의 경험은 이때 자산운용위원들에게 부여되는 권한, 책임 및 보상의 설계가 중요함을 알려준다. 막상 중요한 결정은 어딘가 다른 곳에서 이루어지고 자신들은 허수아비 노릇만 하고 있다는 허탈감에 사로잡힐 때 유능한 인재들은 사명감을 버리고 실망하고 떠날 것이다. 이를 위해서는 위원회에 실질적인 의사

결정 권한이 주어져야 한다.

권한에는 책임이 불가피하게 따른다. 자산운용위원회에서 정부가 원하는 방향에 부합하여 주식 투자를 확대했는데 불행하게도 주가가 폭락했다고 하자. 그렇다면 이때 주식투자 확대를 결정한 자금운용위원들의 책임 한계는 어디까지인가? 투자실패에 따른 금전적 손실배상 책임을 지지 않더라도 전문성이나 명예에 상처를 입게 될 수도 있다. 반대로 리스크 투자를 확대하여 성공할 경우 예상치 못한 추가 이익을 얻게 될 때, 이를 결정한 자금운용위원들에게 어떤 추가적 보상을 할 수 있는가? 이렇듯 권한, 책임 및 보상 간에 균형 잡힌 체계를 명확하게 설계해두지 못한다면, 모처럼 민간전문가들의 도움을 받아 기금운용의 효율성을 높여보고자 하는 정부의 이번 노력도 무위(無爲)로 돌아갈 가능성이 크다. 자산운용의 가장 중요한 핵심이라고 할 수 있는 목표 포트폴리오의 선정 자체가 비효율적으로 이루어질 것이기 때문이다.

서양소설 『이상한 나라의 앨리스』에 보면 다음과 같은 장면이 나온다.

> 앨리스가 길을 가던 도중, 갈림길에서 고양이를 만나서 묻는다. '여기 갈림길에서 내가 어떤 길을 가야 하니?' 고양이가 답하기를, '그것은 네가 가고 싶은 목적지가 어딘가에 달려 있지' 앨리스가 계속하여 '나는 특별히 가고 싶은 곳이 없어'라고 말하자, 고양이가 마지막으로 답한다. '그렇다면 네가 어떤 길을 택하든 아무 상관이 없지 않겠니?'

주식에 투자하든, SOC에 투자하든 결국 이는 가야 할 '길' 가운데 한 가지를 선택하는 것뿐이다. 중요한 것은 '가고자 하는 목표'를 결정한 다음에야 올바른 길을 선택할 수 있다는 것이다. 그리고 그 목적지를 선택하는 것이 바로 자산운용위원들의 몫인 것이다.

/ 월간 『신용경제』 2005년 4월

# 친구들과의 대화

모처럼 가진 좋은 자리였다. 체면 차릴 필요 없고 오랜 기간 공유한 경험들을 바탕으로 따스함까지 묻어나는 그런 모임이었다. 하지만 우리 나이가 그런 탓일까, 자연스럽게 대화주제는 무겁게 이어졌다. 첫 번째 공격은 필자에게로 향했다.

친구(김住宅): 김 교수, 지난 번 칼럼에 보니 주식이 오를 것처럼 썼는데 어찌 최근 주가는 폭락을 거듭하는가? 불확실성 감소를 주가 상승의 이유로 제시했는데 지금도 생각에는 변함이 없나? 나는 여전히 국내에서 재테크는 부동산이라고 믿는다네. 건설교통부의 부동산 시장 조기경보시스템(EWS) 점검 결과, 3월 말 현재 토지시장이 행정도시 추진 등의 영향으로 불안한 상태를 나타내 지난 2월에 이어 '확장기 유의' 단계로 파악됐다고 한다네. 물론 시중은행장들의 최근 모임에서는 시중자금이 단기부동화 경향은 불가피하지만 이 자금이 부동산시장으로 유입되기는 어려울 것으로 예상했지. 그런데 이는 예상이 아니라 그들의 희망에 불과하지 않을까? 은행장들은 그 이유로서 정부의 확고한 부동산시장 안정의지를 들었지만, 이미 부동산열풍이 다시 시작되었다고 믿는 사람이 많다네.

친구(이金融): 현재 시중자금이 주식과 장기채권 상품에서 빠져나와 초단기상품인 머니마켓 펀드(MMF) 등 대기성자금으로 집중되는 경향이 있는 것은 사실이지. 아직까지 이 자금이 기업설비투자로 흘러가는 것을 당장 기대하기는 어렵다고 봐. 하지만 대부분 전문가들이 올해 초 산업생산 부진 등 경기 회복이 주춤한 현상은 일시적인 것이며, 경기회복 대세는 유지되고 있다고 하니 김 교수 말대로 주식시장에 계속 기대를 걸어봐도 좋지 않을까? 최근 소비, 수출이 호전되고 중소기업 자금수요, 산업은행 시설자금 대출, 신용카드 사용실적 등이 모두 증가하는 뚜렷한 개선조짐이 보인다고 하니까.

친구(박銀行): 경기회복 기대감은 높지만 시중 돈 흐름은 여전히 꽉 막혀 있으니 가당키나 하겠는가? 한국은행은 올 1/4분기 본원통화 증가율이 외환위기 이후 최저수준이었다고 밝혔다네. 이는 경기침체로 인해 시중의 화폐수요가 극도로 둔화되면서 화폐 공급량이 늘지 않는데다 은행의 지준예치금도 증가세가 미미함을 뜻하지. 특히 지준예치금 증가율이 낮은 것은 은행이 대출을 확대하는 이른바 신용창조 기능이 현저히 둔화되고 있음을 의미한다는 말일세. 또한 예금은행의 요구불예금 회전율도 사상 최저치를 기록했는데, 이는 새로운 사업투자처나 소비대상을 찾지 못해 돈이 마냥 은행에 머물고 있는 정도가 심해지고 있는 때문이지.

친구(박國際): 오랜 기간 병을 앓은 환자가 단번에 낫기야 하겠는가? 지난 번 김 교수가 쓴 칼럼은 그나마 우리 경제에서 나타나기 시작한 긍정적 요소를 부각시켜 희망을 찾아보자는 의미가 아닐까 생각했네. 개선 속도가 느리기는 하지만 국내 여건은 상승 반전했다는 점에서는 나도 김 교수의 의견에 동의하네. 그런데 국제환경이 걱정이야. IMF는 최근 세계 금융시장이 안정적 흐름을 보이고 있으나, 달러 약세나 급격한 금리상승 등 돌발 변수에 취약한 상태라고 경고했다네. 시장이 한 가지 리스크 요인은 견딜 수 있지만 여러 가지가 동시 다발적으로 나타나면 혼란에 빠질 수 있다고 했지. IMF가 우려하는 상황은 크게 세 가지인데, 첫째는 국제 투자자들이 달러화를 회피할 가능성이지. 특히 그동안 미국 채권을 사들여 달러 가치를 지탱해온 아시아 중앙은행들의 정책이 바뀌면 시장에 큰 충격을 줄 수 있다는 것이야. 지난 번 한국은행 보고서가 달러화 가치에 영향을 준 사건을 기억하지? 두 번째, 예상을 뛰어넘는 인플레이션 발생과 이로 인한 금리상승도 리스크 요인이 되며, 셋째, 주요 기업들 실적이 기대에 크게 못 미칠 경우도 금융시장의 안정성이 흔들릴 수 있다고 IMF는 지적했다네. 걱정되는 것은 시장에 나쁜 신호가 올 경우 비슷한 분석모형을 가진 국제 투자자들이 같은 방법으로 위기를 벗어나려 할 것인데, 이때 시장 변동성이 통제할 수 없을 정도로 증폭될 수 있다는 것이지.

친구(김住宅): 금융을 한다는 사람들은 왜 그렇게 복잡하고 걱정도 많은지 모르겠어. 그러기에 땅과 아파트가 최고라니까. 지난 번 내 말 듣고 원주나 무안에 땅을 샀으면 크게 벌었을 것 아닌가? 그때 김 교수가 얼굴까지 붉히며 반대를 하는 바람에 분위기만 어색해지고 다들 투자의사를 포기했지만, 결국 그때 김 교수 말을 들어 주식을 샀던 자네들은 돈을 잃었지 않나? 여기에 대해서 칼럼 필자인 김 교수 이야기를 들어봄이 어떠한가?

필자(김敎授): 다시 한 번 국내 부동산 가격이 폭등한다면 나는 우리 경제에서 희망을 찾기 어렵다고 생각하네. 지금 부동산 가격이 오르는 것은 미래효용을 고려한 가치론적 입장에서도, 수요, 공급을 고려한 가격론적 입장에서도 해석이 되지 않네. 그렇다면 결국 이는 '투기' 일 뿐이야. 돈이 돈을 끌어들이는 부동산열풍에서 우리가 무엇을 얻을 수 있는가?

> 자신과 가족을 부양하는 데 필요한 것보다 많은 땅을 소유한 사람은 일반 민중의 고통의 원인이 되고 있는 인고(忍苦)와 타락에 참여하는 자일 뿐만 아니라 그 책임자이기도 하다. (톨스토이)

> 땅을 소유하는 권리는 세상 과반수의 사람들한테서 자연의 상속권을 빼앗는 것이다. (토머스 페인)

부동산을 더 이상 투기의 대상으로 방치해서는 안 되네. 이미 우리 사회의 빈부(貧富) 격차는 걱정스러운 상태에 이르고 있어. 부동산을 가진 자와 갖지 못한 자로 양분되는 갈등이 얼마나 무서운 결과를 낳는지는 역사가 말해주고 있다고 생각하네.

우리 경제가 하반기부터는 체감적으로 회복기에 진입할 것으로 다들 믿고 있네. 그러나 지난 번 칼럼을 쓴 이후 한 가지 중요한 변화가 있었지. 세계 경제가 이제 정점을 지나 하강국면에 진입하고 따라서 주요국의 주가도 올해 중에 최고점을 찍고 하락추세를 형성할 것이라는 믿을 만한 보고서들을 읽지 않았나. 현재 우리 경제는 내수부진 속에 수출이 GDP의 절반을 넘는 기형적 구조를 갖고 버티는데, 하반기에 내수가 회복된다고 해도 세계경제 침체로 인해 수출이 줄어든다면 피장파장이거나 오히려 국내 경기가 더 악화될 수도 있음이야.

그렇다면 지금 시점에서 어떻게 금융투자를 해야 할까? 다른 대안들도 그다지 좋아 보이지만은 않아. 해외펀드 열풍이 불었지만 환율 하락과 더불어 잘 모르는 곳에 투자함에 따른 정보 부족으로 대개들 큰 재미를 보지 못하고 있지. 금이나 실물펀드가 국제시장에서는 유망해보이지만 달러 가치 하락으로 인해 국내에서는 지지부진한 상태이지. 시장은 항상 정확하다네. 최근 MMF가 2-3%에 불과한 저금리로도 그렇게 엄청난 부동(浮動) 자금을 끌어안고 있는 것은 시장에서 이처럼 아직 돈이 갈 길을 찾지 못하기 때문이지.

친구(황教授): 역시 재테크는 어렵구먼. 나는 그저 김 교수가 하는 대로만 따라갈 테야. 복잡하게 분석해본들 결국 큰 차이가 없더라고. 나는 투자자금이 적어서 부동산은 감히 쳐다보지도 못하니…… 그래, 김 교수의 요즘 투자 포트폴리오 제안은 무엇인가?

필자(김教授): 나를 따라했다가 나중에 원망할 것 같으면 듣지 않은 셈 치게. 나는 주가가 여기서 당분간 더 하락하더라도 조금씩 이를 따라가며 사 모으는 전략을 취할 것이네. 물론 나 또한 완벽한 자신감을 갖고 있지 못함은 자네들도 짐작하겠지. 하지만 향후 1-2년

안에도 지금처럼 주가가 맥을 추지 못한다면 그때는 우리 경제의 많은 부분이 크게 훼손된 다음일 것이야. 나는 우리 경제의 잠재력을 믿고 싶네.

/ 월간 『신용경제』 2005년 9월

# 금융기관 이용자의 보호*

## 1. 대표적 사건들

### (1) 1993년 BTC와 P&G 사건

당시 BTC는 5.3%+0.75%의 고정금리를 지불하는 대신 P&G로부터 CP금리 + α라는 변동금리를 수취하는 다소 특이한 금리스왑 계약을 체결한다. 논란의 여지가 된 것은 이때 α로서 이는 일종의 내장(embedded) 파생금융상품이었다. 계약에 따르면 시장금리가 일정 수준 이상 상승할 경우 α가 커져서 P&G 입장에서 불리하게 된다. 1994년 들어서 시장금리가 상승하면서 α는 크게 상승하였고, 막대한 손실에 직면한 P&G는 BTC가 파생상품이 내장되어 있음을 정확히

* 이 글의 일부 내용은 오세경, 김진호, 이건호 공자 『위험관리론』(경문사, 1999)에서 요약 발췌하였으며, 이 칼럼의 확장된 내용이 『금융리스크리뷰』 2005년 겨울 통권 제6호(예금보험공사 발행)에 실렸음을 밝혀둔다.

알려주지 않은 채 계약을 체결했다고 주장하며 소송을 제기했다.

소송의 초점은 BTC가 거래상대방 P&G의 이익까지 충분히 고려하여 상품에 대한 상세한 내용, 즉 파생상품이 내재되어 있다는 사실과 관련한 리스크까지 자세하게 설명할 의무가 있었는가 하는 점이었다. 금융회사가 소비자에게 파생상품의 복잡성에 대해 어느 정도까지 이해를 시켰어야 하는가에 대해 법원의 판단을 구한 사건으로서 세인의 관심을 끌었지만, 막상 당사자들은 최종 판결 이전에 서로의 중간 입장에서 화해로서 결말을 보았다. 다만 당시 미국 법원은 파생상품 계약의 대상이 되는 명확한 기초상품이 계약에 명시되어 있지 않으므로 이를 파생상품 계약으로 볼 수 없다는 입장에 있었던 것으로 알려졌다.

이 사건에서 BTC는 파생상품시장 전문가답게 상품설계를 잘 했지만 거래상대방과의 금융상품 이해정도에서 큰 차이가 있을 수 있다는 점을 생각하지 못하여 평판(reputation) 리스크에 봉착하게 된 경우라고 볼 수 있다. 한편 P&G 입장에서는 자신의 이해능력을 넘어서는 복잡한 금융거래에 선부른 지식만 갖고 리스크를 간과할 경우 큰 고통을 겪을 수 있다는 교훈을 얻었다.

### (2) 1997년 국내 다이아몬드 펀드 사건

역외펀드인 다이아몬드 펀드가 J. P. Morgan과의 거래에서 수천억 원에 달하는 막대한 손실을 입은 사건이 발생했다. 당시 거래방식은 외견상 단순하여 그토록 큰 손실 가능성이 숨어 있으리라고 쉽게 짐작하기 어려웠다. 당시 다이아몬드 펀드는 자기자본에 더하여 J. P.

Morgan으로부터 달러를 차입하여 이를 인도네시아 채권에 투자한 것이 겉으로 보이는 거래의 사실상 전부이다. 그러나 이 거래에서 다이아몬드 펀드는 자기자본의 5배가 넘는 손실을 보게 된다.

거래의 핵심내용은 J. P. Morgan으로부터의 차입금 만기상환 조건에 숨어 있었다. 상환조건은 일본 엔화와 태국 바트화의 환율에 연계되어 있었는데, 다이아몬드 펀드에 상황이 유리할 경우 차입금리는 마이너스 3%가 될 수도 있었다. 당시 국내 금리가 대략 13% 정도이었음을 고려한다면 엄청 싼 것이다. 그러나 높은 기대수익 뒤에는 항상 커다란 리스크가 숨어 있는 셈이다. 상환조건은 일본 엔 가치가 하락하면 다이아몬드 펀드에 유리하지만 상승하면 유, 불리가 없는 것으로, 펀드 입장에서 엔 풋옵션(달러 콜옵션)을 매입한 것과 동일한 효과를 갖고 있었다. 한편 바트화 부분에서는 다이아몬드 펀드가 사실상 바트화 선물환 매입(달러 선물환 매도)을 한 것과 동일한 효과를 내게끔 구조화되어 있었다. 전형적인 내장 파생상품이었던 것이다. 그러나 1997년 동남아 경제위기로 인해 태국 바트화가 폭락했고, 이로 인해 다이아몬드 펀드는 엄청난 금액의 차입금을 상환하게 되었다.

한편 다이아몬드 펀드가 투자했던 인도네시아 채권의 수익률은 20%를 상회했다. 잘만 하면 마이너스 3%로 차입하여 20% 이상의 수익을 낼 수 있었지만, 이는 커다란 환율리스크와 신용리스크를 내포하고 있는 위험한 거래방식이었다. 결국 1997년 동남아 경제위기의 여파로 투자했던 인도네시아 채권이 부도를 내면서 상황은 최악으로 치닫는다. 자금조달비용은 폭등한 반면 투자수익은 거의 없어진 것이다.

다이아몬드 펀드는 이 거래의 리스크에 대한 충분한 설명이 부족하였으며 따라서 불공정거래의 여지가 있다고 주장하여 J. P. Morgan을 상대로 소송을 제기하였다. 그러나 이 사건 역시 최종 판결 이전에 당사자 간 화해로서 종결되는데, 다이아몬드 펀드는 발생 손실의 대부분을 받아들인 것으로 알려졌다. 다이아몬드 펀드 입장에서는 '1997 동남아 외환위기'라고 하는 예측하기 어려운 환경변화에 따른 손실임을 감안하더라도, 거래에 내포된 리스크에 대한 충분한 분석이 부족했었음을 부인하기는 어려울 것으로 보인다.

이 사건은 국적과 시장경험을 달리하기는 하지만 어쨌든 금융회사 간 거래를 함에 있어 상호간 상품에 대한 설명의무의 한계가 어디까지인가에 대한 논쟁을 불러일으켰다. 이는 BTC 대 P&G의 경우와 분명히 구분되는 것이다. 앞서 사건에서 금융기관 이용자 P&G는 비금융회사였지만, 이번 사건의 이용자 격인 다이아몬드 펀드는 금융회사로 간주될 수 있기 때문이다.

세간의 관심은 J. P. Morgan의 거래목적에도 몰렸다. 사후적으로 추정하는 것은 이 회사가 당시 바트화 포지션을 크게 갖고 있어서 헤징 필요 때문에 이와 같은 거래를 했었을 것이라는 것이다. 동남아 외환위기를 당시 이 회사가 미리 눈치 채고 희생양으로 다이아몬드 펀드를 거래에 끌어들인 것이 아닌가 하는 의구심도 있다. 설령 그 가설이 옳다면 남들보다 앞선 예측능력을 바탕으로 거래를 한 것이 결과적으로 상대방에게 피해를 입힌 것이 불공정행위나 사기에 해당될 것인가 등등 논의가 분분했지만, 당사자들 간 합의로 끝난 덕분에 이에 대한 공식적 판단은 유보된 상태이다.

### (3) 2003-2005년 국내 외은지점과 공사(公社)들 간의 파생금융상품 거래

국내 몇몇 공사들이 국내 외은지점들과의 거래에서 큰 손실을 입은 사건과 관련하여 이들 외은지점들에 대한 감독당국의 징계가 시장의 큰 관심을 끌었다. 징계배경은 이들 외은지점들이 파생상품에 대한 전문적 지식이 부족한 공기업과 비정형 파생상품 거래를 취급함에 있어 옵션 매도 등을 통하여 공기업의 고유 리스크와 관계 없는 새로운 리스크를 부담하게 했다는 것이다. 또한 거래의 복잡성 등으로 금융회사가 아닌 고객이 가격산정방식 및 거래에 내포된 리스크를 이해하기 어려웠음에도 불구하고, 판매회사들이 거래의 정확한 실체와 고객의 잠재적 손실에 영향을 미치는 중요한 요인 등 중요정보를 충분히 고지하지 않는 등 거래정보 고지의무 등을 다하지 않았다는 것이다. 국내 감독당국은 이들 외은지점들이 내재 파생상품 거래의 실체 및 실질적 리스크요인에 대한 구체적이고 명확한 설명 없이 단순히 거래조건을 형식적으로 반복, 설명하는 정도의 평면적인 리스크 분석 내용만을 제공하였다고 판단하였다.

이때 징계의 주요 쟁점사항들에 대한 감독당국의 입장은 다음과 같다. 첫째, 문제가 된 거래들이 공기업이 취급할 수 있는 거래인지 여부에 대해서는 판단을 유보하였다. 둘째, (이들 외은지점으로부터) 공기업에게 리스크 고지 등 중요 정보 고지가 충분하지 않았다고 판단하였다. 셋째, 공기업과의 파생상품 거래 시 적합성 심사(suitability test)가 충분히 이루어지지 않은 점이 내부통제 위반으로 조치대상인지 여부에 대해서는 관련 금융회사가 법무법인의 법률의견을 받아서 거래를 하였으나 법률 질의 시 정확한 내용을 알려주지 않은 점과 법무법인의 답변이 충분하지 않았음에도 이를 자의적으로 해석하여 거래한 점이 내부통제 규율을 위반한 것으로 보는 견해와 금융회사의 법규담당부서가 이의를 제기하고 법무법인에 질의한 것 자체가 내부통제시스템이 작동하고 있는 증거이므로 내부통제 위반으로 조치하기 어렵다는 상반된 의견들이 제시되었다.

한편 감독당국이 징계의 근거로 밝힌 법률들을 살펴보면 「은행법」제3조에 의해 모든 금융기관은 「은행법」, 「한국은행법」, 「금융감독기구의 설치 등에 관한 법률」 및 이에 의하여 발하는 규정 및 명령에 의하여 운영되어야 하고, 「은행법」 제23조의3, 「은행법시행령」 제17조의2 및 「은행업감독규정」 제30조에 의해 금융기관은 내부통제기준을 정하고 이를 철저히 이행함과 아울러 각종 거래에서 발생하는 제반 리스크를 적절히 관리할 수 있는 체제를 갖추어야 한다고 되어 있다. 또한 「은행법」 제52조 및 「은행업감독규정」 제89조 등에 의하면 금융기관은 금융기관 이용자의 권익을 보호하고 금융거래상의 계약조건 등을 정확하게 공시하여야 하며, 특히「금융회사의 파생상품거래에 대한 리스크관리 모범규준」 9-1에 의하면 금융기관은 금융기관이 아닌 고객과 장외 파생상품거래 시에 거래상대방의 투자 및 이해능력 등을 감안하여 고객에게 적합한 상품을 판매하고 파생상품에 내재된 리스크 및 잠재적 손실에 영향을 미치는 중요한 요인 등 거래상의 중요 정보를 충분히 고지하여야 한다고 되어 있다.

또한 징계를 받은 한 외은지점 법규준수(compliance) 내규에 의하면 '고객이 이해할 수 있는 방법으로 거래에 대한 정보를 충분히 고지하고 고객을 호도하거나 과장하여서는 아니 되며, 고객입장에서 당연히 점검하여야 할 사항은 고객이 질의하지 않더라도 적극 설명하도록' 되어 있다. 그리고 파생상품거래 관련 임직원은 관련법규와 아울러 각종 모범규준(Best practice)을 준수토록 규정하고 있고, 거래의 적정성과 관련하여 미흡한 점이 있는 경우에는 업무담당책임자와 준법감시인 등의 승인을 받도록 하고 있으며 공기업 등 정부투자기관과 파생상품거래를 하는 경우 고객이 당해 거래를 하기 위한 적정한 법적 권한을 보유하고 있는지 여부 및 고객의 영업규모, 영업속성 등과 상치하지 아니하는지 여부 등을 확인하도록 되어 있었다.

## 2. 금융기관 이용자 보호의 근거와 한계

앞서 세 사건의 공통점은 통상적 금융거래 속에 복잡한 파생금융상품이 내재되어(embedded) 있었고, 금융기관 이용자들이 이에 따른 리스크를 충분히 이해하지 못하였거나 무시한 점에 있다. 이 글의 논의 초점은 이때 금융기관 이용자들을 어떤 방식으로, 어디까지 보호해줄 것인가에 관한 것이다.

금융거래는 거래자 간 이해상충이 많아 '정보의 비대칭성'이 존재하며 이에 따른 금융기관 이용자의 불리한 선택을 방지하기 위해 (금융기관에게) 정보의 공시(disclosure)를 강제하거나 이익 상충 문제를 야기한 해당 금융기관에 대한 처벌강화를 포함한 감독당국의 규제가 필요하다. 그러나 정보의 공시는 정보 생산과 보급에 수반되는 비용 증가, 정보공개에 따라 경쟁자와 경쟁상 불리하게 될 리스크 등 부작용을 수반할 수도 있다(강병호, 『금융기관론』, 2004).

외은지점과 국내 공사 간 사건을 계기로 국내 감독당국은 최근 금융기관들의 금융기관 이용자 권익보호를 위한 적합성 검사 및 중요 정보 고지 의무를 크게 강조하고 나섰다. 이는 주로 장외 파생상품에 중점을 둔 것으로서 우선적으로 금융기관은 거래상대방이 거래를 위한 적절한 법률적 권한을 갖고 있는가를 파악하고, 이용자의 영업 속성 및 리스크관리 능력 등에 합당한 거래를 제안하여야 한다고 하였다. 또한 이용자가 거래구조 및 리스크를 평가할 수 있도록 거래상의 중요정보를 '이용자가 알 수 있는 방법으로 충분히 고지하여야' 하며, 특히 비정형상품 거래 시에는 내재된 개별 거래별로 각각의 가격정보를 제공하여야 한다고 하고 있다.

원래 헤징 목적으로 고안된 파생금융상품이 투기적 목적으로 사용되는 것은 바람직하지 못하다는 것이 필자의 지론이지만, 그렇다고 하여 저금리 시대에 수익증대 목적으로 파생상품이 이미 광범위하게 사용되는 현실을 무시할 수 없다. 따라서 향후에도 금융상품에서 파생상품의 내장(embedding)은 불가피할 것이며, 이번 기회에 이에 수반된 '관련 정보의 비대칭성 문제'를 짚어보고 필요한 규제를 정비한다는 점에서 최근 감독당국의 움직임을 긍정적으로 평가할 수 있다. 다만 두 가지 면에서 개선을 위한 제언을 하고자 한다.

### (1) 리스크 관련 정보의 공개

감독당국은 거래상의 중요 정보를 '금융기관 이용자가 알 수 있는 방법으로' 충분히 고지하여야 한다고 하였는데, 이에 관한 보다 구체적 지침이 필요하다. 최근 내장 파생상품들을 보면 대부분이 옵션이며 이의 리스크는 여러 가지 다양한 리스크요소에 따라 결정될 뿐 아니라 비선형(non-linear) 특성을 갖고 있어 금융공학 전문가들조차 파악하기가 쉽지 않다. 이들 내용은 아무리 쉽게 설명하고자 해도 상당히 전문적인 내용을 담고 있어서 '금융기관 이용자가 알 수 있는 방법'이라는 표현은 상당히 추상적으로 들린다.

필자는 금융기관 이용자가 상품의 리스크를 쉽게 파악할 수 있는 두 가지 방법을 제시한다. 한 가지 방법은 금융기관 이용자 입장에서 걱정해야 할 리스크요소들을 발생 가능한 순서대로 열거하는 것이다. 금융기관들은 대개의 경우 높은 기대수익만을 전면에 강조하고 리스크요소들을 가능한 한 감추려는 경향이 있으므로, 리스크요소에 대한 설명을 적극적으로 하도록 강제화하자는 것이다. 예를 들어 주가지수 연동 정기예금이라면 주가가 예상만큼 상승하지 않을 경우 원금만 겨우 건질 수 있을 뿐이며, 기회비용을 고려한다면 이는 실질적으로 손해를 보는 것임을 분명히 밝혀두는 것이다. 또한 5,000만 원이 넘는 금액은 예금자보호대상이 되지 않음을 명시하는 것이다. 이렇듯 금융기관 이용자들이 상품을 매입함에 있어 걱정해야 할 요소들을 일목요연(一目瞭然)하게 정리하여 별도의 리스크로 제시하는 것은 불필요한 불안감을 제거해주는 효과도 가질 것으로 기대된다.

금융기관 이용자가 리스크를 보다 쉽게 이해할 수 있는 또 다른 방법은 VaR(Value-at-Risk) 개념을 사용하여, 주어진 확률수준에서 예상되는 최대 손실액을 밝혀주는 것이다. 포트폴리오 리스크 측정을 위해 금융학에서 이제껏 사용해온 표준편차, 또는 파생상품의 리스크 측정을 위해 전문가들이 사용하는 이른바 'Greeks' 등으로는 일반 금융기관 이용자들에게 리스크를 쉽게 이해시키기가 어렵다. 그러나 (예를 들어) 신뢰수준 99% VaR라면 이는 100번에 한 번 정도 발생할 수 있는 최대손실을 나타내므로 금융기관 이용자들이 이해하기 훨씬 쉽다. 따라서 금융기관들은 지금부터라도 일반 이용자들에게 VaR 개념을 전파하고 이를 통해 리스크를 쉽게 파악할 수 있게끔 도와주어야 할 것이다.

### (2) 가격정보의 공개

최근 감독당국의 지침을 보면 '비정형상품 거래 시에는 내재된 개별 거래별로 각각의 가격정보를 제공하여야 한다'고 분명히 밝히고 있어 논란의 여지를 준다. 가격정보가 구체적으로 어디까지를 포함하는가에 대해 명확하게 밝혀져 있지 않지만, 만일 원가공개를 포함하는 것이라고 하면 이는 자본주의 원칙에 위배되는 것으로서 심각한 부작용을 유발할 우려가 있다.

파생상품시장은 시장실패의 우려가 있는 독과점시장이라기보다는 경쟁시장에 가깝고 제도적 진입장벽도 낮은 편이다. 따라서 금융기관이 누리는 이익마진은 시장에서의 독과점적 지배력을 바탕으로 하는 지대(rent)라기보다는 금융공학 기술능력을 반영한다고 볼 수 있다. 따라서 적정 마진이 충분히 보장될 때 시장에서 창의력이 발휘

되어 새로운 금융상품의 출현을 기대할 수 있다. 또한 시장에서의 복제(複製)가 손쉬운 금융상품 특성 상 초기에 적정 이윤의 확보는 금융기관 입장에서 꼭 필요한 것이다. 따라서 만일 원가 및 마진을 공개해야 한다면 이는 금융기관의 적정 마진 확보를 어렵게 하고, 시장에서 신금융상품의 개발의욕을 떨어뜨려 장기적인 시장효율성 개선에 방해가 될 것이다.

한편 가격정보의 지나친 공개는 금융공학기술상 노하우를 직접 공개할 가능성이 크다는 점도 우려된다. 경쟁이 치열한 금융시장에서 이는 상품설계도를 공개하는 것에 다름 아니다. 따라서 감독당국은 지금이라도 '시장이 받아들일 수 있는 범위 내에서' 금융기관이 공개해야 할 가격정보의 내용을 분명하게 밝힘으로써 시장 불확실성을 제거할 필요가 있다.

이와 관련하여 신바젤협약의 'Pillar 3'에서 리스크 관련 정보공개를 다루면서 리스크 측정 모형의 공개가 크게 논란이 되었던 경험을 되새겨볼 필요가 있다. 당시 전 세계 주요 금융기관들이 이에 크게 반발했던 것은 금융공학 기술이 시장의 핵심 경쟁력이 된 시점에서 모형의 공개는 곧 업무 관련 핵심기술의 공개가 될 것이라고 보았기 때문이다. 금융기관 이용자들에게 꼭 필요한 것은 관련 상품의 리스크에 대한 정보로서 족하다고 본다. 이를 넘어서서 원가를 포함한 세세한 가격정보까지 공개하라고 금융기관들에게 요구하는 것은 금융기관 이용자들보다는 오히려 경쟁자들에게 도움을 줄 우려가 있음을 알아야 한다.

/ 필자의 개인 웹 칼럼 2005년 10월

# 매화향기를 기다리며

1997년 외환위기는 필자 개인에게도 커다란 충격이었다. 바로 눈앞의 위기도 예견하지 못한 채 어쭙잖은 지식으로 금융을 논한다고 여기저기 글을 써대던 것이 스스로 어찌나 부끄럽던지 잠시 붓을 꺾고 지냈던 그 추운 겨울이 어느덧 8년 전이다. 필자가 다시 글을 쓰기 시작한 것은 외환위기 이후 급속하게 진행되는 금융구조조정 과정에서 나름대로의 소감(所感)을 일기(日記) 형식으로 기록하고자 함이었다. 매달 칼럼 집필을 통해 특히 하고 싶었던 것은 이 과정을 학생들에게 전달하여 딱딱한 교과서에서 못 느끼는 생생한 현장감을 느끼게 해주는 것이었다. 하루하루 어지럽게만 보이는 구조조정이 먼 훗날 뒤돌아보면 성장을 위한 아름다운 고통으로 남으리라는 희망으로 지난 수년 동안 이들을 기록하기를 멈추지 않았다.

그러나 2005년 5월, 필자는 다시 붓을 멈출 수밖에 없었다. 금융이란 경제를 비추는 다른 한 편의 거울이며, 우리 사회를 구성하는 중요한 부분이다. 그렇기 때문에 우리 사회가 추구하는 철학적 가치는 직간접적으로 금융에 지대한 영향을 미친다. 지난 칼럼들을 통해 필자가 걱정했던 바, 서로 다른 가치관들 간의 갈등과 충돌은 이 사회를 충분히 두려움에 떨게 했으며 많은 지식인들을 좌절시켰다. 특히 전문가의 판단을 요하는 문제들까지 여론몰이를 통해 자기 뜻대로 관철시키고자 하는 일부 정치인들의 모습은 안타까움을 넘어서 분노를 일으키기도 했다. 상생(相生)이 아닌 공멸(共滅)을 향해 달려가는 이 사회를 보면서 필자는 그 많은 분노에 찬 담론(談論)들에 숟가락 하나 더 얹는 것을 하고 싶지 않아 붓을 접을 수밖에 없었다.

이제 옛 중국 당대(唐代) 남악(南嶽) 아래에서 수행하던 황벽(黃檗) 선사의 선시 하나를 들고 칼럼쓰기를 다시 시작한다.

不是一番寒徹骨

爭得梅花撲鼻香

(매서운 추위가 한번 뼈에 사무치지 않았던들

어찌 매화가 코를 찌르는 향기를 얻을 수 있으리오)

우리가 이만한 사회적 갈등을 치르고 있는 것은 분명히 이유가 있을 것이다. 지금 당장은 알 수 없지만 시간이 흘러 먼 미래에는 이 모든 아픔이 매화의 '향기'를 얻기 위해 꼭 필요한 '매서운 추위'였음을 알게 될 것이다. 그때를 위해 다시 짧은 붓을 들어 기록을 재개한다.

2005년을 마감하는 시점에서 사회갈등은 여전히 극심한 편이다. 강 모 교수와 법무부 장관 사건, 쌀 개방을 중심으로 하는 농어촌 문제, 비정규직 노동자 문제, 사학법(私學法) 갈등, 종합부동산세와 양극화 문제 등 한 번에 짚어내기에 숨이 찰 정도이다. 여기에다 그동안 우리나라에서 가장 '잘 나가던' 주체이던 삼성과 황우석 교수는 각각의 이유로 큰 좌절들을 겪고 있는 실정이다. 문제가 펼쳐진 마당이 이렇듯 다양하므로 중심잡기에 어지러운 측면이 없지 않으나, 이들의 공통점은 놀랍게도 기존 질서를 유지하려는 측과 이를 새롭게 바꾸어보려는 측 간 보혁(保革) 갈등 또는 좌우갈등이다. 이는 정도를 달리하기는 하지만 인류 역사에서 시공(時空)을 초월하여 존재하였음에도 불구하고, 오늘의 아픔이 이렇게 크게 느껴지는 것은 양 측 진영 간 몰이해(沒理解)와 분노가 도(度)를 넘고 있다는 생각과 더불어 이를 해결해야 할 정치권의 무능(無能)과 부도덕에 대한 환멸 때문이다.

그나마 '금융'이 사회의 큰 걱정거리를 제공하지 않고 해를 넘길 수 있다는 것을 금융 전공 교수로서 지금 시점에서 다행이라고 생각한다면 사치스러운 것일까, 아니면 철없는 것일까? 다른 중대한 담론(談論)들 속에 파묻혀 상대적으로 크게 부각되지는 못했지만 최근 금융시장에는 미래를 위해 주목할 만한 중대한 변화들이 있었다.

첫째는 주가 급등이다. 지난 5월 필자의 마지막 칼럼을 부끄럽지 않게 해 준 최근의 활황세는 경기회복이 가시화(可視化)되지 않고 금리마저 오르는 상태에서 국가 리스크의 감소를 통한 국내주식 '재평가(re-rating)'의 산물이라는 점에서 큰 의미를 찾을 수 있다.

두 번째 변화는 그동안 은행과 보험회사에 치여 사각지대(死角地帶)에 놓인 것과 다름없던 증권회사 및 자산운용회사 등을 묶어 투자은행(investment bank)을 지향하는 '금융투자회사'를 설립하게끔 된 것이다. 전 세계적인 증권화(securitization) 및 탈중개화(dis-intermediation)의 도도한 물결에도 불구하고 국내 시장에서는 사실상 은행들의 시장 주도(主導)가 가능했던 것은 외환위기 이후 은행권이 가장 치열한 구조조정을 겪어냈기 때문이다. 이제 증권회사들에게 그 차례가 돌아온 것이다. 아프락사스의 껍질을 벗는 아픔이 극심한 만큼 증권회사는 경쟁력을 갖춘 투자은행으로 재탄생할 수 있을 것이다.

셋째 변화는 금융규제 철폐이다. 정책당국이 매번 립-서비스처럼 해오던 규제철폐가 새삼스러운 것은 상당 폭 겸업(兼業) 및 겸영(兼營)을 허용하는 방향으로 길을 잡았기 때문이다. 이것이 당분간 시장불안 요인으로 작동할 부작용이 걱정되지 않는 바는 아니나, 중장기적으로는 경쟁을 통해 시장 효율성을 제고(提高)시킬 것으로 기대된다. 다만 예상되는 부작용을 예방하기 위해서는 금융기관별 규제에서 상품별 규제로, 열거주의(positive system)에서 포괄주의(negative system)로 규제방식을 변경하고, 규제차익거래 가능성을 봉쇄하는 방향으로 통합금융법의 추진이 이루어져야 한다.

마지막으로 언급하고자 하는 변화는 금융전문대학원의 설립이다. 이는 특정 학교의 선정 사실보다는 금융인력 양성에 대한 시장의 관심을 촉발시켰다는 점에서 큰 의미를 갖는다. 현재 더불어 추진되는 경영전문대학원(MBA) 설립 추진과 맞물리게 되면 우리 시장에 처음으로 제대로 교육받은 금융인재들을 배출할 수 있기를 기대해본다. 정부가 그동안 외쳐온 '동북아 금융허브'가 더 이상 공허하게 들리지 않는 것은 이제야 첫 단추가 제대로 끼워지고 있다는 믿음 때문이다.

부모가 치열하게 싸우면서 자식들에게는 이건 어른들의 일이니 신경쓰지 말고 너희는 가서 공부나 열심히 하라고 윽박지를 때, 제방에 앉아서 공부에 집중할 수 있는 아이들은 많지 않다. 우리가 금융시장을 어떤 모습으로 만들어가고 싶은가, 어떤 상품을 시장에 공급하고 어떤 인력을 양성하여 배출할 것인가 등등의 모든 문제는 우리 사회의 지배적 가치관으로부터 유리(遊離)될 수 없다. 그런 면에서 어쩌면 금융이란 형이상학(形而上學) 보다 형이하학(形而下學)의 영역에 해당할 것이다.

8년 전, 금융은 우리 사회에 너무나 큰 아픔을 준 적이 있다. 그러나 이후 은행을 중심으로 뼈를 깎는 고통으로 구조조정을 했고 이제는 감히(?) 동북아 금융허브를 지향하며 야심만만한 도전을 하고 있다. 부존자원(賦存資源)이 부족한 우리나라에서 뛰어난 두뇌만으로 국제무대 경쟁이 가능한 금융은 정말로 해볼 만한 산업이다. 이제 금융이 세계로 나아가고자 함에 있어 우리 사회는 이를 아끼고 키워주어야 한다. 이미 논쟁이 끝나 박물관으로 가버린 사상(思想)의 찌꺼기들을 붙잡고 남과 북의 갈림만으로도 부족하여 보수와 진보 또는 가진 자와 그렇지 못한 자로 나뉘어 죽기로 다투는 나라에서 금융뿐 아니라 어떤 산업도 발전하기 어렵다.

정치는 정치이고 금융은 금융일 뿐이라고 주장하려는 분들은 자신들이 어렸을 때에 부모님의 다툼 속에서 과연 마음 편하게 공부 잘 하고 곱게 잠들 수 있었나를 돌이켜보기 바란다. 설령 그것이 가능했다고 감히 주장하는 분들이라면 그것이 얼마나 드문 경우이며 본인들을 위해 다행한 경우였던가에 만족하기 바란다. 자동차, 철강, 조선, 반도체, 현재 우리 경제를 이끌어가는 이들을 잇는 미래 성장엔진으로서 금융이 가능하다. 우리 사회의 '지저분한' 논쟁이 그 앞길을 가로막지 않기를 진심으로 바란다.

/ 필자의 개인 웹 칼럼 2005년 11월

## 금융회사들의 고민: 백화점과 전문점

이제 며칠만 있으면 2005년이 간다. 이 글을 쓰고 있는 연구실은 절간 같이 조용하지만 바깥세상은 황우석 교수 사건으로 몹시 시끄러운, 그래서 우울한 연말이다. 어느 모임에 가도 대화주제의 제 1 순위에 올랐던 이 사건은 온 국민들의 생명공학 지식수준을 높였다는 우스갯소리와 더불어, 대한민국에 신뢰라는 것이 존재하는가, 그리고 학문의 세계가 시장바닥과 다른 것은 무엇인가 하는 자괴감을 던져준 큰 아픔이 아닐 수 없다.

금융권에서도 한 해를 넘기면서 각 권역별로 새해를 맞는 준비로 부산함을 느낀다. 은행은 올해 큰 이익을 냈다. 외형상으로만 보면 참으로 행복했겠지만 이익의 질을 살펴보면 꼭 그렇지만도 않다. 올해 대폭 이익의 실현은 예상손실에 대비하여 쌓는 대손충당금 부담이 크게 줄어든 때문이지 영업이익이 급증했기 때문이 아닌 것이다. 오히려 영업이익 측면에서는 대출규모가 줄어드는데다가 순이자

이익(net interest income)이 함께 감소추세를 보이고 있어 장기적인 은행의 영업전망은 그다지 밝지 않다.

은행은 이의 타개책으로 여타 금융권 업무의 겸업(兼業) 또는 겸영(兼營)을 통해 새로운 이익원을 찾고자 하나 이 또한 만만한 것이 아니다. 방카슈랑스를 통한 보험업무, 신탁 및 자산운용업 확장 진출, 파생금융상품의 판매 등에 관한 논의가 무성하지만, 과연 이들이 은행 예대업무의 부진을 상쇄할 만큼 충분한 수익을 향후 창출해줄 것인가에 대해 확신할 수 없다.

은행 입장에서 겸업 또는 겸영이란 한때 인기를 끌었던 '비디오가 함께 붙은 텔레비전 세트'에 비유할 수 있다. 요즘 세상에 대부분 사람들이 텔레비전과 비디오는 가지려고 하니 이 두 가지를 함께 묶어서 출시된 상품은 개념상으로 그럴 듯해보였지만 막상 시장에서는 큰 인기를 끌지 못했던 것 같다. 텔레비전과 비디오, 각각의 부문에서 경쟁력을 갖는 회사가 서로 다르다는 것, 그리고 한 가지만 고장이 나도 물건을 통째로 갖고 가서 고쳐야만 하는 부담 등이 그 원인으로 생각된다.

은행의 겸업 또는 겸영도 그럴 것 같다. 전통적으로 예대업무에 강한 상업은행들이 보험, 신탁, 자산운용, 파생상품 분야에서도 잘할 것이라는 시장의 확신이 없다. 또한 이들 중 한 가지에서만 잘못되어도 이것이 회사 전체의 명성을 떨어뜨리는, 이른바 '전염효과'에 대한 우려도 무시할 수 없다.

탈은행화(dis-intermediation)와 증권화(securitization)는 한때 금융권의 화두(話頭)였으며 지금도 그 추세가 크게 역전되었다고는 보지 않는다. 장기적으로 은행의 입지를 크게 위협할 것으로 생각되었던 이상 두 가지 추세에도 불구하고 국내 은행들이 증권, 보험 등 타 금융권역이 감히 넘볼 수 없는 굳건한 경쟁우위를 오늘날 갖게 된 것은 외환위기 이후 구조조정을 가장 과감하고 적극적으로 추진하였기 때문이다. 뼈를 깎는 아픔으로 수많은 임직원들을 내보냈으며 은행간 인수합병을 통해 규모의 효과를 추진하였고, 증권회사 또는 외국계 회사에서 CEO를 영입하는가 하면 아예 은행을 외국에 팔기까지 하였다. 아프락사스의 알을 깬 국내은행은 더 이상 철밥통이 아니다.

그러나 은행 입장에서 이제 구조조정의 약발은 거의 소진되어가는 것 같다. 탈은행화와 증권화의 추세는 은행의 현재수준을 넘는 더 이상의 약진(躍進)을 허용하지 않을 것 같다. 그동안 은행이 경쟁력을 가질 수 있었던 또 다른 배경은 외환위기 이후 시장에 지속된 안정희구성향(flight-to-quality)이었다. 아직까지 금융시장에 강하게 존재하는 이 성향은 그러나 최근의 주식시장 활황 및 실물투자 인기급등과 더불어 점차 약화될 것으로 보인다. 이에 더하여 최근 발표된 한국판 투자은행인 금융투자회사(가칭) 설립 추진계획은 (상업)은행의 기존 입지를 위협하는 결정적 촉발(triggering) 요인이 될 것이다.

한편 시장의 게임은 항상 상대가 있는 법이므로, 이상의 예측이 들어맞으려면 증권회사나 보험사가 합당한 대응을 한다는 것은 전제로 한다. 상업은행의 예대업무는 '지는 해(sun)'는 분명 아니다. 금융업이 존재하는 한 시장의 분명한 한 축을 담당할 것이며 만족할 수 없을지는 몰라도 적정 이윤을 확보할 수 있을 것이다. 그러나 더 큰 부가가치는 투자은행을 통해 창출될 수 있다. 따라서 필자는 현재 중개업무(brokerage) 중심의 대부분의 증권회사들이 인수합병 및 대폭적인 구조조정을 통해 투자은행과 순수 중개전문 증권회사로 양분되어 재탄생해야 한다고 주장한다. 증권회사들이 이러한 적극성을 보이지 않는다면 '은행의 상대적 입지 약화'라는 필자의 예측은 틀릴 것이며, 따라서 은행은 지금의 우월적 위치를 한동안 더 유지할 수 있을지도 모른다. 정부가 투자은행 양성화를 위한 '멍석'을 활짝 깔아주었는데도 불구하고, 그 위에서 놀지 못한다면 국내 증권회사들에게 희망을 찾기는 어렵다. 반대로 증권회사들이 기대에 부응하여(!) 적절한 대응을 한다면 이는 은행에게 큰 위협이 될 것이다.

보험회사는 은행과 증권에 주어지는 혜택들(?)에 걸맞은 보상으로 어슈어뱅크(assure-bank)를 내심 원할 것이다. 여신업무에 따른 신용리스크를 부담하지 않는 내로우뱅크는 특히 대형 보험회사들이 은행에 맞서 견줄 만한 경쟁력을 확보하는 데 결정적 도움을 줄 수 있을 것이 분명하다. 은행이 겸업 및 겸영을 통해 적극적으로 치고 나오는데 보험회사에도 합당한 대응책으로 어슈어뱅크를 허용해주어야 한다는 보험업의 목소리는 그러나 산업자본의 은행지배를 결코 허용할 수 없다는 시장의 지배적 논리에 압도되어 당분간은 실현 가능성이 의문시되는 상황이다. 그렇다고 하여 보험업이 다른 권역으로부터 당장에 크게 위협받을 것으로는 보이지 않는다. 보험수리(actuarial science) 영역은 다른 권역에서 쉽게, 단시간 내에 정복하기에는 나름대로 만만치 않은 영역으로 보이기 때문이다. 따라서 보험업은 스스로 다른 권역으로 쉽게 쳐들어가지도 못하지만 쉽게 침범당하지도 않는 '섬(island)'과 비슷한 입지를 한동안 유지할 가능성이 크다.

은행, 증권, 보험 각 권역에서 공통적 당면과제는 금융시장이 생산자 중심에서 수요자 중심으로 급속하게 변화하는 데 적합하게 대응하는 것이다. 수요자 중심의 시장 재편(再編)은 수요자인 투자자들 입장에서 효율적 투자곡선(efficient frontier)의 확장, 즉 주어진 리스크 대비 기대이익의 증가라고 하는 긍정적 효과를 창출하지만, 반면에 금융회사들 입장에서는 무한경쟁으로 내몰리는 셈이 된다. 이때 금융회사들은 다양한 업무를 겸업 또는 겸영하는 유니버설 뱅킹을 지향할 것인가, 아니면 가장 경쟁력을 갖는 특화된 업무만을 하는 전업주의(專業主義)를 택할 것인가의 갈림길에서 고민하게 된다.

이러한 고민은 백화점과 전문점의 차이에 비견할 수 있다. 최근 유통업의 큰 특징 중 하나는 동네 구멍가게 및 재래시장이 극심한 어려움에 처한 반면 백화점들은 연일 호황을 누린다는 것이다. 소비자 입장에서 보다 쾌적한 환경에서 다양한 상품들을 한 몫에 구입할 수 있다는 장점이 크게 와 닿은 때문이다. 그러나 이때 눈 여겨 볼 것은 백화점과 재래시장과의 치열한 싸움 속에서도 다양한 전문점들이 나름대로 독자적인 영역을 확보하면서 꾸준히 성장하고 있다는 사실이다.

금융시장에서도 재래시장이나 동네 구멍가게에 비견되는 회사들은 앞으로 생존하기 어려울 것이다. 갖은 이유를 들어 이들을 지원해야 한다고 주장하는 목소리가 많지만 커다란 시장의 흐름은 이를 무시하고 결국 백화점과 전문점의 양대 산맥을 구축해갈 것이다. 따라서 각 금융회사들은 백화점이냐, 전문점이냐의 양자 갈림길에서 선택의 고민을 피할 수 없을 것이다. 이 과정에서 금융상품의 유통, 마케팅, 고객충성도 확보에 강점을 갖는 회사들은 판매, 겸업, 겸영 중심의 백화점식 체제를, 그리고 금융공학을 통한 신상품개발, 자산운용, 파생상품 및 리스크관리에 강점을 갖고 있거나 보험회사처럼 독자적 영역을 이미 확보한 회사들은 전업주의로 전문화를 택할 가능성이 크다.

'주먹을 꽉 쥐면 그 안에 아무것도 없지만, 주먹을 펴면 그 안에 세상이 있다' 영화 와호장룡(臥虎藏龍)에 나오는 대사의 한 구절이다. 지금 이 순간 각 금융회사들이 놓칠까봐 두려워 꽉 쥐고 있는 것은 무엇이며, 이를 버렸을 때 새롭게 열릴 세상에는 어떤 새로운 기회가 이들을 기다리고 있을까? 2006년은 우리에게 주어지는 또 다른 백지(白紙) 일기장의 선물이다. 그 하얀 속지에 우리 모두가 어떤 글을 써갈지 자못 궁금한 가운데 올 한 해도 이렇게 마감한다.

/ 필자의 개인 웹 칼럼 2005년 12월

# 2006

## 다시 맞는 '개'의 해

작년 12월 초겨울의 매섭던 추위를 기억하면 올 1월은 겨울을 거저 나는 느낌이 들 정도이다. 동장군(冬將軍)의 위세는 고유가 시대 서민들에게 고통이지만 농사에는 도움이 되기도 한다니, 세상만물이 일방적으로 좋고 나쁜 것만은 없다는 평범한 진리를 숨 쉬듯 느껴본다.

연초 최대의 화제는 재정(財政)에 대한 대통령의 걱정으로부터 시작했다. 나라를 위해 쓸 곳은 많은데 돈이 부족하니 이를 해결해달라는 요청에서 시작된 파문은 급기야 증세(增稅) 여부를 둘러싼 전 국민의 논쟁으로 비화되는 조짐이다. 그동안 오히려 감세(減稅)안을 줄기차게 밀어온 야당 입장에서는 어처구니없다는 표정이고, 학계와 시민단체들도 양 편으로 나뉘어 다투는 형국이다. 왜 대통령이 말을 꺼내면 주장의 옳고 그름 여부를 떠나서 나라는 이렇게 항상 시끄러워지는 것일까? 지난 수년간 지속된 시끄러운 담론(談論)들에 지친 것이 필자 혼자뿐일까? 연초부터 평정심은 자꾸 흐트러지려고만 한다.

우리나라 재정문제의 심각성은 이미 전문가들 사이에서는 널리 알려진 사실이다. 1997년 외환위기라고 하는 큰 위기에서 우리가 그나마 버텨낼 수 있었던 것이 당시까지 유지된 균형재정 덕분이었음을 대부분 인정한다. 그러나 지금은 행정중심 복합도시 건설, 대북지원, 복지예산 증대 등으로 인해 늘어난 세출(歲出) 수요를 세입(稅入)이 감당하지 못함에 따라 만성적 재정적자가 불가피한 상황이다. 이를 걱정하지 않는 사람은 드물다. 다만 정부, 여당은 자신들이 벌여놓은 일 중에 불요불급(不要不急)한 것이 있으면 내놓고 지적해보라 하며 은근히 세수확대를 원하는 반면, 야당은 참여정부 들어 늘어난 공무원 수, 전국 각지에 벌여놓은 각종 개발계획의 무모함을 들어 지출 축소와 감세(減稅)를 요구하는 실정이다.

보수진영에서는 민간부문이 상대적으로 더 효율적임을 들어 작은 정부를 원하고 반대로 진보진영은 분배와 평등에 보다 무게를 두는 입장에서 이를 지원할 큰 정부를 선호하는 것은 교과서에 나오는 얘기로서, 각 정파들 간 다툼에 필자로서 어느 편을 들 생각은 없다. 다만 정부-여당과 야당, 그리고 이에 편승한 일부 학자들 및 시민단체 간에 벌어지는 이전투구(泥田鬪狗)식 편가름 싸움은 우려되지 않을 수 없다.

증세와 감세 간 논쟁은 전문가들 사이에서도 쉬운 문제가 아니며, 이를 여론조사에 따라 다수결로 결정할 것임은 더욱 아니다. 작금(昨今)에 이르러 우리 사회에서 전문가들의 판단영역에 대해서조차 여론조사로서 승패를 가르려고 하는 움직임은 대단히 걱정스러운 것이다. 치밀한 준비 없이 던져진 것으로 보이는(?) 대통령의 세수논쟁이 이 시점에서 걱정스러운 것은 첫째, 금융시장의 불확실성을 증폭시키기 때문이며, 둘째, 양극화 문제와 관련하여 계층 간 갈등을 부추길 우려 때문이다.

첫 번째, 불확실성에 대한 시장의 우려는 주식시장의 폭락으로 나타났다. KOSPI는 순식간에 100포인트가량 하락했으며 KOSDAQ은 이보다 더 처참했다. 최근의 주가폭락 원인에 대한 해석은 입장에 따라 조금씩 다를 수 있지만, 경제 기본체질(fundamental)의 개선을 넘어서는 과도한 주가상승에 대한 조정이 필요하던 시점에 대통령의 발언과 연관하여 주가차익과세제도 및 소득세 포괄주의 도입, 법인세 및 개인소득세율 인상 등 무차별하게 터져나오는 각종 증세(增稅) 안들이 불확실성의 결정타를 날린 것을 부인할 수 없다. 시장은 불확실성을 싫어한다!

도대체 이 정부는 넘쳐나는 시중자금이 어디로 흘러가기를 바라는 것일까? 정책금리를 올려서 시중 과잉유동성을 흡수하지 않으니 부동(浮動)자금은 계속하여 먹잇감을 찾아 떠돌 수밖에 없다. 망국적(亡國的) 부동산 투기를 잡기 위해 온갖 무리한 조치들을 동원하면서도 시중자금이 부동산에서 빠져나와 흘러갈 통로인 주식시장과 기업투자에 대해 결정적 위협을 가하고 있으니 이해하기 어렵다. 만일 그것이 위협이란 사실을 알면서도 이제 주식이 충분히 올랐으니 세금의 과실을 따먹어도 될 때에 이르렀다고 생각했다면 이는 참으로 단견(短見)이 아닐 수 없다. 아직 큰 자금은 부동산에서 빠져나올 물꼬를 트지 않고 있기 때문이다.

세수논쟁이 일으킨 두 번째 우려는 양극화 문제에 대한 것으로서, 이는 계층 간 갈등으로 이어져 우리 시장체제 자체를 위협할 수도 있어 더욱 심각하다. 정부가 추진해야 할 것은 모든 사회구성원들이 현재보다 더 잘살게 되는 이른바 '파레토 최적' 상태일 것이다. 잘사는 사람 10% 대 그렇지 못한 90%의 갈등으로 문제를 끌고 가는 것은 기득권층에서 세금을 더 걷어 소외계층에게 분배하자는 것으로서, 일시적으로 대중적 인기에는 영합할지 모르나 국가의 장래를 위해서는 대단히 위험한 발상이다. 흔히 정치인들이란 득과 실을 정치적 기준으로 판단하므로 장기적이며 총체적인 국가손실이 있어도 단기적으로 자기 정파(政派)에 유리하면 견강부회(牽强附會)할 수 있음을 모르지 않는다. 하지만 잘 사는 기득권층을 털어 소외계층에게 나누어준다고 하여 현재의 양극화 문제가 단기적으로도 해결되기는 고사하고 더욱 악화될 우려가 있음이 걱정인 것이다.

필자가 걱정하는 것은 기업인, 기득권층 또는 잘 사는 계층에게 세금을 더 많이 부과하는 것 자체보다 그렇게 되도록 계층 간 갈등을 유도하는 불안한 사회분위기이다. 이들 대부분은 이 사회에서 경쟁력을 갖춘, 그래서 황금알을 낳는 닭에 비유할 수 있다. 이들 중 일부가 불법 또는 비도덕적 부동산 투기를 했고 재산형성과정이 불투명하다하여 이들 모두를 질시하고 죄인시하려는 사회분위기는 상상하기에도 끔찍하다. 결국 이는 이들의 의욕 상실, 자괴감으로 이어져 이 사회의 생산성을 떨어뜨리고, 일자리를 감소시켜 결국 오히려 소외계층에게 심각한 피해를 줄 것이기 때문이다. 황금알을 낳는 닭은 잘 구슬려서 평생토록 '알'을 챙겨야지, 뱃속에 실제 들지도 않은 황금이 탐나서 '배'를 가르는 어리석음을 저질러서는 안 될 것이다.

대통령 발표에 때맞춰(!) 국세청은 대규모 세무조사를 발표했다. 이것이 오비이락(烏飛梨落)인지 여부는 필자로서 알 수 없다. 다만 기업이나 부자들이 많은 돈을 벌면서도 이제껏 적절한 세금을 내지 않았다면 이는 상시적으로 점검하여 밝히고 추징했었을 일이지, 이제껏 무엇을 하다가 하필 이 시점에 대대적으로 추진하는 이유가 무엇인가에 대해서는 당국은 설명이 필요할 것이다.

양극화 문제를 해결하는 가장 좋은 방법이 '일자리 창출'임은 다행히 대부분 사람들이 동의하는 것 같다. 사람이 굶지 않고 '생존'하는 자체도 중요하지만 사회에 보람된 존재로서 '생활'해간다는 자긍심을 유지하기 위해서는 적절한 일자리가 그 무엇보다도 선결조건이다. 일자리는 기업의 투자에서 창출된다. 따라서 정부는 기업이나 부자들이 품고 있는 많은 돈에서 한 푼이라도 세금을 더 걷기 위해서 노력하는 것보다, 이들의 적극적이고 자발적인 투자를 유도하기 위한 '햇볕정책'을 추진하는 것이 더 바람직할 것이다. 모든 기업과 부자들을 잠재적 탈세자로 취급하는 것 같은 사회분위기 유도는 이들의 불안감을 증폭시키고, 이로 인한 불확실성은 결국 일자리를 오히려 줄일 것이다.

慷慨赴死易(강개부사이) 從容就義難(종용취의난): 분을 참지 못해 나아가 죽기는 쉬우나 조용히 뜻을 이루기는 어렵다는 뜻으로 중국 송나라 때 사방득(謝枋得)이 쓴 각빙서(卻聘書)에서 나온 글인데, 언젠가 모 국회의원이 쓴 글에서 인용되어 유명해진 글이다. 양극화를 둘러싼 갈등의 골은 표면에 드러난 것보다 훨씬 심해서, '분을 참지 못해 죽기 살기로' 싸우는 듯한 모습들을 자주 보게 된다. 그러나 지금은 '조용히 문제를 해결해야' 할 시점이지 광장에서 시끄럽게 떠들기만 할 상황이 아니다. 윗글을 언급한 의원의 당시 글 내용을 보면 정치인들도 이를 알고 있기는 한 것 같다. 그러나 정치인들에게 역시 아는 것과 실천은 다른 것인가?

갈등의 중간에서 양시양비론(兩是兩非論)은 무책임한 주장이 되기 쉬우므로 필자로서는 가능한 한 피하고자 하는 것이다. 그러나 지금은 기득권층과 가진 자들도 '노블레스 오블리제'를 넘어선 희생을 분명히 필요로 하는 시점이다. 이들은 상당 부분 자신의 노력에 의해 그 자리까지 이른 경우가 대부분이겠지만, 외환위기 이후 무분별하게 이 사회에 도입된 신자유주의의 혜택을 가장 크게 본 계층임에 분명하다. 따라서 현재 갖고 있는 부(富)의 일정 부분은 분명 본인의 노력에 의한 결과라기보다는 지대(地代: rent)적 성격인 것이다. 과유불급(過猶不及)이라, 지나친 계층 간 격차는 사회 불안정으로 이어져 기득권층에게 결코 유리한 것이 아니다. 상당수 미국의 부자들이 상속세의 폐지에 반대하는 것은 일견 보기에 이해되지 않지만 이런 점들을 고려하면 상당히 영리한 계산의 결과임을 알 수 있다.

이제 양력으로 2006년이 시작된 지도 한 달이며 곧 음력으로는 병술년(丙戌年) 새해를 맞는다. 새로운 '개'의 해에는 사경견폐성(巳驚犬吠聲)이 아니라 충견(忠犬)이 '국민'이라는 주인을 위해 '조용히 뜻을 이루는' 모습만을 지켜보고 싶다. 정말로……

/ 필자의 개인 웹 칼럼 2006년 1월

# 내가 채권을 산 이유

L 군에게. 지난 번 모임은 즐거웠네. 전통 가옥의 허름한 중국집이었지만 음식 맛은 아주 좋았다네. 새로 소개해준 그 요리를 생각하면 지금도 입맛이 당기네. 그 모임에서 나는 자네에게 최근 재테크 차원에서 채권을 매입했음을 얘기했고, 자네는 시장금리가 상승추세를 보이는 시점에서 채권매입이 과연 옳았던가에 대해 질문했었지. 술잔을 걸치며 나누기에는 다소 복잡하고 재미없는(?) 주제이다 싶어 미루어두었다가 오늘에서야 편지로 답하는 바이네.

알다시피 채권을 매입하는 목적은 시장금리 등락에 따른 시세차익을 겨냥하는 방식과 만기보유 방식으로 구분되지. 금리가 높을 때 채권을 사서 하락할 때 파는 목적이라면 시장리스크에 노출되어 불안할 뿐 아니라, 현재와 같이 점진적 금리상승이 예견되는 시점에서는 바람직하지 않은 방식이지. 자네가 지적한 것은 이에 대한 우려라고 생각되네. 하지만 내가 이번에 채권을 산 목적은 확정수익을 겨냥하여 만기까지 보유하려는 것이었다네. 그렇다면 금리등락에 따른 시장리스크가 전혀 없을 뿐 아니라, 더군다나 이번 채권은 신용등급이 높아 신용리스크도 없는 안전한 투자라고 판단하였다네.

개인적으로 늘 주장해온 바와 같이 나는 재테크를 함에 있어 적극적(active) 전략으로서의 매매시점 포착(market timing)이나 증권선택(security selection)보다는 소극적(passive), top-down 방식의 자산배분(asset allocation)을 선호하는 편이지. 따라서 운용자금의 일정 부분은 늘 확정수익상품에 예치해둔다네. 그렇다면 내가 이번에 확정수익상품으로 그간 애용해왔던 은행정기예금을 놔두고 채권을 매입하게 된 이유에 대해 자세하게 설명해주겠네.

이제부터의 내용은 다소 까다로울지도 모르네. 어려운 수학(數學)은 아닐지라도 간단한 산수(算數) 정도는 사용해야 하니까. 내가 쓴 '72의 법칙과 콩나물' 이라는 칼럼 기억나나? 그 글을 다시 읽어보게. 그렇다면 다음에 등장하는 수식 정도는 이해하여야 함을 깨닫게 될 것일세.

우선 이번에 매입한 채권은 3년 만기의 복리채로서 표면금리가 3.9%라네. 따라서 투자 대상 채권의 액면금액을 1억 원이라고 하면 만기시점에서 수령하게 되는 원리금은 다음과 같지.

$$100,000,000 \ * \ 1.0393 = 112,162,232$$

내가 채권을 매입한 시점이 2006년 1월 12일이고 그때 채권매매금리(보다 정확히 말하자면 증권사가 제시한 매도 유통수익률〔yieldto-maturity])가 5.26%이었으므로, 내가 채권매입을 위해 지불한 돈 계산은 다음 식과 같다네.

$$\frac{112{,}162{,}232}{1.0526^2 * (1+0.0526 * \frac{353}{365})} = 96{,}332{,}013$$

따라서 내가 만기시점까지 보유할 경우 채권투자로부터 얻게 될 (확정) 총수익은 다음과 같지.

$$112{,}162{,}232 - 96{,}332{,}013 = 15{,}830{,}232$$

이때 이자소득세가 15.4%이므로 내가 지불해야 할 세금을 계산하면

$$0.154 * (112{,}162{,}232 - 100{,}000{,}000) = 1{,}872{,}983$$

이 되고, 따라서 세후수익금과 세후수익률은 각각 다음과 같이 계산된다네.

$$15{,}830{,}232 - 1{,}872{,}983 = 13{,}957{,}235$$

$$\frac{13{,}957{,}235}{96{,}332{,}013} = 14.49\%$$

여기까지 오는데도 이미 많이 복잡해보이시는가? 사람들은 대개의 경우 자기가 이해하기 어려운 것은 기피하려는 성향을 갖게 마련이지. 그러나 다소 번거롭다고 이를 기피하다보면 이솝우화에 나오는 '여우의 신 포도'와 같은 어리석음을 범할 수도 있다네. 조금만 관심을 가지면 큰 어려움 없이 이해할 수 있는 부분이라네. 요즘, 돈 벌기가 좀 어렵다고 하는가? 애써 번 돈을 굴리는데 이만큼의 수고를 아껴서야 되겠는가 말일세.

이제 이번 채권투자와 은행정기예금 간 수익성 비교를 해보도록 하겠네. 안전성 면에서는 둘 다 비슷할 것임은 쉽게 이해할 수 있겠지. 수익성 비교를 위해서는 우선 다음과 같이 세후연평균수익률과 은행환산 세전수익률을 구해야만 하네.

$$\text{세후연평균수익률} = \frac{14.49\%}{1083\text{일}} * 365 = 4.88\%$$

$$\text{은행환산 세전수익률} = \frac{4.88}{(1 - 0.154)} = 5.77\%$$

이때 은행환산 세전수익률은 이 채권의 만기와 같은 '3년 만기' 은행정기예금의 금리와 직접 비교되는 것이라고 생각하면 되네. 이쯤 되면 채권매입이 괜찮은 투자이었음을 알겠지.

한편 은행환산 세전수익률 5.77%는 복리효과를 고려할 경우 은행에 1년 만기 정기예금을 연 5.46% 금리에 3년 동안 재예치한 것과 동일한 수익률이라네. 내가 채권을 매입할 당시 1년 만기 정기예금 금리가 4.50% 전후이었음을 고려한다면 역시 상대적으로 고수익 상품이라고 할 수 있지.

알겠네. 이 얘기를 듣고 자네가 무슨 질문을 바로 하고 싶어하는 지를…… 현재는 1년 만기 정기예금 금리가 4.50%에 불과하지만 향후 시장금리가 상승할 경우 복리효과까지 고려하였을 때 실제로 이 채권을 매입한 것보다 정기예금에서 더 높은 수익률을 실현할 수도 있음을 얘기하고 싶겠지. 이에 대한 정밀한 분석은 앞에서보다 좀 더 어려운 '수학(數學)'을 사용해야 하므로 자세한 것은 생략하고 간단하게 설명하도록 하지.

앞서 말한 바와 같이 향후 3년 동안 1년 만기 정기예금 금리 평균이 5.46%라면 이번에 채권을 매입하든, 아니면 1년 만기 정기예금으로 복리(複利) 투자를 하든 대략 비슷한 투자성과를 얻겠지. 하지만 현재 예금금리가 4.50%인데 향후 3년 동안 평균이 5.46%가 되려면 지금부터 매년 1%씩 상승하여 2년 후에는 1년 만기 정기예금금리가 6.50% 정도는 되어야 한다는 계산이 나오지. 시장금리를 정확하게 예측한다는 것은 늘 어려운 일이지만, 현재 시점에서 금융통화운영위원회가 콜금리 인상 목표를 50bp 정도로 고려하고 있다는 시장의 판단을 받아들인다면 향후 2년간 2%p 금리상승은 어렵다고 판단하였네. 그러므로 매년 1년 만기 정기예금에 원리금을 복리(複利) 재예치하는 것보다는 이번 채권을 매입하는 것이 상대적으로 유리하다고 판단하였지.

어떠한가? 이렇게 복잡한 분석을 하느니 아예 적고 먹고 가늘게 살겠다는 생각이 들지도 모르지. 사실 채권은 일반인들이 분석을 하기에 용이한 대상은 아니네. 주식과 채권 중 어느 것이 더 투자하기가 어려운가에 대한 질문을 받는다면 나는 망설임 없이 채권이 더 어렵다고 얘기하겠네. 사실상 주식에 대해서는 아직도 그 움직임을 이해하기 어려운 이례현상들(anomalies)이 많이 나타날 뿐 아니라, 심리적 요인이나 비합리적 의사결정에 따라 움직이는 부분이 많아서 이제까지 밝혀진 이론들만으로는 그 움직임을 제대로 분석하기 참으로 어렵다네. 오죽하면 저명한 금융학자들도 주식투자에서 대패(大敗)하곤 하겠는가? 따라서 많이 배운 사람이나, 그렇지 못한 사람이나 투자성과가 큰 차이가 없을 수 있다는 점에서 오히려 주식투자에는 공부가 그다지 중요하지 않다고 역설적으로 말하기도 한다네.

하지만 채권의 경우는 크게 다르지. 채권을 공부하여 이를 엄밀하게 분석할 수 있는 사람과 그렇지 못한 사람들 간에 투자성과는 엄청난 차이를 보이는 것이 당연하다네. 아니, 좀 더 강하게 말하자면 채권을 공부하지 않고 이에 투자한다는 것은 제 정신이 아니라고 말해야 할 정도지. 그렇다고 하여 앞서 살펴본 바와 같이 종종 정기예금보다 유리할 수 있는 채권에 대한 투자를 단지 공부가 부족하다하여 배제(排除) 당한다는 것은 억울할 수 있겠지. 여기에 투자자들을 돕기 위해 전문 투자상담사 또는 PB(private banker)들의 역할이 있는 것이겠지.

이제 자네도 안정자산을 은행정기예금에만 묻어두려고 고집할 것이 아니라 채권에도 관심을 좀 가져보게나. 회사일도 바쁜데 이를 위해 채권공부에 몰두하기보다는 금융회사에서 좋은 PB를 찾아보기를 권장하네. 정말 제대로 된 PB라면 부드러운 카펫이 깔리고 은은한 음악이 흐르는 곳에서 멋진 잔에 따스한 커피를 제공하기보다는, 보다 안전하면서도 수익성 높은 금융상품에 대해 끊임없이 연구하고 이를 고객에게 제공하면서 보다 쉽게 이해시킬 수 있는 방법을 찾느라 골몰할 것일세.

2월 말의 꽃샘추위가 내년 겨울을 예약하고 장롱에 넣어두었던 외투를 다시 찾게 하는구먼. 언제 또 그 집에 가서 한 잔 하세나. 술은 그저 추울 때가 더 맛난 법이거늘……

/ 필자의 개인 웹 칼럼 2006년 2월

# 여도지죄(餘桃之罪)

1997년 12월, 당시 부총리가 IMF의 구제금융을 신청하던 자리에서 사용했던 펜의 화려함을 필자는 지금도 기억한다. 워낙에 펜 수집이 개인적 취미인 때문이기도 하지만, 오늘날 우리 금융시장을 송두리째 바꾼 결정적 계기가 된 당시 사건을 잊을 수 없는 것이다. 자고 일어나니 나라가 망한 것 같다는 절망감에 일반국민들은 물론 전문가들조차 허둥대기 일쑤였고, 초유(初有)의 사태를 극복하는 과정에서 우리는 적지 않은 실수를 저지르기도 했다. 당시 우리 국민의 애국심을 전 세계에 과시한 '금 모으기' 운동은 지금에 와서 생각할 때 다소 아쉬운 점이 있다. 금(金)은 어차피 국제적 유동성의 한 종류인 것을 그렇게 급하게 내다팔 필요까지 있었을까 하는 생각이 이제 와서야 드는 것은 당시 우리가 그만큼 급하게 서둘렀다는 것이다. 물론 필자도 당시 집에 있던 아이들 돌 반지까지 전부 맡겼지만……

한동안 뜸하던 금융구조조정이 최근 외환은행 매각을 계기로 다시 불붙는 듯하다. 외환위기 당시 외환은행을 인수한 론스타가 엄청난 매각이익을 남기게 되었다는 사실, 그리고 뿐만 아니라 각종 부동산 투자 등에서 얻은 막대한 과실에도 불구하고 현재 세법상 세금을 거의 내지 않을 것 같다는 일부 우려 등이 어우러져 지금 우리 국민들이 바라보는 외국투자가에 대한 시선은 그다지 곱지 않은 듯하다. 이에 더하여 최근 일부 해외펀드들이 SK, KT&G 등 우리 유망기업의 경영권을 노리는 것 같은 투자행위들도 우리 국민의 적대심을 자극하고 있다.

그러나 과거의 일을 현재의 시각만으로 재단(裁斷)해서는 곤란하다. 1997년 12월, 우리는 무척 놀라고 긴장했다. 정책당국자들이나 전문가들이 저지른 실수만큼이나 일반국민들도 놀라서 움츠러들기는 마찬가지였다. 종합주가지수가 300대 이하로 폭락하고 수많은 기업과 부동산이 매물로 쏟아져나오기만 했을 뿐, 이를 사고자 적극적으로 나서는 내국인 주체는 찾아보기 어려웠던 것이 당시 상황이었다. 우리 대통령까지 나서서 외국의 펀드매니저들을 관저로 초청하여 협조를 구하기도 했다. 그 중에서는 투기세력의 대표적 인물도 포함되어 있었다. 안정희구성향(flight-to-quality)이라는 단어가 처음으로 등장하여 인구(人口)에 회자(膾炙)될 정도로 우리 국민들의 투자성향은 극도의 안정주의로 치우쳐갔다. 이렇게 우리 국민들이 리스크에 대한 두려움 속에 던져버린 우리 기업들과 부동산을 매입한 것이 오늘날 비판받고 있는 외국인들이다.

리스크를 감수하려는 의지는 자유시장경제의 성장에 필수적이다……

> 만약 모든 예금주와 그들의 금융중개인들이 리스크 없는 자산에만 투자하려 한다면 기업성장을 위한 잠재력은 결코 현실화되지 않을 것이다. (그린스펀 당시 FRB 의장, 1994. 11)

당시 외국인들이 우리 주식, 기업 및 부동산을 매입하지 않았더라면 우리 경제가 어떤 방향으로 흘러갔을까? 지금보다 더 좋아졌을 수도 있고 반대일 수도 있다. 다만 분명한 것은 당시 우리는 외국인들의 매입을 갈구(渴求)했고, 그들의 매입은 우리 경제가 지금만큼이나 회생하는 데 분명하게 일조(一助)를 했다는 것이다. 외국인들은 우리보다 나은 정보력과 분석력을 바탕으로 한국경제가 몰락하지 않고 회생할 것임을 믿고 투자를 했겠지만, 그들이라고 리스크에 대한 두려움이 전혀 없지는 않았을 것이다. 우리 국민들 대개가 짊어지지 않으려는 리스크를 그들이 짊어졌고, 그에 대한 리스크 프리미엄을 지금 챙기고 있을 뿐인 것이다.

> 도박을 하는 이유는 큰 이익을 얻을 수 있는 작은 확률이 우리에게 유리하게 작용할 것이라는 희망에서, 작은 손실이 발생할 큰 확률을 기꺼이 감수하기 때문이다…… 대부분의 (사람들)에게 도박은 리스크라기보다 오락에 가깝다.
>
> — 피터 L. 번스타인(Peter L. Bernstein), 『리스크: 리스크 관리의 놀라운 이야기(*Against the Gods*)』에서

외국인들은 도박을 한 것이 아니라 리스크를 걸고 투자를 한 것

이다. 외환위기 당시 극심한 시장혼란 과정에서 리스크를 부담함에 따른 요구수익률이 상당히 높을 수밖에 없었음은 당연한 것이라고 할 수 있다.

반면 우리는 아직까지도 리스크 기피 성향으로 인해 정상적인 경제운용을 못하고 있는 상태이다. 적립식 펀드의 등장과 더불어 우리 국민들의 주식투자는 크게 증가했지만 아직도 유가증권시장 상장 주식의 35%-40%, 주요 우량회사의 경우 55% 정도 지분을 외국인이 갖고 있다. 기업들은 투자 리스크를 두려워하며 현금을 유보한 상태로 대개 관망 중이며, 이에 따라 청년실업은 심각하고 양극화 또한 개선될 여지가 보이지 않는다.

경제주체들이 리스크를 기피할 때 그 경제는 활력을 상실한다. 우리가 짊어지고자 하지 않는 리스크를 지금 현재에도 외국인들이 상당 부분 부담하고 있다. 그들이 누리는 엄청난 이익은 이에 대한 대가일 뿐 비난받아야 할 특혜가 결코 아닌 것이다.

론스타가 외환은행이나 부동산 투자에서 엄청난 이익을 거두는 과정에서 불법적 요소가 있었다면 이를 법에 따라 적시(摘示)하여 처벌하면 될 것이고, 그 과정에서 마땅히 내야 할 세금을 내지 않았다면 법에 따라 받아내면 그만이다. 과거의 법과 제도가 부실하여 외국인 투자자들이 설령 얄미운 짓을 했음에도 처벌할 법적 근거가 없거나 막대한 이익을 냈음에도 과세할 수 없다면, 안타깝지만 이제부터 법과 질서를 보완하면 된다. 이러한 문제를 국민정서법(國民情緒法)에 따라 왈가왈부(曰可曰否)할 성격이 아니라고 본다. 명백한 법질서와 철저한 논리에 근거하지 않은 섣부른 감정만으로 대응했을 때,

극단적으로 외국인 투자가 우리 시장에서 빠져나갈 경우 우리는 이를 감당할 수 있는가? 또는 그러한 상황이 우리에게 정말 유리할 것인가를 잘 생각해볼 필요가 있다.

한비자(韓非子) 설난편(說難篇)에 나오는 얘기이다('최동윤의 고사성어〔故事成語〕'에서 인용).

> 전국 시대, 위(衛)나라에 왕의 총애를 받는 미자하(彌子瑕)란 미동(美童)이 있었다. 어느 날 어머니가 병이 났다는 전갈을 받은 미자하는 허락 없이 임금의 수레를 타고 집으로 달려갔다. 당시 허락 없이 임금의 수레를 타는 사람은 월형(발뒤꿈치를 자르는 형벌)이라는 중벌을 받게 되어 있었다. 그런데 미자하의 이야기를 들은 왕은 오히려 효심을 칭찬하고 용서했다. "실로 효자로다. 어미를 위해 월형도 두려워하지 않다니……."
>
> 또 한 번은 미자하가 왕과 과수원을 거닐다가 복숭아를 따서 한 입 먹어보더니 아주 달고 맛이 있었다. 그래서 왕에게 바쳤다. 왕은 기뻐하며 말했다. "제가 먹을 것도 잊고 과인에게 먹이다니……."
>
> 흐르는 세월과 더불어 미자하의 자태는 점점 빛을 잃었고 왕의 총애도 엷어졌다. 그러던 어느 날, 미자하가 처벌을 받게 되자 왕은 지난 일을 상기하고 이렇게 말했다. "이놈은 언젠가 몰래 과인의 수레를 탔고, 게다가 '먹다 남은 복숭아〔餘桃〕'를 과인에게 먹인 일도 있다."

이로부터 유래된 여도지죄(餘桃之罪)란 말은 '먹다 남은 복숭아를 먹인 죄'란 뜻으로, 애정과 증오의 변화가 심함을 비유하는 것이다. 우리가 지금 외국인들에게 여도지죄(餘桃之罪)를 묻고 있는 것은 아닌지 진지하게 생각해볼 필요가 있다.

狡兎死而走狗烹(교토사이주구팽)

飛鳥盡而良弓藏(비조진이양궁장)

'교활한 토끼가 죽으니 달리던 개가 삶겨지고, 높이 나는 새가 사라지니 명궁이 (창고에) 저장된다'는 뜻으로, 춘추시대(春秋時代) 월(越)나라의 재상 범려가 한 말로서 그 후 격언(格言)으로 전해오다가 한신이 형장(刑場)의 이슬로 사라질 때 남긴 이야기로 유명하다.

그러나 요즘은 이를 잘 알게 된 사람들이 토생구생(兎生狗生)의 전략으로 발전시켰다고 한다. 토끼가 죽으면 자기가 죽게 될 것을 뻔히 아는 사냥개로서 토끼를 몰살시키지 않고 일부라도 살려두어 자신의 존재가치를 유지시킨다는 것이다. 지금 이 순간 엄청난 차익을 외국인에게 빼앗겼다고 분노하는 우리 국민들을 보면서, 외국인들은 어떤 새로운 작전을 구상할 것인가? 그들이 토생구생(兎生狗生)의 전략을 구사한다면 우리에게 어떤 영향이 올 것인가?

필자가 대학생이던 시절, 당시 선생님들께 배운 격언 중에 '가슴은 뜨겁게, 그러나 머리는 차갑게'라는 것이 생각난다. 작금(昨今)의 우리 경제가 잘 풀려나가는 것 같지 않다는 불안감 속에서, 외국계 펀드가 엄청난 이익을 챙겨나가려고 하는 마당에 마음 편한 우리 국민은 없을 것이다. 그러나 감정적 대응은 문제를 풀어나가는 데 좋은 방법이 아니다. 불필요하게 외국인을 자극하기보다는 실질적으로 우리에게 이익이 될 장기적인 대책은 무엇일까를 조용히, 그리고 면밀하게 살펴보아야 할 시점이다. 소는 잃었다 하더라도 외양간은 고쳐야 하기 때문이다.

/ 필자의 개인 웹 칼럼 2006년 3월

# 손쉬운 대출의 책임

한때 금융시장을 크게 시끄럽게 했던 신용불량자 문제가 최근 다시 언론에 등장하고 있다. 첫째는 보험회사들이 향후 보험 가입 심사 때 개인의 신용등급을 반영해 가입여부와 보험가입금액 한도를 결정하는 방안을 추진하고 있다고 밝힌 것이다. 이들은 신용정보회사와 제휴를 맺고 보험가입 희망자로부터 신용정보 제공 및 활용 동의를 받은 뒤 신용도를 파악해 가입심사 때 활용하는 것을 검토하고 있다. 신용도가 나쁜 경우 보험손해율이 높아지며 중도해약도 늘어난다는 판단에 따른 것이다. 신용불량자는 보험에도 가입하지 못하느냐는 비판이 일부에서 제기되고 있는 가운데, 보험회사들의 이러한 움직임은 그동안 언론 등에서 잠시 소홀히 다루어졌던 이 사회의 신용불량 문제를 다시 부각시키는 계기가 되었다.

두 번째이며 보다 중요한 의미를 갖는 뉴스는 올해 4월부터 '채무자 회생 및 파산에 관한 법률(통합도산법)'이 시행된 것이다. 그동안 신용불량자 문제 해결을 위해 사용된 개인워크아웃제와 배드뱅크의 한계를 극복하고 보완하기 위한 새로운 제도의 도입이다. 이에 따르면 개인회생 절차가 현행 8년에서 5년으로 단축되고 6개월 동안 필요한 생계비 외 4대 사회보험료도 채무면제 재산에 포함되며, 간이파산제도 범위도 5억 원으로 확대되고 파산선고 후에만 면책신청을 할 수 있는 현행 규정이 파산과 면책신청을 함께 할 수 있도록 바뀐다. 또한 법원이 하나의 결정으로 모든 채권자가 채무자 재산을 강제집행하지 못하도록 하는 포괄적 금지명령 제도도 새로 도입했다.

통합도산법이 개인파산과 면책을 보다 쉽게 가능하도록 함으로써 향후 개인파산이 크게 증가할 것으로 예상되어, 이로 인한 경제활력 상실을 우려하는 목소리가 들린다. 박덕배 성균관대 교수는 한 학술세미나에서 "개인파산문제는 우리가 아직까지 경험해보지 못한 새로운 위험요인으로 작용할 가능성이 크기 때문에, 사회안전망을 확충하는 등의 노력이 절실하다"고 주장했다. 더불어 개인파산이 국가 경제적으로 큰 사회적 비용을 요구하므로 개인파산을 최소화하고 채무자의 도덕적 해이를 막기 위해 파산신청에 일정한 조건을 요구해야 한다고 강조했다.

신용불량의 첫 번째 책임은 물론 본인에게 있다. 따라서 새로운 제도를 채무면제의 수단으로 악용하려는 일부의 도덕적 해이는 당연히 막아야 한다. 미래의 변제수단이 100% 확실하지 않은 경우 결코 부채를 져서는 안 되며, 신용은 자본주의 경제에서 숨 쉬는 공기만큼이나 중요하다는 신용교육의 중요성은 아무리 강조해도 지나치지 않다.

부채를 귀찮고 불편한 일로만 받아들이지 마라. 그것은 일종의 재난이다. 가난은 선행을 쌓을 수 있는 많은 수단을 빼앗아가고, 현실적으로나 도덕적으로 악(惡)에 저항하지 못하는 무능력한 상태를 만들기 때문에 모든 고매한 수단들을 사용해 반드시 피해야 한다.……빚지지 않는 것을 첫 번째 관심사로 삼아라. 지출은 어떻게든 줄여서 가난하게 살지 않겠다고 작정하라. 가난은 행복을 가로막는 가장 큰 적으로서 자유를 파괴하고 인간의 미덕을 불가능한 것으로 만들어버린다. 알뜰함은 평화뿐만 아니라 자선의 근간이다. 그 누구도 자신이 어려운 형편이면서 남을 도울 수는 없다. 남에게 베풀기 위해서는 먼저 자신이 충분히 가져야 하는 것이다……

– 새뮤얼 스마일즈(Samuel Smiles)의 『자조론(*Self-Help*)』에서

그러나 400만 명에 달하는 엄청난 수의 신용불량자들을 양산한 책임이 각 개인에게만 있을 수는 없다. 필자는 각종 대출과 신용카드 남발(濫發)을 통해 개인의 채무 증가를 방조(傍助)한 금융회사들 또한 이에 분명한 책임이 있다고 믿으며, 따라서 이번 통합도산법이 개인파산을 쉽게 함으로써 금융회사들에게 경각심(警覺心)을 주는 계기가 되기를 바란다.

아멜리아 워런 티아기(Amelia Warren Tyagi)와 엘리자베스 워런(Elizabeth Warren)이 쓴 '맞벌이의 함정(The Two Income Trap)'이라는 책을 보면 다음과 같은 글이 나온다.

미국 전역에 걸쳐 기업들이 군살빼기를 하고 있을 때, 근사한 주택에

대한 입찰경쟁이 가열되고 있을 때, (주부가 맞벌이로 직장에 나감으로 인해) 전업주부가 제공했던 다목적 안전망이 가정에서 없어진 바로 그때, 막 익사하려는 가정들에게 얼핏 구명정처럼 보이는 손쉬운 대출이 대거 던져졌다.

우리나라의 현실과 어찌 이렇게 흡사한가? 저자들은 과소비가 파산 리스크를 높인다는 일반적 견해를 반박하며, 쉽게 자금을 얻을 수 있는 신용을 지닌 이들이 자녀교육, 좋은 환경 등을 위해 과도하게 자금을 조달하면서 위험부담을 키운 것이 문제라고 주장한다.

외환위기 이전 기업대출에 적극적이던 우리나라 대형 시중은행들이 일거(一擧)에 몰락하고, 가계 및 주택금융 위주의 은행들 중 일부가 그 빈자리를 챙겨 아예 선도은행으로 자리를 잡았다. 이렇듯 기업금융에 크게 당한 경험을 한 은행들은 위기가 어느 정도 지난 지금까지도 두려움을 완전히 극복하지 못한 것으로 보인다. 한편 투자자들 또한 외환위기를 겪는 과정에서 안정희구성향이 강화되고 따라서 사상 초유(初有)의 저금리에도 불구하고 물밀듯 은행으로 자금을 맡겨왔다. 은행들이 이 막대한 자금을 기업금융보다는 가계대출 및 부동산대출로 운용하여 각종 부작용을 일으킨 것이 오늘날 우리 금융의 현실이다.

이에 더하여 신용카드회사들의 카드 남발(濫發)은 개인이 부채를 끌어다 쓰는 데 보다 쉽고 간편한 수단을 제공함으로써, 금융소비자들을 더 큰 위험에 빠뜨렸다. 아직까지 소비자에 대한 금융교육이 제대로 시행되고 있지 않던 상태에서, 거대 금융회사들이 달콤한 소비의 장밋빛 환상(幻想)을 카드 한 장에 담아 내놓는 마케팅 전략에 무지(無知)한 소비자들은 맥없이 당할 수밖에 없었다. 결국 오늘날 400만 명이 넘는 신용불량자를 양산한 책임의 한 축은 은행과 신용카드 회사를 중심으로 하는 금융회사들에게 분명히 있는 것이다.

> 어떤 일이 잘되리라는 확신을 갖고 그 일을 해보겠다는 결정을 내린다면 이는 대개 동물적 본능에 의한 것이지, 계량화된 확률과 이익을 곱한 결과에 의한 것이 아니다.
>
> ― 케인즈(J. M. Keynes)의 『고용, 이자 및 화폐에 관한 일반이론(*The General Theory of Employment, Interest and Money*)』에서

전문적 금융교육을 받지 않은 일반 소비자들이 계량화된 정보를 바탕으로 부채를 포함한 합리적 개인금융 계획을 짜기를 기대하기는 어렵다. 보다 많은 정보와 이를 분석할 수 있는 방법론을 확보하고 있는 금융회사가 소비자 보호 차원에서 나서서, 개인들이 함부로 부채에 의존하는 것을 막아주는 것은 소비자보호를 강조하는 시대정신의 흐름에 합당한 것이다. 이러한 의무를 소홀히 했거나, 아니면 눈앞의 이익에만 어두워 소비자의 등을 치는 것임을 알면서도 '얼핏 구명정처럼 보이는 손쉬운 대출'을 던져준 금융회사들이라면 그에 대한 합당한 책임을 져야 한다.

대책은 개인파산을 쉽게 하고 연체금리의 제한을 두는 것이다. 채무자가 생각보다 쉽게 개인파산 및 면책으로 빠져나갈 수 있음을 금융회사들이 알게 된다면 신용리스크 관리에 보다 신중해질 것이

다. 연체금리에 제한을 두는 것 또한 비슷한 효과를 가져올 수 있다. 따라서 이번 통합도산법의 시행은 개인파산을 보다 쉽게 함으로써 금융회사들에게 경각심(警覺心)을 주는 큰 계기가 될 수 있을 것이다.

신용불량과 파산은 해당 개인 및 주변 가족들이 경험할 수 있는 여러 가지 아픔 중에서 결코 무시할 수 없는 크기의 것이다. 이는 사람의 정신상태를 혼란스럽게 하고 삶을 불안하게 만들어 우리의 행복에 치명적인 독소(毒素)로서 작용한다. 금융회사를 비롯한 각종 조직들은 전문화(專門化), 거대화(巨大化)되어가고 개인은 점차 왜소화(矮小化)되어가는 현대 사회에서, 설령 개인의 잘못이 문제의 근본 원인이라 할지라도 사회와 거대 조직들은 개인을 도와주어야 한다. 왜냐하면 우리 개인 모두가 행복해지기를 원하고 또한 행복해질 권리를 갖고 있기 때문이다.

> 이미 손실을 입은 사람은 확실한 손실을 받아들이기보다는 도박을 선택하려고 한다.
>
> —카네만(Daniel Kahneman)과 트베르스키(Amos Tversky)의 『불확실성 하에서의 의사판단(*Judgement under Uncertainty*)』에서

/ 필자의 개인 웹 칼럼 2006년 4월

# IB와 MBA

필자는 20여 년 전 증권회사에서 첫 직장생활을 시작했다. 당시 증권회사는 그다지 인기 있는 곳이라고 보기에 어려웠다. 필자의 부모님들께서 굳이 왜 증권회사를 다니려고 하느냐고 물으셨을 때, 필자가 이렇게 대답했던 기억이 난다. '앞으로 10년 이내에 증권회사가 좋아지지 않으면 우리나라의 나머지 분야도 그다지 좋아질 수 없을 것 같다'고…… 당시 20대 중반 미숙한 청년의 무모함과 당돌함에 스스로 얼굴 붉어지는 기억이지만, 당시에 증권회사의 미래에 대한 필자의 확신은 지금도 기억에 생생하다.

어느덧 세월은 흘러 20여 년이 지나 필자는 증권회사를 떠나 대학에서 학생들을 가르치고 있지만, 안타깝게도 우리나라 증권회사는 필자가 기대한 만큼 제대로 발전하지 못한 것 같다. 외형 면에서는 많이 성장했을지 모르지만 실질적인 경쟁력의 개선에 대해서는 의문시된다. 외환위기 이후 은행은 뼈를 깎는 구조조정을 통해 대형화를 이루고, 이른바 '단군 이래' 최대의 좋은 시절을 누리면서 금융업계의 만형으로서 위치를 굳건히 하고 있다. 반면, 증권업계는 아직도 위탁매매 수수료가 수익의 대부분을 차지하는 이른바 '천수답(天水畓)' 경영에서 벗어나지 못하고 있다. 대부분 금융전문가가 향후 금융시장 추세로서 '은행 중심의 간접금융'에서 '자본시장 중심의 직접금융'으로의 이전, 이른바 '탈중개화(脫仲介化)'를 예견했던 것에 비하면 크게 어긋난 것이다.

자본시장은 금융의 증권화를 통해 다수의 투자자에게 리스크를 분산할 수 있으므로 리스크가 큰 프로젝트에의 자금조달에 효과적이며, 투자자들의 욕구에 맞추어 다양한 금융상품을 제공할 수 있다는 장점이 있다. 자본시장의 주인공은 투자은행(investment bank)으로서, 선진국 시장에서 투자은행업무는 금융산업에서 가장 수익성이 높은 분야로 손꼽는다. 그럼에도 불구하고 우리나라 증권회사들이 투자은행으로 발전하지 못하고, 아직까지도 수익구조가 위탁매매 수수료 중심의 저(低)마진구조를 벗어나지 못하고 있음은 크게 안타까운 일이다.

이에 대해 정부는 최근 '금융투자업과 자본시장에 관한 법률' (이하 자본시장통합법)을 제정하면서 증권업계가 일약 투자은행으로 발전할 수 있는 획기적 계기를 마련해주고 있다. 통합법의 주요 내용을 살펴보면 첫째, 자본시장 관련 규제를 기관별 규제(Institution Regulation)에서 기능별 규제(Functional Regulation)로 전환하며, 둘째, 증권, 선물, 자산운용 등의 개별업종이 '금융투자업'이라는 단일업종으로 전환하여, 향후 금융시장 내 전업(專業)의 기본단위를 은행, 증권, 보험으로 3축으로 정리한다. 셋째, 기존의 열거주의 금융투자상품의 범위를 포괄주의(사실상의 negative 규율 체제)로 전환하고, 넷째, 투자자보호를 위해 증권회사의 영업행위에 대한 규제를 강화하는 것이 핵심이다.

법안 발표 이후 금융투자회사의 증권계좌를 통한 결제송금 등 지급결제업무참가 허용 여부를 둘러싸고 은행권과의 갈등이 현재 첨예(尖銳)하지만, 자본시장통합법은 분명 자본시장 내 한국판 'Big Bang'을 가능케 하는 결정적 계기가 될 수 있을 것임에 필자는 확신한다. 이를 반영이나 하듯 은행과 보험권에서는 법안시행을 앞두고 상대적으로 긴장하는 기색이 역력하며, 혹시라도 자신들의 권역에 미치는 불이익이 없을까 면밀하게 분석을 시행하고 있기도 하다.

하지만 증권회사들이 이 법안을 계기로 선물회사, 자산운용사 등과 통합하고 또한 자신들끼리 M&A 등 몸집 불리기를 통해 국제적 경쟁력을 갖는 투자은행(investment bank: 이하 IB)으로 발전하기 위해서는 지금부터 엄청난 노력이 필요할 것이다. 필자가 이미 여러 번 지적한 바와 같이 은행이 지난 7-8년간 겪어낸 구조조정을 생각하면, 이제 증권회사는 겨우 첫 걸음마를 뗀 것이라고도 할 수 있다. 짧은 지면(紙面)에서 대형 IB로 성장하기 위한 제반 조건들을 한꺼번에 다루기에는 한계가 있다. 따라서 이번 글에서는 발전조건 중 가장 중요하다고 보지만 아직까지 소홀히 다루어지는 느낌을 갖는 '금융전문인력 양성'의 문제를 살펴보고자 한다.

투자은행업은 고급 인적자원을 필요로 하는 고부가가치(高附加價値) 산업이며, 따라서 IB의 핵심역량은 전문인력의 확보에 있다.

실제로 국제적 대형 IB들의 비용구조를 살펴보면 직원들에 대한 성과보수가 가장 큰 비중을 갖고 있음을 볼 수 있다. IB들이 이합집산(離合集散)을 통해 끊임없이 대형화를 추구하는 이유 중 하나도 전문인력에 대한 고액(高額) 보상을 제공하기 위해 자금력이 필요하기 때문이다.

일반적으로 상업은행(commercial bank)의 경쟁력이 규모(Size)와 네트워크에 기초한다고 하면, 투자은행의 경쟁력은 인력과 평판(評判)에 기초한다. 그러나 IB를 IB답게 만드는 것은 그중에서도 역시 뛰어난 전문인력이다. 일본이 전 세계에서 규모면에서 10위권 이내의 은행들을 다수 갖고 있음에도 불구하고, 국제금융계에서 미국과 영국에 비해 처진다는 평가를 받는 것은 금융 전문인력을 제대로 양성해내지 못한 것이 주요 원인이다. 실제로 미국의 투자은행을 비롯한 외국계 금융회사들이 일본에서 IB 업무, 특히 M&A 거래중개를 거의 독점하고 있는데 반해, 일본 증권회사는 한국과 비슷하게 위탁매매 중심의 단순 영업전략으로 다양한 서비스를 제공하는 외국증권사에 비해 경쟁력을 갖추지 못하고 있는 것이다.

국내 시장에서도 2005년 10월 기준, M&A 주간사 실적에서 UBS 증권, 모건스탠리, 메릴린치 등 외국계 3개사가 시장 전체의 절반가량을 차지했으며, 2005년 대규모 M&A 주선 업무는 인수자 및 인수대상기업 모두 외국계가 대부분을 차지하였다. 이는 아시아 시장 전체에서 발견되는 공통된 현상이기도 하다. 미국, 영국계가 이와 같은 강한 경쟁력을 갖는 것은 오랜 기간 꾸준히 양성해온 전문인력이 가장 큰 배경이다.

대표적 Global IB로 평가받는 Merrill Lynch, Goldman Sachs, Morgan Stanley, First Boston 등은 다양한 상품개발능력과 전문성 면에서 높은 평가를 받고 있으며, 이를 뒷받침하기 위해 인력투자에 최우선의 노력을 기울이고 있다. Goldman Sachs의 경우 신규상장되는 주식의 약 20%를 직원들에게 배정하는 등 다양한 성과보상 체계를 활용하고 있다(*Financial Times* 2005.10.27일자).

그러나 안타깝게도 국내시장에서 금융 인적자원(human resources)의 전문성은 자타(自他)가 인정하기에 크게 미흡한 것이 현실이다. 2004년 IMD 발표에 의하면 국내 금융 전문인력 수준은 세계 45위, 외국인 고급인력은 42위의 처참한(!) 상황이다(〈표 1〉 참조). 글로벌 투자은행에 비해 보상 체계가 미흡해 전문인력을 확충하는데 애로가 많다는 것이 가장 큰 어려움으로 손꼽힌다.

〈표 1〉 인적자원의 국제순위 비교

(순위)

| | 한국 | 홍콩 | 싱가포르 | 중국 |
|---|---|---|---|---|
| 금융전문인력[1)] | 45 | 11 | 15 | 39 |
| 국제관리인력[2)] | 5 | 2 | 3 | 59 |
| 외국인 고급인력 | 42 | 5 | 2 | 28 |

주: 1) Finance skills are readily available, 2) International experience of senior managers
자료: IMD, World Competitiveness Yearbook, 2004

2005년 여름, 국민경제자문회의는 동북아 금융허브의 달성을 위해서는 금융 전문인력의 존재가 기본적 전제조건이라고 선언하고,

전략적 선도(先導) 분야로 육성할 필요가 있는 선진형 금융분야로서 자산운용, 파생금융상품, 리스크관리, 상품개발 등 주로 IB 업무들을 선정하였다. 그리고 이를 위해 각 분야에서 필요한 전문인력의 수요를 〈표 2〉에서와 같이 추정하였다.

〈표 2〉 분야별 금융전문인력 수요 추정

(단위 : 명, %)

| 전문분야 | 현재인력 | 3년 후 추가 필요 인력 | 10년 후 추가필요인력 |
|---|---|---|---|
| 자산운용 | 2,280 | 750 | 2,210 |
| 리스크관리 | 1,080 | 420 | 1,060 |
| 상품개발 | 480 | 220 | 550 |
| 파생금융상품 | 490 | 340 | 900 |
| A. 소계(A/B) | 4,330(22.5) | 1,730(34.7) | 4,720(40.2) |
| B. 전체 | 19,277 | 4,981 | 11,748 |

주: (    ) 내는 전체 현재인력 또는 추가 필요인력 대비 비율

하지만 필자가 판단하기에 현재 우리의 교육현실은 이상과 같은 금융 전문인력을 단시간 내에 양성해내기에는 너무도 부족하다. 이를 구체적으로 살펴보기 위해서 한국과 미국시장 자료를 비교하도록 한다.

2004년 기준, Global 금융시장규모가 10,113조 원임에 비해 우리나라는 89조 원으로서(자료: Thomson Financial, BAH Analysis), 국내 금융시장 규모는 Global 시장 대비 1% 미만에 불과하다. 같은 해, 국내 전체 투자은행 산업규모는 미국 Goldman Sachs 1개사가

영위하고 있는 투자은행업 규모의 20%에 불과한 실정이다. 따라서 양국 간 시장규모의 절대적 차이를 고려할 때, 인력의 절대 수효 면에서 우리나라 금융 전문인력의 숫자는 상대적으로 적을 수 있다. 하지만 〈표 3〉은 이를 감안하더라도 우리나라 금융 전문인력의 숫자가 형편없이 적음을 보여준다. 2005년 기준, 우리나라 전문인력이 19,277명임에 반해, 미국은 2,926,247명에 달하여 규모가 비교조차 되지 않음을 보여준다.

〈표 3〉 한국과 미국의 금융전문인력 규모 비교

한국 금융전문인력

| | |
|---|---|
| 금융전문인력 수 | 19,277명[1)] |

주: 1) www.president.go.kr '금융전문인력양성방향' (2005. 06)

미국 금융전문인력

(단위 : 명)

| | |
|---|---|
| FDIC – Insured Depository institution[1)] | 2,130,247 |
| Securities Industry employment[2)] | 796,000 |
| Total | 2,926,247 |

주: 1) FDIC(2005. 06. 30) full-time equivalent 기준
2) Bureau of Labor Statistics

지금 당장 금융 전문인력이 태부족(太不足)이라면 앞으로 개선될 희망은 있는가? 금융 전문인력을 양성하는 대표적 기관이 경영전문대학원(MBA)라고 할 수 있다. 다행스럽게도 정부는 문제의 심각성을 깨닫고 2005년 말, 금융전문대학원을 설립함과 더불어 2006년

에는 MBA를 선별 인가함으로써, 국내에서도 본격적으로 금융 전문인력이 양성될 수 있는 길을 터주었다. 그러나 세계 10위권의 경제규모에 걸맞은 금융시장의 전문인력을 양성하기 위해 현재 국내의 MBA 양성 교육기관들은 그다지 충분해 보이지 않는 것이 문제이다.

〈표 4〉는 한국과 미국의 MBA를 간략하게 비교하고 있다. MBA 개설대학과 배출학생의 절대 숫자 등은 양국 시장규모 및 발전정도와 연관되어 상대적 비교가 단순하지 않으므로 생략하도록 한다. 여기에서 필자가 가장 신경을 쓰는 것은 각 대학당 교수 숫자와 그에 따른 개설과목 숫자이다.

동네 구멍가게들이 대형 할인마트와 경쟁에서 패퇴(敗退)당한 가장 큰 이유는 할인마트와 같이 '한 곳에서 다양한 물건을 값싸게 공급'하지 못했기 때문이다. 우리나라와 미국 시장의 규모가 큰 차이나므로, 금융 전문인력의 절대적 숫자에는 차이가 있을 수 있다. 그러나 전문인력이라고 판가름을 받으려면 한국과 미국의 전문인력의 개개인 능력에서는 차이가 나서는 곤란하다. 제대로 된 전문인력을 양성하기 위해서는 다양한 전공의 교수들이 다양한 과목을 개설하는 것이 절대적으로 필요하다. 〈표 4〉를 보면 우리나라에서는 각 대학당 50명 전후의 교수들이 50-60개 정도의 교과목을 개설하고 있다. 이는 미국의 절반에도 채 미치지 못하는 수준이다. 다양한 교과목이 개설된 미국 대학에서 다양한 전공의 금융전문가들을 배출할 때, 우리나라에서는 기본교육만 받은 인력을 간신히 양성한다고 하면 양국간 이미 벌어진 격차를 극복하기는 고사하고 오히려 격차가 점점 더 벌어질 수도 있다.

〈표 4〉 한국과 미국의 경영대학원 비교

1. 한국

| | MBA 설치대학 | 입학정원 | 교수숫자 | 개설과목 수 |
|---|---|---|---|---|
| 기 운영중인 대학원 | 성균관대 | 100 | 44 | 72 |
| | 세종대 | 80 | 32 | 29 |
| | 서울과학종합대학원 | 50 | 46 | 18 |
| | KDI | 80 | 14 | 23 |
| | 경기대 | 40 | 14 | 60 |
| 예비인가 (2006. 3) | KAIST | 240 | 53 | 150 |
| | 고려대 | 412 | 85 | 49 |
| | 서강대 | 292 | 51 | 75 |
| | 서울대 | 100 | 47 | 44 |
| | 연세대 | 257 | 54 | 43 |
| | 이화여대 | 140 | 35 | 43 |
| | 한양대 | 260 | 38 | 98 |
| 총계 | 12 | 2051 | 513 | 704 |

자료 : 교육인적자원부 보도자료
각 학교 홈페이지 참조

2. 미국

(1) 프로그램별 MBA 설치대학 수

| | 2 year full time | 1 year full time | part time | exec. program |
|---|---|---|---|---|
| MBA 설치대학수 | 334 | 213 | 559 | 169 |

자료 : Pritzwalks Ltd.

(2) 순위별 MBA 설치대학(full-time MBA 기준)

| Overall Ranking[1] | MBA 설치대학 | 입학정원 | 교수숫자[2] | 개설과목 수 |
|---|---|---|---|---|
| 1 | Northwestern University | 535 | 146 | 323 |
| 2 | Dartmouth College | 262 | 45 | 89 |
| 3 | Stanford Graduate School of Business | 371 | 96 | 199 |

| Overall Ranking[1)] | MBA 설치대학 | 입학정원 | 교수숫자[2)] | 개설과목 수 |
|---|---|---|---|---|
| 4 | University of Chicago | 520 | 127 | 151 |
| 5 | New York University | 364 | 194 | 147 |
| 6 | University of Michigan | 434 | 109 | 173 |
| 7 | Columbia Business School | 502 | 124 | 163 |
| 8 | University of California at Berkeley | 230 | 99 | 93 |
| 9 | Massachusetts Institute of Technology | 374 | 92 | 221 |
| 10 | University of Virginia | 305 | 60 | 110 |
| 11 | CLA Anderson School of Management | 328 | 77 | 112 |
| 12 | Cornell University | 306 | 55 | 83 |
| 13 | Yale School of Management | 215 | 54 | 104 |
| 14 | Hult International Business School | 56 | 5 | 32 |
| 15 | Emory University | 155 | 83 | 70 |
| 16 | Duke University | 402 | 105 | 157 |
| 17 | Carnegie Mellon University | 151 | 99 | 106 |
| 18 | York University | 263 | 99 | 123 |
| 19 | Ohio State University | 97 | 102 | 90 |
| 20 | Univ. of North Carolina at Chapel Hill | 277 | 100 | 123 |
| 21 | Washington University in St Louis | 141 | 63 | 111 |
| 22 | University of Iowa | 62 | 68 | 85 |
| 23 | University of Notre Dame | 129 | 113 | 77 |
| 24 | Univ. of Illinois at Urbaba–Champaign | 94 | 95 | 96 |
| 25 | University of Southern California | 276 | 129 | 181 |
| 총계 | 25 | 6849 | 2339 | 3219 |

1) The economist 'Economist Intelligence Unit'(2005)

2) Full-time faculty 기준

자료 : 각 학교 홈페이지 참조

MBA 교육과정 다양화 문제를 단(短)시간 내에 푸는 것은 쉽지 않아 보인다. 특히 경영 전공 교수들이 크게 부족한 작금(昨今)의 상황에서는 더욱 어려워 보인다. 우수한 학생들을 국내외에서 교수요

원으로 적극 양성하여 교육의 공급능력을 확충하는 것이 장기적인 전략이라면, 단기적으로는 국내 MBA 교육기관들 간 컨소시움을 고려해볼 수 있다. 입학은 각자 대학에서 하되 교육은 컨소시움에서 공동으로 다양한 교과목을 개설하여 받도록 하고, 역시 졸업은 각자 대학으로 돌아가서 하는 방식을 우선적으로 생각해볼 수 있다. 이를 위해서는 각 대학이 기득권을 포기하여 자신들이 가장 잘 가르칠 수 있는 경쟁력 있는 교과목들을 컨소시움에 내놓고, 컨소시움에서는 교과목들 간 중복이 없도록 조정하여 학생들에게 미국 대학들과 경쟁할 수 있을 만큼 우수하고 다양한 과목들을 제공할 수 있다.

IB 업무와 관련한 제반 역량(자본력, 상품설계능력, 영업 네트워크, 명성 등)을 키우는 데는 상당한 시간이 소요될 것이다. 역시 이 모두가 결국은 전문인력의 몫이기 때문이다. 그러나 지금 당장 내 손에 먹고 싶은 사과가 없다고 하여 실망하기보다는, 지금이라도 사과나무 묘목(苗木)을 심는 심정으로 전문인력 교육에 신경을 써야만 한다. 한국전쟁 이후 허허벌판에서도 판잣집으로 학교삼아 '어디에 쓰일지도 모르는' 인재(人才)를 양성해온 결과 오늘의 대한민국을 이루어냈다. 뚜렷한 목표와 경쟁상대가 눈앞에 보이는 지금은 더욱 박차(拍車)를 가할 수 있지 않을까?

/ 필자의 개인 웹 칼럼 2006년 5월

# 월드컵과 장마

한국이 16강 진출에 실패하면서 월드컵 축구에 대한 광적인 열풍이 조금 줄어들었다. 온 국민을 결집시키는 한마당 잔치로서 축제의 긍정적 면을 충분히 인정하지만, 3개 공중파 방송을 동시에 장악하여 시청자의 선택권마저 제압하는 분위기는 아무리 생각해도 지나치다. 여러 전문가들마다 이렇게 놀라운 광풍(狂風)에 대한 분석을 내놓고 있는데, 필자의 판단으로는 우리 현실이 점차 각박하고 어려워져가는 것이 그 중 한 원인이 아닐까 싶다. 우리 모두가 답답한 스트레스를 발산할 계기가 필요한 것이다. 그러나 이를 인정하면서도 필자의 입 속에서는 계속 다음 노래가사만 맴돌고 있음을 발견하게 된다.

> 술 마시고 노래하고 춤을 춰 봐도 가슴에는 하나 가득 슬픔뿐이네, 무엇을 할 것인가 둘러보아도 보이는 건 모두가 돌아앉았네……

고통은 외면한다고 사라지지 않는다. 끝을 모르고 올라가기만 하던 자산가격이 월드컵 직전 사실상 붕괴(崩壞)하기 시작했다. 국내 주가만이 아니다. 분산투자 차원이든 더 나은 투자기회를 추구하였든 어쨌든 선풍적인 인기를 끌었던 해외펀드의 수익률 또한 급락하였는가 하면, 금과 구리 등 원자재 가격도 무서울 정도로 빠른 속도로 하락 대열에 동참하였다. 국내 부동산은 아직까지 우려할 만한 조짐을 보이고 있지 않지만, 정부가 다른 모든 것을 포기하고서라도 부동산 가격만은 잡겠다는 무서운 오기(傲氣)로 전면전(全面戰)을 펼치는 한 전반적 가격하락이 예상된다. 금융감독 당국이 은행의 신규 주택담보대출을 제한하면서 후폭풍이 일고 있어, 주택담보대출 금리가 올랐고 일부 시중은행 지점은 주택금융공사의 서민용 보금자리론(옛 모기지론) 대출까지 중단했다. 돈을 굴릴 데가 하루아침에 없어진 형국이다.

> 투자자들의 기대심리가 변해 커다란 접시에서 넘쳐흐르는 물의 방향이 다른 곳으로 바뀌면 그 결과로 돈 부족사태가 생겨 극심한 경기변화가 일어난다. 세계화한 경제에서 경기확장의 끝 무렵은 흔히 광적인 국면이며, 이런 국면에서는 외국인 투자자들이 붐을 주도하는 세력이 된다. 그런데 이런 국면에서 어떤 이유에서든지 외국인들이 투자를 줄이거나 시장에서 빠져나가면 필연적으로 위기가 오기 마련이다.

윗글은 2006년 현재의 시장을 분석한 것이 아니다. 마크 파버(Marc Faber)가 2002년에 쓴 책, 『내일의 금맥(*Tomorrow's Gold*)』

에서 1837년 미국의 공황을 분석한 글이다. 아래에 또 다른 글이 있다. 1873년 세계경제위기에 관한 경제학자 헨리 하이드먼의 논문「19세기의 상업공황(Commercial Crises of the Nineteenth Century)」의 일부이다. 이 글들을 보면 오랜 시간이 지나면서 정책수단이나 경제이론들이 치열한 경쟁을 통해 발전했음에도 불구하고, 인간이 갖는 기본적 탐욕과 오만에 의한 판단 실수는 사라지지 않음을 알 수 있다.

> 주식중개만 하는 금융회사들이 너무 많이 설립돼 상황을 더욱 나쁘게 만들었다. 금융회사와 회사들은 원래의 제 역할을 망각했고, 개인들은 주식시장에서 복권이나 다름없는 투기에 휘말려들었다. 대도시를 중심으로 주택담보대출이 지나치게 많아져 주택투기가 과열됐다…… 투기로 인해 부동산가격은 비정상적으로 높은 가격으로 급등했다. 부동산담보 대출 규모도 엄청나서 부동산가격이 폭락할 경우 많은 사람들이 쪽박을 차게 될 상황이었다.

안타까운 역사가 반복될 것인가 여부는 현 단계에서 극히 불투명하다. 최근의 급락을 지난 수년간의 자산가격 폭등에 따른 자연스러운 조정과정이라고 보는 견해도 있지만, 필자는 이제 대세의 하락을 조심스럽게 걱정하기 시작했다. 판단의 가장 큰 배경으로는 그동안 우리가 애써 무시하려고 했지만 '분명하게 현존(現存)하는 리스크', 즉 인플레이션과 그에 따른 금리인상 가능성이다.

그동안 주식, 부동산 등 자산시장이 누린 호황은 국제 원자재 가격이 비교적 안정된 가운데 중국이 엄청나게 저렴한 인건비를 바탕으로 이른바 '세계의 공장'으로서 값싼 물건을 순조롭게 공급해온 데 기초한다. 이러한 배경이 뒷받침되었기에 1997년 전 세계를 휩쓴 금융위기에 각 국은 금리를 대폭 낮춤으로써 대응할 수 있었다. 저물가-저금리라는 황금결합은 지구촌 대부분의 국가에서 주식시장과 부동산 시장의 폭등을 가능케 해준 것이다.

그러나 상황은 빠르게 변했다. 중국에 이어 인도까지 가세하여 세계의 공장을 가동하지만, 지구상의 제한된 부존자원(賦存資源)으로 인해 인플레이션은 심각한 위협을 받기에 이르렀다. 최근의 국제원자재 가격 급등과 이에 따른 투기세력의 적극 동참은 이를 반영한다. 그러자 낮은 인플레이션을 기반으로 유지되어온 각국 금리가 들썩이기 시작한 것이다. 지난 10여 년간 유지되어온 근래 보기 드문 국제적 저금리 추세가 그 마감을 고하려 하고 있다. 금융위기 극복이라는 명분 아래 막대하게 풀려나온 국제 유동성이 이제 집으로 돌아갈 준비를 하기 시작했다.

또 다른 걱정은 외환시장에 있다. 미국은 더 이상 쌍둥이 적자를 감당하기 어려울 것이다. 계속하여 적자를 유지할 경우 세계경제는 현재의 폭락을 일시적 조정이라고 폄하(貶下)한 채 자산가격의 고공(高空) 행진을 당분간 이어갈 수 있을지도 모른다. 그러나 이는 환부(患部)를 더 곪게 만들 뿐이다. 결국 미국은 '세계의 소비시장'으로서 역할을 (적어도 조금은) 약화시킴으로써 적자에 대응하려 할 것이며, 이는 달러화의 약세 및 아시아권 국가, 특히 중국, 일본 및 한국 통화의 강세로 나타날 것이다. 그렇다면 이제 우리가 걱정해야 할 것은 연착륙(soft landing)이다.

필자가 비경제전문가들을 대상으로 하는 외부강의를 나가서 느끼는 당혹감 중 하나는 많은 사람들이 현재 한국 경제가 불황의 터널을 지나고 있으며, 따라서 목마르게 경기회복을 기다린다고 하는 사실이다. 그러나 이는 대다수 경제전문가들의 의견과 상반된 것이다. 우리 경제는 내수와 투자 부분에서 부진했지만 수출 호황으로 인해 지난 수년간 사실상 '따뜻한' 시절을 보낸 셈이다. 필자가 이전 칼럼들에서 주장한 것은 한국과 같은 개방된 소국(小國)은 이러한 국제적 호황의 흐름을 절대 놓쳐서는 안 된다는 것이었다. 그러나 바깥세상이 따뜻할 때 우리는 과거청산과 양극화 논쟁 속에서 좋은 기회들을 많이 놓치고, 이제 추운 겨울로 접어드는 계절의 길목에 안타깝게 서 있다.

그렇다면 이러한 상황에서 재테크 전략을 어떻게 재구성해야 할 것인가? 한 번 폭등했던 시장은 단 한 번에 하락세로 접어들기보다는 여러 번의 급등락을 통해 시장참가자들을 충분히 혼란시킨 다음 하락추세를 견고히 하는 경우가 많다. 따라서 당분간은 자산시장에서 상품별 부침(浮沈)이 어지럽게 나타날 가능성이 크다. 필자는 이러한 파도 속에서 서서히 유동성을 확보하고 고정수익 자산(예금과 채권 등)의 비중을 확대하는 전략을 취하고자 한다. 금리 상승기에 이러한 전략을 취하는 것은 교과서에서 권하지 않는다. 그러나 자산시장의 거품이 붕괴한다는 것은 사실상 '돈의 가치'가 올라간다는 의미이며, 만기보유를 가정한다면 고정수익 자산 투자는 바람직할 것으로 판단된다. 물론 가장 바람직하기는 금리상승이 마무리되는 시점에서 이에 투자하는 것이겠지만, 우리는 미래를 예측할 수 없다.

> 투기에 불이 붙으면 한 사람의 확신은 금세 다른 사람에게 전염된다. 투기병에 감염된 사람은 시장의 수요, 공급에 관한 합리적인 정보에 의해 투자결정을 하지 않고, 다른 사람들이 자기보다 먼저 무엇을 했느냐는 정보에 따라 투자 결정을 내린다.
>
> ―존 램지 맥컬럭(J. R. McCulloch)의 『정치경제학의 원리(*Principles of Political Economy*)』에서

투자결정은 항상 그러하듯 외로운 과정이다. 특히 투기의 광풍(狂風)이 휩쓸고 간 시장에서 다른 사람과 달리 길을 잡을 때는 더욱 그러하다. 매를 맞아도 같이 맞으면 덜 아프기 때문일까?

월드컵이 끝나면서 장마가 본격적으로 시작됐다. 우리나라에서 연중 강우량의 상당 부분이 이 시기에 몰린다고 한다. 수많은 산과 강, 사람이 건설한 댐으로도 담지 못한 물들은 쓸모없이(?) 바다로 흘러간다. 차라리 비가 연중 골고루 내려서 부족한 물의 쓰임새를 높여주면 좋으련만, 장마, 홍수, 가뭄을 반복하는 것이 아쉽다. 그러고 보니 자산가격도 비슷하다. 적정가격을 반영하면서 천천히 오르고, 따라서 과잉상승(overshooting)에 따른 극심한 조정 같은 것도 없으면 좋으련만…… 자연에서 장마와 가뭄이 그러하듯이, 자산시장에서도 과열(過熱)과 폭락(暴落)은 어쩔 수 없이 반복되는 것인가보다.

/ 필자의 개인 웹 칼럼 2006년 6월

# 시대유감(時代有感)

김병준 전(前) 교육부총리를 둘러싼 시끄럽던 논쟁이 본인 사퇴와 더불어 폭염(暴炎) 속에 마무리되었다. 이 사회의 개혁을 주장하던 분 스스로가 과거의 더러운 '관행'을 변명의 도피처로 삼는 모습에서 필자는 같은 교수로서 모멸감과 함께 절망감을 느꼈다. 김 전(前) 부총리는 참여정부의 대표적인 실패작 두 가지, 즉 부동산 및 교육문제와 직접 관련이 있었다는 점에서 이번 사건은 여러 면에서 상징적이다.

참여정부의 성과에 대한 평가에서 필자가 궁금하게 생각하는 것은 그들이 신경을 많이 쓴 순서대로 일이 엉망으로 된 것 같다는 느낌이다. 부동산시장 안정과 양극화 해소, 사교육비 절감과 공교육 정상화는 현 정부가 정말 중점을 두고 추진했던 사항이지만, 오늘날 국민들의 가장 큰 고통의 원인이 되고 있다. 정부와 여당에 참여하고 있는 사람들이라면 정말 심각한 문제이었기에 자신들이 중점을 두고 일을 추진해온 것이 아닌가 하고 반문하겠지만, 선후(先後)에 대한 필자의 생각은 다르다. 우리말의 '긁어 부스럼 만든다'는 경우가 여기에 해당한다 싶은 것이다.

참여정부는 1997년 외환위기 이후 신자유주의 도입과 더불어 나타난 양극화의 문제를 완화시키기보다 오히려 이를 증폭시킨 책임이 있다. 서민을 위한 정치를 표방하고 나선 현 정부로서는 이처럼 억울한 비판이 없겠지만 말이다. 필자가 여러 번의 칼럼을 통해 주장한대로 최근 양극화의 핵심은 부동산가격 폭등과 불가분(不可分)이며, 이번 부동산 가격 상승은 인위적인 저금리 기조 유지 때문이다.

> 신용팽창은 경제시스템의 환경변화로 금리상승 요인이 발생했음에도 불구하고 은행들이 기존 금리를 유지하거나 금리를 충분히 더 올리지 않는 경우에 흔히 발생한다. 기대수익률이 상승하는데 은행들이 금리를 유지하거나 제때 충분히 올리지 못하게 되면, 금리와 기대수익률 사이의 괴리에서 자연적으로 신용에 대한 수요가 늘어나게 된다.
>
> ─빌헬름 뢰프케(Wilhelm Röpke)의 Crises and Cycles에서

저금리와 이에 따른 신용팽창에서 비롯된 부동산가격 상승에 대해 정부는 서울 강남으로 대표되는 기득권층의 투기로 몰아쳤다. 오랜 동안 한집에서 살아온 사람조차 본인이 '결코' 추진하지 않았던 가격상승의 책임을 지고 '엄청난' 세금을 내야 하는 억울함도 '가진 자들의 엄살'로 폄하(貶下)한 장본인이 이번 사건의 장본인인 김 전(前) 부총리이다. 가격은 공급과 수요의 균형에서 결정된다는 경제의

기본 원리조차 무시한 채, 계속적인 부동산공급 억제정책만을 내세워 가격상승을 오히려 부추겨온 것이 현 정부이다. 서울 '강남'이라는 단어를 최고책임자가 거듭 강조하여 이른바 '부동산명품'으로 만들어주더니, 밑의 실무자들은 이에 더하여 'Bubble Seven'이라는 '신(新) 명품지역'을 자발적으로 공인(公認)해주었다. 주식시장으로 말하면 오를 종목을 정부가 찍어준 셈이다.

'하늘이 무너져도' 참여정부가 잡고 싶어하던 부동산시장은 이제 머지않아 안정될 것으로 보인다. 그들이 추진해온 과세정책이 효과를 보이기 시작한 것도 있겠지만, 필자는 서서히, 그러나 지속적으로 상승하기 시작한 금리의 영향이 더 클 것으로 생각한다. 그러나 부동산가격의 하락을 기뻐만 할 수 없는 것이 우리의 현실이다. 머리가 아플 때 아스피린을 먹지만 두 알 정도가 적당하다. 약을 먹고 나서도 금방 낫지 않는다고 계속 약을 먹어대면 크게 몸을 상할 일이다. 나무를 벨 때도 쓰러질 방향을 겨냥해서 조심스럽게 접근하는 것을 현 정부는 '증오에 찬' 칼날로 이를 베는 데만 급급했던 것은 아닌 가 반성해볼 필요가 있다. 부동산가격의 폭락에서 가장 큰 피해를 볼 것은 이 사회의 중추(中樞)인 중산층이기 때문이다.

필자는 양극화의 주된 책임이 정부에 있다고 무리한 주장을 펴는 것이 결코 아니다. 양극화는 세계화 및 신자유주의의 확산과 더불어 전 세계적으로 공통적으로 나타난 시대적 조류이다. 현 정부의 책임은 이에 따른 부작용을 완화하고 보다 바람직한 사회를 건설하기보다는, 이를 우리 사회의 계급 간 갈등의 문제로 확산시켰다는 데 있다.

행복의 기준은 '절대적 가짐'의 크기에만 있는 것이 아니다. 주변 사람들과의 상대적 괴리감 및 내가 바라는 이상과 현실 간의 격차 또한 행복에 큰 영향을 줄 것이다. 원해서 그랬든 원치 않고 그랬든 상관없이 현 정부는 이 사회를 가진 자와 갖지 못한 자로 나누어 서로를 적대시하게 하는 데 분명한 일조(一助)를 해왔다. 그리고 그 결과로서 가진 자와 갖지 못한 자, 그 어느 편에도 바람직하지 못한 상황이 되어 버린 것이 작금(昨今)의 현실이다.

A라는 사람이 있다. 가만히 있어도 먹고 살 만한 재력이 있다. 그런데 어렵사리 새로운 투자를 일으켜 100을 벌고 30을 세금으로 낸다. B라는 사람이 있다. 상황이 여의치 않아 A가 낸 세금 30으로 당분간 생활을 하며 미래를 도모하고 있다. 이때 B가 자신은 겨우 30만큼만 쓰는데 A는 100에서 30을 뺀 나머지 70을 다 쓰는 것에 대해 세상이 불공평하다고 불만을 터뜨리면 A가 할 일은 자명하다. 국내에서는 차라리 아무 일도 벌이지 않으면서 조용히 갖고 있는 것으로 먹고 산다. B는 이것조차 불만이다. 이를 '자본의 파업'이라고 비난하면서 A에게서 세금을 더 거두어 분배를 강화하고 그럼으로써 양극화를 해소해야 한다고 주장한다. 그에 대한 결과는 이미 역사가 증명을 끝냈다. A는 자신을 보다 존중해주는 다른 동네에 가서 일할 것이다. 남은 물은 썩어간다. 겉으로는 평등하지만 모두가 가난하다. 가진 자는 열심히 일하기가 싫고 갖지 않은 자는 일하고 싶어도 할 수가 없다. 지금의 중국과 러시아, 과거 공산주의의 양대 종주국(宗主國)이던 이들 나라에서도 조차 부자들은 급속하게 성장하고 있다. 그런데 자본주의를 국가경영의 원칙으로 하는 대한민국에서 왜 가진

자들은 이렇게 불안해야만 하는가? 그리고 그 불안의 피해를 왜 서민들이 대부분 짊어져야만 하는 것인가?

지금이라도 정부는 양극화의 해소에 관한 원칙을 재정립할 필요가 있다. 가진 자와 갖지 못한 자의 차이를 좁히려는 노력은 지금이라도 멈추기 바란다. 과세와 분배를 통해 이는 단기간에 시행할 수 있는 것이지만 그 여파는 이루 상상할 수 없는 재앙(災殃)이 될 것이다. 그리스 신화에 나오는 프로크루스테스(Procrustes)는 나그네를 자기 집에 묵게 하고는 키가 작은 사람은 큰 침대에, 키가 큰 사람은 작은 침대에서 재웠다. 그리고 나그네를 침대에 묶고 침대의 길이에 맞게 그들의 몸을 잡아 늘리거나 잘라내거나 했다. 이건 아니다!

정부는 차라리 가진 자들이 '신바람 나게' 투자하고 국내 소비를 늘이게끔 격려하고, 갖지 못한 자들을 위해서는 사회안전망을 확충하고 재기(再起)를 위한 지원과 더불어 빈부의 세대이전을 차단하기 위한 조치로서 공교육의 정상화를 적극 추진하여야 한다. 부동산으로 대표되는 빈부격차가 지금 세대의 삶을 우울하게 만든다면, 공교육의 붕괴와 사교육비의 폭발적 증대는 우리 사회의 미래에 대한 희망조차 앗아가고 있다. 부동산정책에서 김 전(前) 부총리가 벌여온 실패들을 지켜본 사람들로서는 미래의 희망을 그에게서 찾기가 난망(難望)하다는 것을 느꼈고, 그랬기 때문에 교육부총리직 유지에 적극 반대했을 수 있다.

최근 인기 있는 책 중에 레이코프의 『코끼리는 생각하지 마』가 한국에 소개됐다. 코끼리를 생각하지 말라는 것은 기존의 프레임에 빠지지 말라는 뜻을 담고 있다. 부동산 투기를 없애 양극화를 해소하며, 교육기회균등을 통해 보다 나은 사회를 만들겠다는 목표 자체에는 반대하는 사람이 없을 것이다. 그러나 그 와중에서 자꾸 코끼리를 언급하면 할수록 목표와는 멀어지는 현 정부의 성과를 보는 마음은 답답하기만 하다. 과거 유신(維新)과 군사독재 시절에는 깊은 좌절감 속에서도 미래를 향한 팽팽한 긴장감이 우리 사회의 발전 가능성을 내포(內包)하고 있었다면, 지금의 우리는 되는 것도 없고 안 되는 것도 없는 것 같은 무기력감 속에 모래알처럼 흩어지는 기분이다. 만인(萬人)의 만인(萬人)에 대한 투쟁으로까지 이어지지 않도록 지금이라도 서로를 좀 더 사랑하고 보듬었으면 하는 마음이다. 이번 여름은 참으로 덥다!

/ 필자의 개인 웹 칼럼 2006년 7월

# 바다이야기

험준한 산을 넘고 깊은 내를 건너간다. 새로운 발자국 내딛는 걸음마다 두려움 속에서 미래에 대한 희망이 싹터도 부족할 마당에, 길을 인도하는 자들은 자중지란(自中之亂)에 날 새는 줄 모른다. 이미 지나온 길에서 누가 잘했네, 못했네 서로 물고 뜯는 가운데, 우리는 지금 어디로 가는지 모르는 채 하루하루 무거운 걸음만 옮기고 있다. 제대로 된 지도자의 가장 큰 덕목(德目)들 중 하나가 구성원들에게 비전을 제시하고 흔들리지 않는 믿음과 용기로 이끌어가는 것이건만, 우리의 지도자라 불리는 사람들은 이전투구(泥田鬪狗)에서 시정잡배(市井雜輩)들과 하등 다를 바가 없어 보인다. 올 여름 마지막 더위에 지친 우리 국민들에게 '바다이야기'는 이렇게 또 다른 역겨움으로 다가왔다.

사행성 성인게임기 '바다이야기'는 바다생물 그림이 위에서 아래로 내려오다 멈췄을 때 특정한 배열을 이루면 점수를 얻거나 상품권을 받는 게임으로서, 이른바 '연타'와 '예시' 기능을 넣어 사행성을 강화시켰다. 그런데 이렇듯 시끄러운 '바다이야기'조차 수많은 경쟁 프로그램들 중 하나에 불과하다고 하니, 우리가 쉬쉬하는 사이에 온 나라가 도박열풍에 이미 깊숙이 침몰해온 것이다.

도박은 인류와 더불어 시작된 아주 오랜 역사를 갖는다. 오늘날 확률 및 통계이론과 금융리스크 관리가 도박에서 비롯된 것은 널리 알려진 사실이다. 르네상스 시대 카르다노(Cardano)가 '운에 맡기고 하는 승부에 관한 책'을 서술한 이래, 파스칼(Pascal), 페르마(Fermat), 드메르(De Mere) 등이 확률론을 완성한 것은 도박에서 발생하는 궁금증을 풀고자 한 노력의 결과이었던 것이다. 이후 이어진 연구에서 베르누이(Daniel Bernoulli)는 '크건 작건 간에 부(富)의 증가로부터 비롯되는 만족감은 이전에 소유하고 있던 재화의 양에 반비례한다'는 단언을 통해 보통사람들이 리스크를 회피하는 이유를 최초로 설명해냈다. 오늘날 금융상품들이 '저위험-저수익, 고위험-고수익'의 구조를 갖게 된 배경이다.

케인즈(J.M. Keynes)는 『확률론(*A Treatise on Probability*)』(1921)에서 확률이론과 실생활의 괴리를 주장하면서 주관적 판단의 중요성을 강조했다. 객관적 확률이란 존재하지만 파악되지 않으며, 다만 추정에 의해서 주관적 확률을 구할 수밖에 없다고 본 것이다. 도박중독에 빠지는 사람들 다수가 자신에게 '대박'이 터질 주관적 확률을 실제 확률계산에 의한 객관적 확률보다 훨씬 높게 계산한다는 것은 이미 잘 알려진 사실이다. 그렇다면 비합리적인 사람들만이 도박에 빠지게 되는 것일까?

심리학자인 카네만(Daniel Kahneman)과 트베르스키(Amos Tversky)는 인간의 감정과 인지장애(cognitive difficulties)가 종종 합리적 의사결정을 방해한다고 보았다. 따라서 기대이익 관점에는 리스크 회피인 반면, 기대손실에서는 리스크를 추구하는 모순현상을 종종 보인다는 것이다. 이는 도박에서 따고 있을 때는 몸을 사리지만, 잃고 있을 때는 집을 팔아서라도 크게 베팅하는 비상식적 행동들을 설명해준다. 또한 탈러(Richard H. Thaler)는 근시안적(myopic)이며 결정에 대한 뒤늦은 후회 등 인간적 결함이 합리성을 저해하며, 불확실성은 비합리성의 결과라고 주장하여 오늘날 행태재무학(behavioral finance)을 등장시키기도 했다.

도박에 대한 연구들이 오늘날 학문발전에 크게 기여했다는 것이 도박의 존재 당위성(當爲性)을 인정해주지는 못한다. 도박은 일확천금(一攫千金)의 망상(妄想)을 심어주어 건전한 근로의욕과 근검절약(勤儉節約) 정신에 치명적 해를 끼친다.

'바다이야기' 사건의 논점은 두 가지로 요약된다. 첫째는 이와 같은 게임들이 건전한 '여가선용 게임'인가 아니면 '사행성(射倖性) 도박'인가 하는 것이다. 여가선용 게임을 통해 며칠 밤을 새워 전 재산을 날리고 노숙자로 전락하기는 참으로 어렵다. 이 게임들이 여가선용이라면 강원랜드를 태백에 세울 이유가 없었고, 시내 호텔 카지노에 내국인 입장을 금할 이유도 없다. 경찰이 포커판과 고스톱판을 덮쳐 노름꾼들을 잡아들일 명분도 없어진다. 지록위마(指鹿爲馬)의 뻔뻔함도 '바다이야기'에는 못 미친다.

두 번째 논점은 이번 사건이 정책적 실수인가 아니면 권력형 비리인가 하는 점이다. 이를 담당한 관료들과 정치인들에게서는 이러한 구분이 생사(生死)를 가름하는 중요한 이슈일는지 모르지만, 이번 사건의 가장 큰 피해자인 서민 이용자들에게는 그야말로 하릴없는 것이다. 도박의 폐해가 수천 년 동안 이미 잘 알려져 와서 전혀 새로운 사실이 아닌데, 실수였건 고의였건 그것은 한낱 정치싸움에 불과할 뿐 국민들 입장에서는 거기서 거기인 참으로 개탄스러운 일이 아닐 수 없는 것이다.

다산 정약용은 목민심서(牧民心書)에서 다음과 같이 주장하였다.

> 살피건대 (도박을 금하고 처벌하는) 청률(淸律)이 대명률(大明律)에 비해 배(培)나 엄하고 무거운 것은 습속(習俗)이 날로 저하되어 거기에 빠지는 것이 더욱 깊어졌기 때문이다. 우리나라에도 역시 도박에 대한 금령(禁令)이 있으나 지패(紙牌) · 투괘(骰牌) · 장기 · 쌍륙 따위를 점포에 걸어놓고 일상적인 상품으로 팔고 있으니, 이는 그 근원을 터놓고 그 흐름을 막는 격이라 어찌 금할 수 있겠는가? 재상(宰相) · 명사(名士)들과 승지 및 옥당 관원들도 이것으로 소일하니 다른 사람들이야 말해 무엇 하겠는가? 소나 돼지 치는 자들의 놀이가 조정에까지 밀려 올라왔으니 역시 한심한 일이다.

인류의 역사는 발전하는가, 아니면 향상(向上)과 퇴보(退步)의 과정을 단순 반복할 뿐인가? 역사에서 배우지 못한다면 우리에게 미래는 자체로서 암담할 따름이다. 어찌하여 우리 모두는 전 국토를 도박판으로 만드는 황당한 일을 동조(同調)했거나 좌시(坐視)하고 만 것일까?

필자는 인간에게 도박을 즐기는 부정적 유전인자가 뿌리 깊게 존재함을 인정한다. 이는 독버섯과 같아서 잠시 틈을 주면 우리 삶을 쉽게 황폐화시킬 위험성을 갖고 있어 엄금(嚴禁)의 대상이다. 그런데 최근의 우리 사회는 점차 도박을 인정하고 키워가는 방향으로 움직여왔음을 부인할 수 없다. 경마(競馬), 경정(競艇), 경륜(競輪)에 더하여 공익사업 지원이라는 눈속임 속에 '로또'가 우리의 정신세계를 좀먹고 있다. 지역발전이라는 명분으로 내국인 카지노를 만든 것도 이해하기 어려운 것이다. 이제 급기야는 '바다이야기'와 더불어 인터넷 도박게임들이 우리 삶의 마지막 보루인 안방까지 도박의 독(毒)을 퍼뜨리기 시작했다.

물신주의(物神主義)의 맹폭(猛爆) 앞에서 휘청거리는 대중은 외환위기 이후 가속화된 양극화(兩極化)에 깊이 좌절한다. 잃을 것이 그다지 많이 남아있지 않다는 자괴심(自愧心)은 대중들을 도박의 유혹에 점점 더 심취하게 만들 가능성이 크다. 이제 우리 사회가 해야 할 일은 '바다이야기'로 대표되는 게임들이 여가선용이냐, 사행성 도박이냐, 그리고 이번 사건이 정책적 실수이냐, 권력형 비리이냐 하는 우습지도 않은 말단(末端)에의 집착을 버리고 사회기강을 바로 세우는 것이다. 어떻게 하는 것이 국민 모두를 잘살게 하며 양극화를 해소할 수 있는가, 그리고 물질 소비만이 아닌 정신세계에서 궁극적 행복을 찾는 길은 무엇인가라는 보다 본질적인 이슈로 문제의 핵심을 잡아야 한다. 이들 핵심문제를 해결하지 않는다면 오늘의 '바다이야기’는 내일 또 다시 어떤 형태로든 부활할 것이 자명(自明)하기 때문이다. 미래에 대한 희망이 없는 사회, 그것이야말로 우리가 가장 두려워해야 할 것이다.

필자에게 ‘바다’라는 단어는 고향, 엄마라는 단어들과 함께 참으로 편안함을 주던 것이다. 횟집 이름으로 썼으면 좋았을 법한 ‘바다이야기’ 파문 속에 바다에 대한 좋은 인상이 사라질까 아쉽다. 그러기 전에 마지막 올 여름 바다를 보기 위해 드라이브라도 다녀올까 보다.

/ 필자의 개인 웹 칼럼 2006년 8월

# 인문학의 위기와 금융

질풍노도(疾風怒濤)의 청소년기를 지내면서 '삶이란 무엇인가, 어떻게 살아야 하는 것일까?' 하는 문제로 고민해보지 않은 사람은 아마도 드물 것이다. 그러나 교과서 중심의 주입식(注入式) 교육은 필자의 '타는 목마름'을 충족시키기에 태부족이었다. 시(詩)나 소설을 수학공식처럼 분해하여 문법을 따지고 숨은 의미를 찾아야만 하는 부담 속에, 문학은 가까이하기엔 너무 먼 당신으로 자리 잡았다. 역사교육을 받을 때는 '태정태세문단세……'와 더불어 너무나 많은 것을 기계적으로 암기하도록 강요받는 동안에, 역사로부터 교훈을 찾고 미래에 대한 희망을 발견한다는 재미는 꿈꾸기조차 어려웠다. 대학에 들어와서 처음 들었던 철학 수업시간에는 '모든 물질은 흙, 불, 물, 바람……으로 구성되어 있다는 문구 앞에 좌절했다. 오히려 당시 목마름을 충족시켜준 것은 제도권 교육이 아닌 선배들로부터 전달받은 이른바 불온서적(不穩書籍)들을 포함한 나름대로의 자유로운 독서였다. 이렇게 필자의 삶에서 문사철(文史哲)로 대표되는 인문학에 대한 첫 인상은 고루하고 지겨운 것으로 출발했다.

나이가 들어가면서 청소년기의 유치한(?) 고민들은 사라져갔지만 또 다른 고민들이 가슴을 가득 채워가고 있었다. 히포크라테스의 선서를 하고 인류에 대한 사랑을 바탕으로 의사가 되고자 하는 인재들이 왜 인조미인(人造美人)을 만드는 성형외과로 대거 몰리면서, 사람의 목숨을 다루는 데 핵심적이라는 흉부외과는 기피하는 것일까? 원자력발전과 원자폭탄은 동일한 기술을 바탕으로 하는 것인데, 어떻게 하나는 인류복지를 추구하고 다른 것은 인류를 멸살(滅殺)시키려고 하는 것일까? 풀잎의 이슬을 젖소가 마시면 우유가 되지만 독사가 마시면 독(毒)이 된다는데, 우리 삶에서 이러한 판가름은 누가, 어떻게 할 것인가? 금융에서도 비슷한 고민이 있다. 원래 금융상품의 리스크를 헤징하도록 만들어진 파생금융상품은 투기적 목적으로도 사용되어 일부에서는 도박과 비슷한 취급을 받기도 한다. 어떻게 동일한 상품이 추구하는 목표가 정반대가 될 수 있을 것인가? 이런 고민들을 해결해줄 기저(基底)에 인문학이 있다는 것을 알았을 때는 필자에게 이미 한참 삶의 시간이 흐른 다음이었다.

인문학은 '인간의 가치와 삶의 의미'를 탐구하는 학문이다. 인문학 없는 자본주의나 기술발전은 이 사회에 무서운 괴물을 만들어낼 가능성이 아주 크다. 현대사회는 효율성을 중요시하지만 성장만이 능사는 아니다. 인문학이 사회발전의 방향키 역할을 제대로 해주지 못한다면, 오히려 잘못된 방향으로 '효율적' 자원배분이 이루어질 수도 있는 것이다. 이만큼 위험한 일은 없다. 경제나 금융이 추구하는 효율성 자체는 인간가치 및 행복추구와 직결되지 못할 뿐 아니라, 가끔씩은 효율성을 추구한다는 명분하에 이들을 해칠 수도 있다. 그래서 경제학자 알프레드 마셜은 '차가운 머리와 뜨거운 가슴'을 강조한 것이다. 인간에 대한 이해와 사랑 없는 물질의 충족이 얼마나 허무하고 파괴적인가를 이미 갈파(喝破)했던 것이다.

요즘 대학생들이 가장 선호하는 직장으로는 공사(公社), 각종 고시(考試), 한의사, 치과들이 손꼽힌다. 이들 모두는 분명 가치 있는 직군(職群)들이지만, 우리 삶의 필요한 의식주(衣食住)를 직접 창출(創出)한다고 보기 어렵다. 이공계 위기로 인해 원천(源泉) 기술개발은 점차 아득해져만 가고, 이제는 더 이상 전 세계를 발로 뛰며 우리 물건을 팔아 외화를 벌어들이고자 하는 수출 역군(役軍)을 찾기가 어려워지고 있다. 이 사회가 물신주의(物神主義: mammonism)라는 악령(惡靈)에 흠뻑 젖어들고 있다.

만시지탄(晩時之歎)이지만 최근에 인문학자들이 '인문학의 위기'를 선언하고 나왔다. 다른 전공영역의 문제인 만큼 국외자(局外者)가 이를 함부로 평가하기는 어렵다. 다만 일부에서 조심스럽게 우려를 표하는 것처럼, 이번 선언의 대상이 '인문학'인지, '인문학자'인지, 대학의 '인문학과'의 위기인지를 분명히 밝히고 그에 따른 조치를 각각 달리 취할 필요가 있다. 비(非)인문학자인 필자로서는 인간에 대한 이해를 바탕으로 '행복'을 찾을 수 있고, 전공인 금융에서 나날이 부딪히는 문제를 해결하는 데 도움이 될 수 있도록 논의의 초점이 '인문학의 위기'로 잡히기를 희망할 뿐이다.

금융은 현재 외형상 인문학의 위기와 대극(對極)에 놓인 학문이다. 하지만 금융학의 기초 역시 문사철(文史哲)임을 부인할 수 없다. 이제 그 근거를 몇 가지 들어보도록 한다.

어느 부유한 투자가가 조그만 어촌 마을을 방문했다. 마을 해변엔 조그만 배 한 척과 어부 한 사람이 있었다. 투자가는 가까이 다가가 배 안에 고기 몇 마리가 잡혀있는 것을 보고, 어부에게 칭찬하면서 이것들을 잡는데 얼마나 걸렸냐고 물었다. 어부는, "얼마 안 걸렸어. 그저 잠깐" 이라고 답했다. 그러자 투자가는, "왜 더 오래 배를 타면서 더 많은 고기를 잡지 않는 거죠?" 라고 물었다. "그야, 이 정도 물고기면 가족들이 당장 필요한 것들을 구할 수 있으니까." 어부는 답했다. 투자가는 다시 물었다. "물고기 잡지 않는 다른 시간엔 뭘 하세요?" 어부는 이렇게 대답했다. "늦잠 자고, 고기 좀 잡고, 애들이랑 놀아주고, 마누라랑 낮잠 자고, 마을 어귀를 어슬렁어슬렁 걷다가 포도주 한잔 마시고, 그리고 친구들이랑 기타 치며 논다오." 그러자 투자가는 어부에게 다음과 같은 제안을 했다. "전 유명 대학에서 MBA를 받은 사람입니다. 아저씨께 성공하는 법을 알려드리죠. 만일 아저씨가 고기를 잡는데 더 많은 시간을 투자한다면 아저씨는 돈을 모아 더 큰 배를 살 수 있을 겁니다. 더 큰 배로 더 많은 고기를 잡아 배 몇 척을 더 살 수 있겠죠. 그리고 더 많아진 배로 더 많은 고기를 잡아서 이제는 고기잡이 선단을 살 수 있을 겁니다. 이렇게 사업이 커지면 물론 아저씨는 이 조그만 마을을 벗어나 큰 도시로 나가야 할 겁니다. 거기서 더 사업이 커지면 외국까지 진출하는 겁니다. 생각해 보세요, 아저씨는 국제적 기업의 회장님이 되는 겁니다." 어부는 물었다. "그게 얼마나 걸리우?"

"한 15년에서 20년 걸리겠죠."라고 투자가는 답했다. 어부는 다음과 같이 물었다 "그런 다음엔?" 투자가는 웃으며 답해 주었다. "바로 그 다음이 아저씨 인생에 있어 최고의 날이 되는 겁니다. 아저씨는 아저씨 기업의 주식을 상장하고 주식을 팔아 엄청난 돈을 벌어들이는 겁니다. 말 그대로 백만장자가 되는 거죠." "백만장자? 그리고, 그 다음엔?" 어부가 다시 물었다. "그런 다음 은퇴하는 거죠." 투자가의 마지막 대답은 다음과 같았다. "조그만 어촌으로 내려가 늦잠 자고, 고기 좀 잡고, 애들이랑 놀아주고, 마누라랑 낮잠자고, 마을 어귀를 어슬렁 어슬렁 걷다가 포도주 한잔 마시고, 그리고 친구들이랑 기타 치며 놀면 되죠." (자료: 인터넷 미상)

인간 가치와 행복에 대한 인문학적 소양이 없는 삶이 위와 같이 MBA 출신 투자가의 어리석은 삶이다.

두 번째 얘기는 '고(高)리스크, 고수익(high risk, high return)의 원칙'이다. 동일한 기대이익을 갖지만 서로 다른 리스크를 갖는 두 금융상품이 있을 때 어떤 것을 선택해야 할까? 대부분의 사람들은 이 때 상대적으로 리스크가 적은 상품을 선호한다. 그러므로 고(高)리스크 상품을 판매하고자 하는 사람은 이를 팔기위해 어쩔 수 없이 상대적으로 기대이익을 높여주어야만 하게 된다. 이에 따라 '고(高)리스크, 고수익'의 원칙이 성립하게 되고, 이는 오늘날 금융상품 가격책정의 핵심원리가 되고 있다. 그런데 중요한 것은 동일한 기대이익 하에서 왜 대개의 사람들이 낮은 리스크를 선호하는가에 대해서는 금융학에서 직접 설명하지 못한다는 것이다. 이것은 인간심리에 기초한 것으로서 인문학에서 설명을 차용(借用)할 수밖에 없는 것이다. '선택과 결정' 과정에 대한 최초의 체계적 정의를 내리고, '크건 작건 간에 부(富)의 증가로부터 비롯되는 만족감은 이전에 소유하고 있던 재화의 양에 반비례한다'는 단언을 통해서 사람들이 리스크를 회피하는 이유를 설명한 최초의 학자는 18세기 '수학자'인 다니엘 베르누이(Daniel Bernoulli)였다.

세 번째, 다양한 금융상품으로 구성된 포트폴리오에서 분산투자 효과를 통해 비체계적 리스크를 제거하고 오로지 체계적 리스크만을 남겨둔 바람직한 상태를 '효율적 투자곡선'이라고 부른다. 합리적인 투자자는 이 곡선 상에서 선택을 하게 되는데, 자신의 효용함수로부터 도출된 무차별곡선의 형태에 따라 저(低)리스크, 저(기대)수익 포트폴리오를 선택하기도 하고 고(高)리스크 고수익 포트폴리오를 선택하기도 한다. 금융을 처음 배우는 학생들이나 일반인들 중에는 모든 사람들에게 선택되는 유일의 포트폴리오가 있을 것으로 착각하지만 그것은 사실이 아니다. 선택은 각자가 갖고 있는 리스크 선호에 따라 달라진다. 어떤 사람은 가늘고 길게 살기를 원하고 또 다른 사람은 굵고 짧게 산다고 할 때 이들의 차이를 이해하는 것은 인문학의 영역이지 금융의 영역은 아니다.

넷째, 현대 금융학은 모든 사람들이 합리적인 의사결정을 한다는 것을 가정하고 있다. 그러나 이러한 이론적 기반 위에서는 도저히 해석되지 않는 이례적(異例的) 금융현상들이 자주 발견되었으며, 이에 따라 탈러(Richard H. Thaler) 등 일군의 학자들은 근시안적(myopic)이며 결정에 대한 뒤늦은 후회 등 인간적 결함이 합리성을 저해하며 불확실성은 비합리성의 결과라고 주장하여 오늘날 행태재무학(behavioral finance)을 탄생시켰다. 현재 금융학은 '과거의 패턴에 의지하여 계량분석에 의존하는 사람들'과 '불확실한 미래에 대해 좀 더 주관적인 기준으로 결정을 내리려는 사람들' 간의 긴장 속에 위치해있다. 이는 과거가 미래 예측에 어느 정도까지 영향을 끼칠 수 있느냐에 대한 근본적 시각 차이를 보여주는 것으로서 인간에 대한 이해를 중요한 기반으로 한다. 우리는 미래를 알 수 없다. 그러나 과거에 일어난 일을 면밀히 파악하는 방법을 알고 있다. 하지만 과거에 의존해서 계량화되고 인과율적인 장치로만 움직이는 현대의 금융학은 여러 가지 문제점을 안고 있다. 특히 사람들이 비합리적일 때는 더욱 그러하다. 인문학이 금융학을 지원해줄 수 있는 또 다른 영역이다.

다섯째, '아시아적 가치(Asian Value)'와 신자유주의 간 충돌은 외환위기 이후 우리 사회에서 아마도 금융권에서 가장 치열했을 것이다. '한강의 기적'을 이끌어낸 아시아적 가치는 유교(儒教) 문화 속에서 조직에 대한 무한(無限) 충성, 연공서열(年功序列)과 종신(終身) 고용으로 특징 지워진다. 반면 외환위기 이후 우리 사회의 새로운 철학(?)으로 자리매김한 신자유주의는 경쟁에 따른 '시장기능'을 중시하면서 연봉제(年俸制)와 계약제 고용, 정부의 시장 개입을 가능한 억제하며 국경 없는 시장에서 자유경쟁을 주장한다. 우리나라는 신자유주의를 택함으로써 외환위기를 외형상 극복하였는지는 모르겠으나, 부익부(富益富) 빈익빈(貧益貧)의 양극화는 이를 통해 더욱 강화된 것을 부정하기 어렵다. 이는 결국 사회의 극심한 갈등 요소로 자리 잡았다. 필자는 2004년 8월 칼럼에서 다음과 같이 썼다.

> 외환위기 이전에 우리 기업들이 고용 측면에서 비효율적인 면을 갖고 있었음에는 부정할 생각이 없다. 그러나 이를 '국민행복'이라는 측면에서 살펴본다면, 정부가 못하는 '복지'를 기업이 대행해준 것으로 해석할 수는 없을까? 다소 무능력한 사람일지라도 기업이 껴안고 가면서 비록 한직(閒職)일지라도 정년까지 일하게끔 해주던 사회, 이는 분명 비효율적인 사회일 것이다. 그러나 그런 사람들을 솎아내어 회사 밖으로 내보내고 남아 있는 사람들 상당수를 비정규직이라는 신분 불안 속에서 방치하여 그 대가로서 얻어지는 '효율성'이라는 것이 국민행복에 어떤 기여를 할 것인가? 이렇듯 우리의 과거는 모두 잘못된 것으로 부정되어야만 하는 것일까?

우리 모두는 과거보다 행복해졌는가? 우리 사회가 아시아적 가치를 버리고 신자유주의를 강요받을 때 우리의 인문학은 어디서 무엇을 하고 있었는가?

금융학자들은 외환위기를 예측하거나 이를 예방하지 못한 원죄(原罪)에서 벗어날 수 없다. 이렇듯 부끄러운 필자가 감히 인문학의 위기를 함부로 들어 비판할 자격이 없다. 다만 금융이 갖고 있는 수많은 어려운 문제들을 풀기 위해 이제 인문학의 도움을 기다린다는 뜻에서 몇 자 적어보고자 할 따름이다. 필자는 중요한 우선 과제 중 하나로서 중고등학교 및 대학 교양과정에서 문사철(文史哲) 교육의 개선이 꼭 필요하다고 생각한다.

우리는 어떤 전공영역에 속해 있든 간에 '보다 바람직한 사회'를 건설하는 데 기여하고자 한다. 물질은 행복의 중요한 필요조건이지만 충분조건은 아니다. 과거보다 물질적으로 풍요한 지금에 와서 우리는 더 행복해졌는가? 이에 대해 긍정적 대답을 할 수 없다면 그동안 우리가 놓쳐온 것은 무엇일까? 인문학 교육이 상아탑의 고귀함 속에서만 계속 머무를 경우, 우리 사회의 물신주의(物神主義)가 내뿜는 악취 속에 우리 모두는 서서히 죽어갈 것이다. 인문학은 이제부터라도 평범한 사람들이 인간에 대한 정확한 이해를 바탕으로 행복을 추구하고 궁극적으로는 삶이 살아볼 만한 가치가 있는 것이라는 확신에 이르도록 도와주기를 기대한다. 필자가 받았던 암울했던 주입식 교육으로 인해 문사철(文史哲)이라고 하면 따분하다는 선입견 속에 도망가도록 놔두지 않기를 기대한다. 그래서 우리 사회 대부분의 사람들이 인문학적 소양을 충실히 갖추게 해준다면, 우리는 오히려 조금 덜 벌어도 훨씬 행복할 수 있을 것이다. 이렇게 충족감과 행복감을 느끼는 사람들이 늘어간다면 그때 조금 더 물질적인 풍요를 추구하는 것은 우리들 경제, 금융학자들에게 요구해도 좋을 것이다. 지금 이 사회가 더욱 목말라하는 것은 '물질적 풍요'가 아니라 '삶의 가치 정립'이라고 믿기 때문이다.

맹자는 무항산(無恒産), 무항심(無恒心)을 주창하여 물질이 행복의 필요조건임을 인정했으며, 정신노동을 하는 노심자(勞心者)와 육체노동을 하는 노력자(勞力者)가 서로 직능의 전문화와 분업화를 통해 생산성을 향상시킬 수 있다고 보았다. 또한 막스 베버는 『프로테스탄티즘의 윤리와 자본주의 정신』에서 서구 자본주의의 발생을 기독교적 금욕과 근로에 힘쓰는 종교적 생활태도와 연관시켜 분석함으로써 오늘날 자본주의를 지탱하는 이론적 설계를 제공하였다. 지금 우리에게는 이렇듯 시대를 앞서가는 철학자들이 필요한 것이다.

처음 자전거를 배울 때는 누군가 뒤에서 잡아주면서 출발한다. 그런데 조금씩 실력이 늘어가면서 뒤에서 잡아주던 사람은 슬그머니 손을 놓는다. 하지만 자전거를 타는 사람은 이 사실을 모른다. 계속 달리면서도 아직까지 뒤에서 잡아주고 있다고 믿는다. 그래서 안심하면서 달려나간다. 우리 사회는 지난 50여 년간 전 세계가 놀랄 만한 기술발전과 경제성장을 추구하여왔다. 그런데 이제 계속하여 자전거를 달리고자 하는데 많이 불안하다. 뒤에서 잡아주는 사람이 손을 분명히 놓았다는 느낌이 드는 것이다. 아직은 조금 더 붙잡아주어야 자전거 타는 실력이 정착할 것 같은데 말이다. 이렇게 지금 경제와 금융은 인문학의 도움에 목말라하고 있는 것이다.

/ 필자의 개인 웹 칼럼 2006년 9월

# 지자불언(知者不言) 언자부지(言者不知)

북한이 핵실험을 강행했다. 그러나 과거와 달리 금융시장은 이에 크게 동요하지 않는 모습이다. 종합주가지수는 1,300선으로 잠시 밀리더니 이내 전열을 정비한 듯 1,400선을 공격하고 있다. 금리는 오히려 하향 안정되는 모습이며, 불안기에 급등한다던 금(金) 값도 잠시 꿈틀하더니만 이내 잠잠하다. 부동산시장은 장관의 말 한마디 실수를 기회로 여봐란듯이 예전의 폭등세를 다시 시현하고 있다. 어느 면으로 보나 금융시장이 핵실험에 긴장하는 모습을 찾기 어렵다. 급기야 전직 모 대통령은 이러한 금융시장의 외형적 안정을 근거로 그동안의 햇볕정책이 효과를 보이기 시작한 것이라고 자찬(自讚)하기도 한다.

그렇다면 북한 핵실험과 이를 둘러싼 주변국들, 특히 전통적 우방인 미국과 우리 정부 간 새로운 갈등은 금융시장의 리스크 요소로서 더 이상 작동하지 않는다는 것인가? 우리 국민들의 안보 불감증

(不感症)을 걱정하는 목소리는 정말로 일각(一角)의 기우(杞憂)에 지나지 않는다는 것인가? 프레드릭 래빙턴은 저서 'The Trade Cycle'에서 낙관론의 감염과정에 대해 다음과 같이 주장한다.

> 연못에서 스케이트를 타는 사람이 연못의 얼음이 깨지지 않을 것이라고 생각하는 확신의 정도는 같이 스케이트를 타는 친구 수가 많을수록 커진다. 같은 연못위에 사람 수가 많아질수록 얼음이 깨질 위험은 더 커진다는 합리적 판단은 사라지고, 오히려 더 안전하다는 어리석은 믿음이 생겨난다. 신뢰가 감염되는 것이다. 그러나 자연의 법칙에 따라 연못의 얼음이 사람들의 무게를 견디지 못해 갈라지는 소리를 내게 되면, 확신은 순식간에 공포로 바뀐다. 연못은 앞 다투어 탈출하려는 사람들로 혼란의 도가니가 된다.

금융시장의 리스크가 증대된다 하더라도 경제가 굳건한 성장가도를 달린다면(확률적으로 양자(兩者)가 공존하기는 쉽지 않지만!) 우리의 걱정을 잠시 미루어둘 수 있을지 모른다. 그러나 요즘 경제전문가들 사이에서는 '제2의 경제위기'에 대한 우려가 심심치 않게 흘러나온다. 이에 대한 정부당국자들의 답변은 한결같다. 우리 경제의 '펀더멘탈'은 튼튼하다고…… 어쩌면 그렇게도 1997년 외환위기 직전의 당국자들과 표정 하나, 단어 하나 다르지 않게 낙관론을 표명하는지 신기할 지경이다. 당국자들은 또한 덧붙이기를 현재 외환보유고는 1997년 당시와 비교도 안 되게 많으므로, 혹시 있을지 모르는 위기에도 충분히 감당할 수 있다고 한다. 그러나 악마(devil)는 같은 얼굴로 오지 않을 것이다. 제 1차 세계대전 당시 프랑스는 독일의 침공에 대비하여 마지노선이라고 하는 거대한 장벽을 구축했다. 웬만한 화력으로는 공략하기 어려운 요새와도 같았다고 한다. 그러나 독일은 이를 비웃기라도 하듯 정면공격이 아니라 측면 우회돌파를 통해 간단하게 프랑스를 침공했다. 경제위기가 다시 온다면 이처럼 예전과는 다른 형태로 나타날 것이다.

1997년 위기와 현재의 상황을 비교해본다면 공통점과 차이점을 발견할 수 있다. 공통점으로는 성장 동력(動力) 저하와 경상수지 불안 속에서 해외진출에 대한 지나친 낙관을 들 수 있다. 자동차, 전자, 조선 및 철강의 주력산업들의 경쟁력이 선진국과 중국/인도로 대표되는 후발 경쟁국들 사이에서 크게 위협을 받고 있지만, 이들을 대체할 새로운 미래 성장 동력은 아직도 뚜렷하게 가시화되고 있지 않다. 안타깝게도 이를 짊어져야 할 우수한 학생들은 이공계를 기피하고, 해외에서 고급기술을 연마한 유학생들은 과거와 달리 귀국하기를 꺼려하고 있다.

이렇듯 국내에서의 답답함을 해외진출을 통해 보상받으려는 듯 기업과 개인의 해외진출은 그 어느 때 보다도 활발하다. 국내에서는 범죄인 취급을 받는 기업인들이 해외에 나가 공장을 세우면 영웅 대접을 받으니, 국내 생산시설의 해외이전을 나무랄 수만도 없는 현실이다. 이러한 고용 없는 성장의 최대 피해자는 중산층과 서민일 수밖에 없다. 또 다른 한편으로 달러 환율을 안정시킨다는 명분하에 달러의 해외유출을 '장려'하여 해외부동산 취득이 늘어나고, 끔찍한 국내 교육현실에 숨 막힌 어린 학생들이 날이면 날마다 태평양을 건너

'해외진출'을 한다. 1997년 이전에 기업들이 핵심사업 부문에서 경쟁력을 잃고 대신 부동산 투기에 몰두하면서 국가경쟁력이 크게 하락하였으며, 무분별한 해외진출을 통해 대우가 망했고 또 다른 한편으로는 수많은 역외펀드를 통한 무모한 재테크에서 엄청난 손실을 본 것과 무엇이 다른가?

그러나 외견상 보이는 공통점 속에는 큰 차이가 숨어 있는데, 1997년 위기가 기업부문에서 촉발된 것이라면 이번에는 가계부문에서 불안한 증상을 보이기 시작했다는 점이다. 1997년 위기를 극복하기 위해 당시 정부가 취했던 두 가지 실수는 오늘날 새로운 위기의 씨앗이 되어버렸다. 첫째가 기업이 아닌 가계부문을 통해 일으킨 부동산 거품이다. 부동산 경기의 부양을 통해 일시적 소비 진작(振作)에 성공했지만 이내 환상이 깨어지면서, 소비는 다시 줄어들었고 애꿎게 부동산가격의 폭등만을 남겼다. 이제는 거품의 크기가 너무 커져서 앞으로 거품이 더 커져도 문제지만 일시에 꺼지면 더 큰 문제가 될 그런 지경에 처하고 말았다. 무능한 장관의 어처구니없는 말실수도 아쉽지만, 그를 빌미로 하듯 무섭게 다시 불붙은 투기의 광풍(狂風)을 바라보면서 우리 경제의 희망을 찾기는 참으로 어렵다.

두 번째 차이는 1997년 위기가 기업의 신용위기라면 지금의 새로운 걱정거리는 가계의 신용위기라는 점이다. 역시 외환위기 당시 정부의 패착(敗着)으로 간주되는 신용카드 남발(濫發)은 국민들로 하여금 빚을 내어 소비를 하도록 유도함으로써 일시적 경기상승의 효과를 거두었을지 모르나, 오늘날 거의 400만 명에 육박하는 신용불량자 중 250만 명 정도가 신용카드 관련일 정도로 문제를 심각하게 만들고 말았다. 신용불량은 비정규직 증가라는 노동시장의 불안과 맞물리면서 오늘날 국민들의 삶의 질을 형편없이 떨어뜨리고 말았다. 오늘 우리의 가계는 불안증에 고통받고 있다. 1997년 위기 당시 비록 기업들은 많은 빚을 지고 있었지만, 정부와 가계 부문은 나름대로 건전한 재정상태를 유지하고 있었는데 이제는 더 이상 아니다. 이제 위기의 가능성은 기업들의 화려한 비즈니스 거리를 떠나 우리가 사는 골목골목으로 깊숙이 잠입해 들어온 것이다.

오늘날 우리가 당면한 새로운 위기 가능성은 대외적 요인에 의한 것도 있지만 대내적 요인에 의한 것이 더 크다는 것이 필자의 판단이다. 그렇지 않으면 전 세계적 경기회복에 따라 최근 몇 년간 수출부문이 유례 없는 호황을 누린 반면, 내수부문이 극도의 침체를 겪고 있는 것을 설명하기 어렵다. 그나마도 부동산을 보유한 가계는 거품 덕택에 체감경기나마 따스했을지 모르지만, 이것이 부끄럽고 헛된 환상임이 밝혀지는 데는 그다지 오랜 시간이 필요하지 않을 것이다. 하물며 부동산을 보유하지 않은 일부 중산층과 서민들의 지금 고통은 이루 말할 수 없을 것이다.

이렇게 된 가장 큰 원인은 능력 없이 무모한 이상(理想)만을 갖고 이 사회를 '급진개혁(急診改革)'하고자 한 현 정부에게 일차적으로 있다. 그들의 뜻은 옳았을지 모르나, 방법은 비효율적이며 치졸했다. '가진 자들을 치면 그 혜택이 갖지 못한 자들에게 갈 것'이라는 큰 착각 속에서, 결국 현 정부는 자신들이 가장 잘 해주고 싶었던 중산층과 서민들에게 가장 큰 피해를 주고 말았다.

퇴계 이황은 '조광조 행장기'에서 다음과 같이 쓰고 있다.

(조광조)의 뜻이 너무 속히 하고자 하는 데에 잘못됨을 면치 못하여 무릇 건의하고 시행하는 데 조급하게 굴어서 장황하고 과격하며 나이가 젊고 이를 좋아하는 사람들과 어울려서 유행에 뜻이 맞아 함부로 날뛰는 자가 그 사이에 많이 끼어 있었고, 늙은 신하들이 새 시의에 배척당하여 이에 따라 공박을 당한 자의 원망이 골수에 사무치고 있었다.

이 사회의 기득권층이 그렇게도 미웠던가? 기득권층 중 일부는 부정축재(不正蓄財)를 했고 권력에 야합(野合)하여 더러운 물에 손을 담갔음을 부정하지 않는다. 그러나 대다수는 열심히 공부했고 근면하게 일했으며 결과로서 전 세계를 놀라게 한 '한강의 기적'을 만들어냈다. 쌀과 돌을 가르지 않은 채 '가진 자'라는 단어에 한 묶음으로 폄하된 그들 기득권층 덕분에, 우리는 가난한 북한 동포들에게 빵을 나누어줄 수 있을 만큼 성장했다.

미국이 그렇게 원수(怨讐)와도 같은가? 공산주의와 자본주의 간 선택에서 자본주의를 선택한 사람들이 모여서 만든 나라가 대한민국이다. 미국이 한반도 분단에 일부 책임이 있고, 민주화운동 과정에서 씻을 수 없는 일부 과오를 저질렀다 하더라도 공과(功過)는 냉정하게 계산해봐야 한다. 우리는 미국이 가져다준 구호물자를 먹고 굶주림을 면했으며, 우리가 만든 물건을 미국에 팔아서 오늘날 이만큼이라도 살게 되었다. 이제 와서 조금 산다싶어 미국이 잘해준 것은 팽개친 채 잘못만을 들어 몰아친다면, 앞으로 누가 우리의 친구가 되어줄 것인가?

지금 살고 있는 집이 낡고 허물어 부끄럽다면 새 집을 지을 치밀한 준비와 충분한 능력을 갖춰놓고 허물었어야 한다. 단지 과거의 더러운 유산이 싫다는 단순한 이유로 생각 없이 부숴버린 집 속에 우리 국민들이 고통받고 있음을 이제 어찌할 것인가?

맹자(孟子)의 고자(告子) 하(下)편, 천장강대임어시인장(天將降大任於是人章)에 다음과 같은 글이 있다.

> 하늘이 큰 임무를 사람에게 내리려 하실 때에는 반드시 먼저 심지를 괴롭히며, 근골을 수고롭게 하며, 몸과 피부를 굶주리게 하며, 몸을 궁핍하게 하여 그의 하는 것을 어그러뜨리고 어지럽히는 것이니, 그렇게 함으로써 마음을 분발시키고 성질을 참게 하여, 능하지 않은 부분을 증익시키기 위한 것이다.

그렇다면 어쩌면 우리에게 주어진 이 아픔은 우리 경제와 사회의 제2의 도약을 위해 필요한 과정일 것이다. 고도성장과정에서 소외되었던 일부 세력이 이번 실험을 통해 그들의 한(恨)을 풀었고, 국민들도 이들에게 막연하게나마 가졌던 기대가 상당부분 환상이었음을 깨닫게 되는 계기가 되었을 것이다. 우리가 슬기롭게 이 고비를 넘긴다면 우리는 역사를 통해 교훈을 얻는 민족이 될 것이며, 그렇다면 이 고비에서 느끼는 고통은 가치가 있을 것이다.

도덕경(道德經)에서 노자(老子)는 이르기를 지자불언(知者不言) 언자부지(言者不知)라고 하였다. 그렇다면 지금 함부로(!) 펜을 휘갈기는 필자도 진실을 모르면서〔不知〕 쓰고 있는지〔言者〕도 모른다. 과거 정부가 지식인을 폄하(貶下)하는 단어로서 '신(新)지식인'이라는 한심한 조어(造語)를 한 이래, 이에 크게 상처입고 침묵하는(不言) 지식인들이 이제는 말을 다시 시작하기 바란다. 우리의 삶이 더 이상 회복되지 못할 정도로 피폐해지기 전에, 이를 다시 살릴 수 있는 혜안(慧眼)을 갖고 돌아오기 바란다.

/ 필자의 개인 웹 칼럼 2006년 10월

# 마지막으로 쓰는 부동산 칼럼

필자는 지난 수년에 걸쳐 부동산시장에 관한 여러 칼럼들을 써왔다. 희망하기는 이번 칼럼이 이 주제에 관한 마지막이 되기를 바란다. 사실 금융을 전공하는 교수로서 부동산은 직접적인 관심사가 아니다. 그러나 작금의 우리 현실에서 부동산을 제외하고서 금융을 논한다는 것이 거의 불가능하다. 이제는 제발 부동산시장이 안정을 되찾아 금융시장, 더 나아가서는 우리 경제에 미치는 악영향의 굴레를 끊어주기를 진심으로 바란다.

필자는 지난 여러 칼럼들에 걸쳐 부동산시장을 안정시키기 위해서는 금리인상이 불가피함을 주장해왔다. 그러나 이러한 주장은 크게 지지를 받지 못했는바, 필자 주장에 대한 반론들은 크게 세 가지로 볼 수 있다. 첫째는 금리인상이 소비와 투자를 위축시켜 경기하락을 초래할 수 있다는 우려이다. 그러나 가계부분의 소비위축은 비정규직 비율 증가 등 노동시장의 불안과 '가진 자에 대한 적개심'을 두려워한 상류층의 소비 왜곡현상에 기인한 바가 더 크다는 것이 필자의 판단이다. 또한 투자가 살아나지 않는 것도 미래에 대한 불확실성 증폭과 새로운 성장동력의 부재(不在)가 큰 원인이지, 금리수준은 절대적인 원인이 될 수 없다고 본다.

두 번째 반론은 금리정책은 일차적으로 물가안정, 다음으로는 경기조절에 목적이 있을 뿐이며, 부동산 등 자산가격의 안정과는 무관해야 한다는 주장이다. 필자는 이와 같은 교과서적 주장에 반대하지 않는다. 다만 여기서 우리가 짚어보아야 할 것은 과연 '물가'라고 하는 것이 진정 무엇인가 하는 점이다.

물가는 '돈의 가치'의 역수(逆數)이다. 돈의 가치는 우리가 삶을 살아가는데 필요한 재화와 서비스를 충분히 구입할 수 있는가 여부로 판단된다. 콩나물 값과 교통비, 그리고 자장면 값이 안정되어 있다고 해서 현재 돈의 가치가 크다고 생각하는 사람은 어리석다. 주거(住居)는 우리 삶에서 필수불가결한 요소이며 특히 우리나라에서 이에 대한 사람들의 욕구는 대단히 크다. 전국 각지의 주택가격과 땅값이 폭등한 상황에서 돈의 가치는 이미 바닥으로 떨어졌다. 부동산가격 상승을 물가에 제대로 반영한 '진짜 물가'는 이미 엄청나게 올랐다고 볼 수 있으며, 부동산을 제외한 물가안정에만 매달려온 정책당국은 이에 대한 응분의 책임을 져야 할 것이다.

필자의 주장에 대한 세 번째 반론은 부동산가격 폭등이 서울 강남 등을 대표로 하는 일부 지역에 국한된 것이며, 따라서 금리정책은 전국에 걸쳐 영향을 주기 때문에 사용해서는 안 된다는 것이다. 필자는 최근 부동산가격 폭등이 일부 지역에 국한된 것이라는 주장에 동의하지는 않지만, 만일 그것이 사실이라고 한다면 왜 대부분 사람이 부동산에 대해 이렇게 걱정해야 하는지 이해하기 어렵다. 서울 강남을 포함한 일부 지역의 폭등은 그 지역에 부동산을 보유했거나 갖고 싶어 하는 사람들만 걱정하면 그만인 것이다. 결국 대통령부터 여야 정치인, 대부분 경제관료들까지 나서서 이를 망국병(亡國病)으로 걱정하는 것을 보면, 이미 부동산시장 불안이 일부 지역의 문제를 벗어났음을 증명하는 것이다.

이미 몇 년 동안 지속된 부동산가격 폭등에 대해 정부가 그동안 기울인 노력은 감히 눈물겹다고 할 수 있을 정도이다. 대통령부터 나서서 '무슨 일이 있어도 부동산가격만은 안정시키겠다'고 했었고, 제도적 측면에서도 동원할 수 있는 정책들은 이미 대부분 나온 것 같다. 징벌적인 과세정책에만 매달려 부동산공급 확대에 대해 반대하던 정부/여당이 최근에는 과거의 완강한 입장을 접고 주택공급을 확대하겠다고 나선 것만을 보아도 얼마나 다급한 처지에 놓였는가를 알 수 있다. 이러는 가운데 부동산정책은 누더기처럼 되어 상당한 전문가가 아니면 이해하기 어려울 정도로 복잡해졌다. 이 시점에서 필자는 다시 주장하지만, 금리인상을 제외하고서 부동산시장을 안정시킨다는 것은 '백약(百藥)이 무효(無效)'라고 할 수 있다.

최근의 부동산 문제를 '시장균형' 측면에서 살펴보자. 1997년 외환위기 전까지 우리는 12-15%의 금리에 오랫동안 적응되어왔다. 사람들은 그 수준의 금리를 기준으로 소비와 투자를 했고 부동산과 주식을 매입했다. 그러다가 외환위기를 맞아 이를 극복하고자 하는 정책으로서 금리를 대폭 낮추었다. 이는 우리나라에만 국한된 것은 아니며 많은 나라에서 공통적으로 나타난 현상이다. 결국 금리는 위기 이전의 1/3 수준에 불과한 4-5%에 정착되었고, 사람들은 이에 맞추어 다시 포트폴리오를 조정하기 시작했다. 시장의 균형점이 이동한 것이다.

이론적으로만 보면 금리의 대폭 하락은 소비와 투자를 증가시켜 경기를 활성화시키며, 할인율의 하락을 통해 자산가격의 상승을 불러온다는 것이 기본이다. 우리의 경우 적극적 금리인하가 없었다면 더 악화되었을지 모르는 경기침체를 금리인하를 통해 어느 정도 억제한 것은 사실일 수 있다. 그러나 안타깝게도 정책당국이 원하는 수준만큼 소비와 투자가 증가하지 못했음에도 불구하고, 정부는 경기부양을 위해 인위적인 금리안정을 금과옥조(金科玉條)처럼 고집하기 시작했다. 오히려 더 나아가서는 경기를 더 살리고자 하는 욕심에 금리를 더욱 낮추려는 노력을 기울여왔다고도 볼 수 있다. 이는 다른 나라에서 금리인하를 멈추고 금리를 인상하기 시작했음에도 불구하고, 이후에도 우리의 금리가 지속적으로 하락해온 것을 보면 알 수 있다.

이미 앞에서 언급한 바와 같이 지금 소비와 투자가 살아나지 않는 것은 우리 경제가 과거 고도성장을 누리다가 외환위기의 충격으로 주저앉는 과정에서 사회갈등과 더불어 경제 불확실성이 증폭된 데다가, 차세대 성장동력을 찾지 못한 데 기인한 바가 더욱 크다고 필자는 믿는다. 그런데 이런 와중에서도 금리를 고집스럽게 계속 낮게 유지하려고 했으니, 시장이 다른 방향으로 균형을 찾고자 했다고 볼 수 있다. 그 중 하나가 자산 인플레이션이다. 대표적인 금융자산인 주식과 채권의 가격이 엄청나게 상승했다. 체감경기가 그다지 좋지 않음에도 불구하고 이들 금융자산 가격이 급등한 것은, 이른바 Re-Valuation 등의 요인을 고려하더라도 할인율의 대폭 하락에 힘입은 바가 더욱 크다는 것이 또한 필자의 판단이다. 주지하는 바와 같이 자산가격은 미래이익의 흐름을 현재가치로 할인한 것이다. 따라서 미래이익의 급증이 없다 하더라도 할인율의 하락만으로도 자산가격은 급등할 수 있으며, 이것이 오늘의 현실이라고 판단한다.

금융자산가격의 급등은 일부 부정적 효과도 있지만 긍정적 효과가 만만치 않게 크므로, 통화당국의 주장대로 금리정책의 대상이 될 수 없다. 그러나 부동산가격의 폭등은 다르다. 이는 부동산을 가진 자와 갖지 못한 자 간의 양극화를 증폭시킬 뿐 아니라, 생산원가의 상승을 통해 우리나라 제품의 경쟁력을 크게 악화시킬 수 있다. 그러나 이보다 더 큰 재앙은 부동산가격 폭등이 불로소득(不勞所得)을 창출함으로써, 성실하게 일하는 보통사람들의 근로의욕을 훼손시킬 수 있다는 사실이다.

부동산을 보유함으로써 얻게 되는 미래효용이 지난 수년간 급증했을 것이라고 볼 증거는 어디에도 없다. 인구가 그 사이 폭증하여 추가수요가 등장한 것도 아니며, 천재지변(天災地變)으로 인해 부동산 공급이 격감한 것도 아니다. 결국은 12-15%의 금리가 4-5%대로 내려앉으면서 시장의 균형점이 이동하는 과정에서 부동산가격이 폭등한 것으로밖에는 해석이 되지 않는다. 정부는 부동산 투기꾼들과 이른바 '가진 자들'의 투기수요, 그리고 이에 영합한 일부 언론들이 부동산가격의 폭등을 불러왔다고 볼멘 주장을 하지만, 그렇다면 비슷한 시기에 다른 나라들의 부동산가격 급등은 어떻게 해석할 것인지 궁금하다. 이들 나라와 우리나라 간 뚜렷한 공통점은 해당 시기에 금리를 대폭 낮추었다는 것이다. 또한 최근 미국이 어떠한 부동산정책을 내놓지도 않은 상황에서 단지 금리인상만을 통해 시장을 안정시킨 점에도 주목할 필요가 있다. 결국은 지나치게 낮은 금리가 부동산가격 폭등의 주범(主犯)일 수밖에 없는 것이다.

그렇다면 사상 초유(初有)의 저금리 상황에서 시장균형점의 이동이 부동산시장에 어떻게 영향을 주었는지 정리해볼 필요가 있다. 우선 쉽게 짐작되는 것은 예금 중심의 금융재테크에 만족해오던 사람들이 엄청나게 하락한 금리로 인해 자신이 사는 집 외에 추가로 부동산을 재테크 차원에서 구입했을 수 있다. 또한 과거에는 월세와 전세로부터 출발했던 신혼부부들이 엄청나게 싼 금리 덕분에 누구나 주택을 구입하기 시작한 것도 부동산수요 증가에 큰 영향을 주었을 것임도 쉽게 짐작할 수 있다. 외환위기 이후 강화된 안정희구성향(flight-to-quality)으로 인해 시중자금이 은행으로 물밀듯이 몰려든 반면, 외환위기 당시 기업신용 악화에 크게 고생한 은행들이 기업대출을 기피하고 가계부문을 대상으로 한 부동산 담보대출에 전념했던 것은 불붙는 시장에 기름을 끼얹은 것과 같은 효과를 발휘했다.

시장균형점의 이동은 여기서 멈추지 않는다. 500-600조 원에 달하는 엄청난 규모의 부동(浮動) 자금이 시중에 떠돌아다니는 것을 본 사람들은 '돈의 가치'의 하락을 피부로 체감하기 시작했다. 따라서 공식적으로는 안정된 물가통계에도 불구하고 이미 '돈의 가치'는 크게 하락한 것이다. 어제까지 100원에 살 수 있었던 사과 한 알이 오늘 200원이 된 것만이 물가상승이 아니다. 이보다는 오히려 작년까지 1억 원 하던 아파트 값이 올해 들어 2-3억 원이 되었을 때 사람들은 더욱 물가상승을 체감한다. 보통사람들이 진정으로 바라는 물가안정은 자장면 값이 10배로 오르더라도 집값은 안정되는 것이다. 그럼에도 불구하고 통화당국이 집값 폭등은 나 몰라라 한 채 자장면 값과 콩나물 값의 안정을 추구하다가 여기까지 온 것이다. 주택은 주식이나 채권처럼 선택에 따라 살 수도 있고 안 살 수도 있는 것이 아니라 누구나 사야만 하는 필수적 재화인 것이다.

부동산가격 안정을 위한 금리인상 필요성을 논할 때 사람들이 착각하기 쉬운 중요한 사실이 있다. 만일 금리 급락이 없었던 상황에서 부동산가격이 폭등했다면 금리인상을 통해 이의 안정을 추구하는 것은 논란의 여지가 있을 수 있다. 그러나 최근의 상황은 이와 전혀 다른 것이다. 수십 년 동안 10% 이상의 금리수준에 익숙해진 시장에 충격을 준 것은 다름이 아니라 외환위기 극복을 위한 수단으로서의 '인위적인' 금리인하였다. 따라서 지금 부동산가격 안정을 위해 금리를 인상하자는 필자의 주장은 이처럼 시장균형점을 급속히 이동시킨 원인을 제거하자는 것이다.

시장은 어떤 상황에서도 나름대로의 균형을 찾아가려고 하는 속성을 갖는다. 외환위기를 극복하기 위해 금리인하가 어느 정도 불가피했음을 필자는 부인하지 않는다. 그러나 급한 위기가 지나간 다음에는 새로운 균형점을 모색하는 과정에서 나타날 수 있는 부작용에 대한 정책당국의 치밀한 검토가 있었어야만 했다. 그동안 정부는 스스로 균형점을 파괴하여 시장에 큰 충격을 주고 나서는, 시장이 새로운 균형점으로 이동하는 것을 일부 불순한 투기꾼들의 농간으로 질책하고 이에 더 나아가 가진 자와 그렇지 못한 자들 간의 본격적 갈등을 촉발시켰다는 점에서 책임을 면하기 어려울 것이다.

이제 종합적으로 정리해 보자. 필자는 최근 수년간 부동산가격 폭등의 주요 원인을 '인위적이고 급격한' 금리하락에 따른 시장균형의 이동으로 본다. 결국 우리의 선택은 '적정금리 + 부동산가격의 안정'인가, 아니면 '인위적으로 낮은 금리 + 부동산가격 폭등'인가의 양자(兩者)였으며, 우리는 결국 후자(後者)를 택한 것뿐이라는 것이다. 물론 정부는 '인위적으로 낮은 금리 + 부동산가격의 안정 + 소비 및 투자증진'을 목표로 했겠지만, 경제학에서 늘 강조하다시피 우리는 제한된 자원으로 최선의 선택을 할 수 있을 뿐이다. 달성 불가능한 목표를 추구하는 것은 아마추어리즘의 대표적 현상이다. 강조하지만 필자는 부동산가격 안정을 위해 금리인상을 무조건적인 수단으로 삼자고 주장하는 것이 결코 아니다. 인위적으로 무리하게 낮춘 금리로 인해 문제가 악화되었으니 금리를 어느 정도 정상수준으로 돌려놓자고 주장할 따름이다.

부동산하면 생각하기도 끔찍하여 칼럼의 주제로 더 이상 삼고 싶지 않아하던 필자가 '마지막으로 쓰는 부동산칼럼'이기를 희망하며 이 글을 쓰게 된 계기는 11월 23일, 금융통화위원회가 2000년 4월 8일 이후 처음으로 지급준비율을 인상한 사실이다. 금통위는 요구불예금 지급준비율을 5%에서 7%로 2% 포인트 인상하고, 장기저축성예금과 정기예금 지급준비율은 종전대로 각각 2%와 0%를 유지하기로 했다. 지급준비율을 올리면 은행은 더 많은 현금을 내부적으로 쌓아둬야 하므로, 대출할 수 있는 자금이 줄어들어 시중에 돈이 덜 풀리는 효과가 있다. 이는 사실상 금리인상으로 연결되는 것이다. 이렇게 돈줄이 죄이면 부동산으로 흘러들어가는 자금공급이 제한돼 부동산가격이 안정되는 효과가 있을 것으로 전망된다.

지급준비율 조정은 재할인율 조정과 더불어 자주 사용하지 않는, 사실상 사문화(死文化)되어온 정책 중 하나이다. 따라서 이번에 금통위가 지급준비율을 인상한 것은 외형적으로는 금리를 인상했다는 명분을 피하면서 시중유동성을 흡수하여 부동산시장 안정을 지원하겠다는 뜻으로 해석된다. 만시지탄(晩時之歎)이지만 필자는 이번 금통위의 결정에 적극 찬성한다. 다만 정부의 입김에 따른 것일지 모르지만 직접적으로 콜금리를 인상시키지 않고 지급준비율을 건드린 것은 안타깝게 생각한다. 굳이 무리한 비유를 들자면, 지급준비율이나 재할인율 정책이 '큰 망치'라고 한다면 콜금리 조정은 '작은 망치'에 해당한다. 이제까지 부동산가격 폭등은 물가안정을 최우선으로 추구하는 통화정책의 목표가 아니라고 해서 '작은 망치'의 사용조차 고집스럽게 거부해왔던 통화당국이, 이제 갑자기 '큰 망치'를 들고 슬그머니 시장에 등장한 상황은 어색하기만 하다. 이제까지 통화당국이 일관되게 견지해온 '중앙은행은 부동산시장을 타깃으로 삼아 통화정책을 펴지 않는다'는 원칙 변경에 대한 설득력 있는 설명 없이 '큰 망치'를 들고 서있는 모습은 다소 희화적(戱畵的)이기까지 하다.

이제 시장은 '새로운 환경'에서 '새로운 균형'을 찾기 위해 또다시 이동할 것이다. 그러나 이미 갈기갈기 찢긴 국민들의 마음속에 켜켜이 쌓인 불신(不信)과 누더기같이 흐트러져버린 작금의 부동산

제도 하에서 새로운 균형이 어디일지 과문(寡聞)한 필자로서는 짐작하기 어렵다. 하지만 아무리 부동산가격 안정을 위해서라도 금리는 절대 건드리지 못한다는 불문율(不文律)에 금이 가기 시작한 것 만에서도 희망을 찾는다.

몽골제국 초기 공신(功臣)인 야율초재(耶律楚材)는 '흥일리, 불약 제일해(興一利 不若 除一害)'라고 했다. 이로운 것 하나를 새로 하는 것이 해로운 것 하나를 없애는 것만 못하다는 뜻이다. 이제부터라도 정책당국은 이상의 관점에서 그동안의 정책들을 재검토해주기를 희망한다. 그리고 그 와중에서 혹시라도 여유가 있다면, 역시 야율초재의 다른 주장인 다음 글을 추가로 음미해주어도 좋을 것이다.

> 마상(馬上)에서 천하를 얻을 수는 있으나, 마상(馬上)에서 천하를 다스릴 수는 없다.

/ 필자의 개인 웹 칼럼 2006년 11월

# 천(千) 척의 군함

일본의 명문대학 중 하나인 게이오대학의 설립자는 후쿠자와 유기치(福澤諭吉)이다. 메이지유신 당시 계몽가이며 교육자로서 실학(實學)을 장려하고 부국강병(富國强兵)을 주장하여, 오늘날 일본 자본주의 발달의 사상적 근거를 마련한 사람이다. 따라서 지폐 10,000엔권 전면에 그의 얼굴이 그려져 있을 정도로 일본에서는 유명하지만, 탈아입구(脫亞入歐)의 주창자로서 우리나라에는 그다지 호의적 느낌을 주지는 않는다. 그가 쓴 『문명론의 개략』 중에 다음과 같은 글이 있다.

> 영국에 천(千) 척의 군함이 있다고 해도
> 군함만 천척이 있는 것이 아니다
> 천척의 군함이 있다면 만(萬) 척의 상선이 있겠고
> 만 척의 상선이 있으면 십만 명의 항해사가 있으리라.

그런데 항해사를 양성하기 위해서는 학문이 있어야 한다.

학자도 많고 상인도 많고 법률도 정비되고 상사도 번창하여

사회의 모든 요소를 고루 갖추어야

비로소 천척의 군함도 있을 수 있는 법이다.

우리나라는 지난 수십 년 동안 사상(史上) 유례(類例) 없는 고도 성장을 통해 많은 것을 이루었다. 경제뿐 아니라 문화, 예술, 스포츠 각 방면에서 우리가 이루어 낸 업적들을 조상들이 보고 듣는다면 아마 믿어지지 않으실 것이라 생각한다. 그러나 후쿠자와 유기치가 '너희 배달민족이 이룬 각종 업적에 걸맞은 탄탄한 기반을 함께 형성해왔는가?' 라고 묻는다면 우리는 자신 있게 그렇다고 대답할 수 있을까?

우리나라에서 축구는 국기(國技)라고 할 만큼 많은 국민들의 애정을 받고 있다. 2002, 2006년에 보여준 붉은 함성은 외국인들만이 아닌 우리 스스로를 놀라게 할 만했다. 그런데 우리는 그와 같은 축구열기에 걸맞은 축구동호회나 각종 클럽들을 얼마나 보유하고 있는가?

금년에는 정치, 경제적으로 암울한 가운데 교수신문이 2006년 한국의 시대 상황을 묘사하는 사자성어(四字成語)로 밀운불우(密雲不雨)를 택하기에 이르렀다. 이 와중에 우리에게 한줄기 빛처럼 희망을 준 것은 수영과 피겨스케이팅에서 어린 청소년들이 보여준 쾌거(快擧)였다. 그런데 우리는 이러한 세계적 스타들을 뒷받침할 만한 수영장과 아이스링크, 그리고 이를 즐기는 동호인 등등 후쿠자와 유

기치에게 보이기에 부끄럽지 않을 만큼 필요한 사회의 요소를 제대로 갖추고 있는가?

이제 며칠 있으면 2006년을 마감한다. 정치권은 증오(憎惡)의 막말이 오가고 부동산 광풍(狂風)과 사회적 양극화로 우리 국민 대다수가 고통 받았던 한해였지만 금융시장은 비교적 평온했다. 은행은 '단군(檀君) 이래 최대 호황'을 누렸으며, 증권회사들은 자본시장통합법에 따른 기대로 한껏 부푼 한해였다. 북한 핵 사건을 포함한 각종 악재 속에서도 주식시장은 대세상승을 향한 탄탄한 기반을 다졌다. 경제의 온도계에 해당하는 금융시장만 바라보면 우리나라에는 큰 걱정이 없는 것처럼 느껴지기도 한다. 그러나 과연 그럴까? 지금 잘나가는 금융시장을 후쿠자와 유기치가 얘기한 '천 척의 군함'에 비교한다면 우리는 그에 합당한 만 척의 상선과 십만 명의 항해사, 그리고 이를 뒷받침할 학문, 법률들을 포함한 각종 사회적 기반을 제대로 구축해온 것일까? 아쉽게도 필자는 그렇지 않다고 판단한다.

정부가 서울을 '동북아 금융허브'로 만들겠다는 구상을 밝힌 것은 이미 오래 전이다. 뉴욕이나 런던과 경쟁하기는 어렵다 해도 홍콩이나 싱가포르와는 어깨를 나란히 할 만하다고 판단했는지 모른다. 하지만 금융허브는 단순히 큰 건물을 짓고 초고속 인터넷을 깔고 세계적으로 큰 대형금융회사들을 입주시킨다고 해서 만들어지는 것은 아니다. 우리나라가 진정 동북아 금융허브가 되기 위해서는 양질(良質)의 금융전문인력이 충분히 공급되어야 할 뿐 아니라, 이를 강력하게 뒷받침할 수 있는 학문적 기반이 수립되어야만 한다. 또한 외국의 금융전문가나 학자들이 우리나라를 오가며 살기에 거의 불편함이 없도록 언어, 문화적 장벽이 철폐되어야 한다. 언젠가는 이런 날이 분명하게 올 것임을 믿어 의심치 않지만 적어도 아직은 아니다.

그렇다면 충분한 사회적 지원이 없는 상태에서 우뚝 선 것처럼 보이는 '금융'의 실상은 무엇인가? 마치 시골마을 한 복판에 들어선 마천루(摩天樓)와 같은 느낌을 주는 우리의 금융은 지금 제 역할을 하면서 올바른 길을 가고 있는 것인가?

은행이 사상 최대의 이익을 내고 주식시장이 연일 최고치를 갱신(更新)하여도 이를 기뻐하는 사람들은 과거보다 훨씬 줄어들었다. 우리 금융이 만 척의 상선과 십만 명의 항해사, 그리고 학문과 법률제도들을 포함한 각종 사회적 기반 위에 굳건히 자리 잡았다면 수많은 사람들이 함께 즐길 수 있는 잔치이겠건만 안타깝게도 오늘의 우리 현실은 그렇지 못한 것 같다. 금융은 지금 '자신들만의 잔치'를 즐기고 있는 것은 아닌가를 되새겨볼 시점이다.

이제 내년이면 외환위기를 맞은 지 10년째가 된다. 무리한 고도성장의 피로가 한꺼번에 몰리면서 산업부문에서 누적된 쓰레기를 금융부문으로 집중시키고, 이를 공적 자금을 통해 외형적으로 해결한 것이 지난 10년의 역사이다. 이 과정에서 은행부분에서만도 30%가 넘는 직원들이 정든 직장을 떠났다. 그리고 국민들은 공적 자금을 위해 엄청난 세금을 부담해야만 했다. 이렇게 힘든 고비를 넘어 한숨 돌이키고 보니 대개 금융회사의 대주주는 외국인들로 바뀌어져 있다. 구조조정 당한 직원들의 피눈물과 국민들의 혈세(血稅)를 디딤돌로 하여 금융회사는 살아났고 그 어느 때보다 건전하고 수익성이 높아졌지만, 그 열매는 외국인들과 일부 유능한 직원들만의 몫이 되고 있다. 원래 제대로 되었다면 과실 배분에 함께 참여했어야 할 '만(萬) 척의 상선과 십만 명의 항해사, 그리고 학문과 법률제도들을 포함한 각종 사회적 기반'이 우리에게는 아직 없는 것이다. 오로지 천(千) 척의 군함만이 위용을 자랑하는 형국이다.

그렇다면 이제 우리에게 남은 과제는 지금의 금융시장에 걸맞은 사회적 기반을 구축하는 것일 것이다. 이를 위한 첫 단추는 금융회사들이 끼워주기를 기대한다. 필자는 금융회사들이 지난 10년간 지나치게 부당한 혜택을 받았다고는 생각하지 않는다. 외환위기의 격랑 속에서 출자된 외국자본은 그동안 부담했던 리스크에 합당한 수익을 이제 향유하기 시작한 것뿐이며, 지금 높은 급여와 상여를 만끽하고 있는 금융회사 직원들은 무한경쟁에서 살아남기 위해 피나게 실력을 배양한 대가라는 것을 인정한다. 따라서 가진 자 입장에서 못 가진 자에게 베푸는 시혜적(施惠的) 차원에서 금융의 사회적 기여를 기대하는 것이 아니다. 후쿠자와 유기치가 얘기한 대로 '만(萬) 척의 상선과 십만 명의 항해사, 그리고 학문과 법률제도들을 포함한 각종 사회적 기반' 없이는 천척의 군함이 지금 누리는 영화(榮華)가 영속(永續)될 수 없다는 판단 하에, 금융회사 스스로를 위해 사회적 기반 구축에 나서라는 충고이다.

물론 정상적인 상황이라면 이러한 사회적 기반구축은 국가와 지방정부의 책임이다. 그러나 작금(昨今)의 현실은 우리 사회가 더 이상 금융부분에 적극적인 지원을 하기에 역부족임을 잘 보여준다. 부동산 광풍(狂風)과 비정규직 확산에 따른 사회적 양극화는 앞으로 상당기간 동안 우리 사회의 병인(病因)으로 자리할 것이다. 지난 10년간 우리 사회는 금융을 살리는데 온갖 노력을 아끼지 않아왔다. 이제 우리 사회가 갖고 있는 여력이 있다면 이 과정에서 곪을 대로 곪은 병인(病因)을 치료하는 데 기울여야 할 것이다. 이때 금융은 그동안 사회로부터 받은 지원에 화답하기 위해서라도 스스로의 장기 생존을 위한 사회적 기반 구축에 전념해야 한다. 정부가 못하더라도 금융회사 스스로 나서서 금융전문인력을 직접 양성 또는 교육지원을 하고, 국민들의 금융 기초지식 배양을 지원해주어야 한다. 또한 지금 우리 금융이 갖고 있는 실력과 노하우가 과연 진정한 우리의 것인가를 재검해보아야 한다. 외환위기 극복과정에서 외국계 컨설팅 회사들을 통해 무분별하게, 제대로 소화시키지도 못한 채 허겁지겁 도입한 제도들과 지식들이 있다면 이제 차분히 살펴보고 우리의 것으로 만들어가야 한다. 그래서 앞으로는 결코 다시 금융이 우리 사회의 걱정거리로 등장하지 않도록 해야 한다.

그리고도 여력이 남는다면 이 사회의 소외된 아픔을 보듬어 안아주기를 바란다. 얼마 전 모 은행은 정규직 노조원들의 임금동결을 전제로 비정규직의 정규직 전환을 결정했다. 이 결정이 사회 여타 분야에 미치는 부정적 부담에 대한 일부 우려에도 불구하고, 필자는 기본적으로 이러한 결정을 내린 해당 은행 관계자들에게 박수를 보내고 싶다.

전쟁에서 포로나 부상병을 큰 희생이 따름에도 불구하고 구출하는 이유는 내가 당할 때 조직이 구해줄 것이라는 믿음을 군인들에게 주기 위함이다. 포로나 부상병을 내버려두고 간다면, 내가 버림받을지 모른다는 두려움으로 군인들은 적극적으로 싸우기 어려울 것이다. 그렇다면 미리부터 도망갈 구멍을 찾거나 아니면 전쟁에 참전하는 대신 큰 대가를 요구하게 될 것이다. 우리 사회는 지금 그 어느 때보다 양극화에 따른 낙오자(落伍者)의 문제가 심각해져가고 있다. 만시지탄(晩時之歎)이지만 지금이라도 이의 치유에 적극적으로 나서지 않는다면 우리 사회시스템의 지속을 보장하기 어려울 것이다. 지금 '잘 나가는' 금융은 이를 위해 기여할 수 있는 바가 분명히 있을 것이다.

그러나 어디까지나 금융회사의 본질은 공공성과 외부성의 제약하에서 건전성과 수익성을 개선하는 것임을 결코 잊어서는 안 된다. 사회적 기여라는 명분하에 이러한 본질이 위협받을 가능성은 우리 현실에서 아주 크다. 이미 우리 금융은 '고도성장 지원을 위한 무리하게 왜곡된 자금조달'의 부담으로 큰 위기를 겪었다. 이제 또 다시 부당한 사회적 책임을 무리하게 강조한다면 이로 인해 발생할 수 있는 금융 부실은 누가 책임질 것인가 생각하면 아찔하다. 그런 점에서 최근 부동산대책의 하나로서 금융권 대출에 대해 직간접적으로 하달(!)되는 정책당국의 이해하기 힘든 요청들은 재검토되어야 한다. 오히려 '제2의 외환위기'로 일부에서 우려되는 '가계발(家計發) 금융위기'에 대해 금융권이 자발적이고 적극적으로 미리 대처방안을 마련하도록 기다려 주는 것이 좋은 방안일 것이다.

이상에서 살펴본 바와 같이 결국 오늘날 우리 금융회사들은 공익성과 수익성 간에 절묘한 외줄타기를 요청받고 있다. 하지만 우리 금융회사들의 충분한 능력과 그동안 사회로부터 받은 지원을 고려하고, 여타 사회 각 부문이 겪고 있는 고통을 생각한다면 이러한 부담은 능히 감당할 수 있는 것이라고 믿고 싶다.

춥고 배고프던 1960년대에 잘살아보자는 희망 하나만으로 희소 자원을 기업들에게 몰아주어 키운 것이 한국의 재벌들이다. 그러나 그들 중 상당수가 키워준 국민의 지원을 배신하고 스스로의 이익만을 위해 문어발식 확장을 하여 고비용-저효율의 시스템으로 귀착되어 터진 것이 1997년 외환위기이다. 그러나 우리 국민들은 아낌없는 지원을 통해 망한 금융을 다시 일으켜 세웠다. 지난 시절 재벌들이 저질렀던 배반의 역사를 금융이 반복하지 않기를 바란다. 지금은 천 척의 군함만이 넓은 바다에 떠 있지만 그 군함들을 기반으로 상선도 만들고 항해사, 학자와 법률가들도 양성하기를 바란다. 그래서 후쿠자와 유기치가 돌아와서 볼 때 탈아입구(脫亞入歐)가 아니라 탈아입한(脫亞入韓)의 유혹을 느끼게 해주었으면 좋겠다.

/ 필자의 개인 웹 칼럼 2006년 12월

# 2007

## 황금돼지의 해

같은 금융전공 교수들끼리 환담을 할 때 보면 이론과 실제에 대한 해석이 서로 다른 경우를 종종 보게 된다. 교과서에서 금과옥조(金科玉條)처럼 가르치는 포트폴리오 효과를 대개 인정하면서도, 실제 투자에서는 몰방(沒放: all-in)이 더 효과적이라고 믿는 교수들도 종종 만나게 되는 것이다. 필자 역시 몰방에서 큰 이익을 얻은 경우가 있어 이 가능성을 적극적으로 부인하지는 않지만, 그래도 역시 포트폴리오 효과는 오늘날 재테크의 핵심 원칙임을 받아들여야만 한다. 오죽하면 이미 오래전에 셰익스피어가 '베니스의 상인' 1막 1장에서 다음과 같이 외치고 있을까?

> 나는 어떤 하나가 투자가치가 있다고 해서
> 그 하나에 내 모든 재산을 쏟아 붓지는 않지.
> 올해 제법 운 좋게 흐르고 있다 해도 말이야.

그렇기 때문에 나는 슬픔을 모르고 장사를 하지.

포트폴리오에 다양한 자산을 구성하다보면 당연히 효자(孝子)도 나오고 불효자도 나온다. 그런데 필자에게는 최근 몇 년간 이상한 징크스가 생겼다. 유독이 일본 관련 상품에서는 번번이 손해를 보는 것이다. 물론 독자들은 최근 10여 년을 넘어 지속된 일본의 장기불황을 이유로서 떠올리겠지만, 필자의 실패는 그 이후의 상황이며 비슷한 시기에 주변 다른 사람들은 제법 이익을 내기도 한 것이다. 패배는 병가지상사(兵家之常事)라 하지만 언짢은 기분은 어쩔 수 없다. 오늘은 일본에 관한 얘기로부터 시작한다.

2차 세계대전 이후 일본은 수출드라이브 정책을 강하게 시행했으며, 그 결과 짧은 시간 내에 전쟁피해를 복구했을 뿐만 아니라 세계 2-3위의 경제대국으로 자리 잡았다. 그러나 일본의 지나친 진출은 세계 각국에게 충분한 위협이 되었으며, 이에 따라 1985년 미국 뉴욕에서 열린 플라자합의에 의거하여 엔화가 강세로 전환되었음은 널리 알려진 사실이다. 강한 엔을 통해서라도 일본의 수출로 인한 각국의 경상수지 악화 문제를 해결해보고자 한 것이다.

고도의 기술력을 갖춘 일본에게 있어서도 당시 엔화강세는 기업에게 큰 부담을 주었고, 따라서 당시 일본정부는 저금리정책을 실시하여 이러한 부담을 덜어주고자 하였다. 그러나 역사적으로 늘 그러했듯이 무리한 금융완화정책은 일본경제 내에 부동산투기를 포함한 거품을 대거 생성하였고, 이 과정에서 금융회사들은 크게 부실화 가능성에 노출된 것이다. 거품 제거는 뼈를 깎는 구조조정을 통해서만 가능하지만 일본정부는 이에 실기(失期)하였고, 결국 일본은 '잃어버린 10년'으로 불리는 고통의 시기를 겪을 수밖에 없었던 것이다.

장기복합불황을 탈피하기 위해 당시 일본이 내놓았던 많은 정책들 중에는 역사적으로 뒷날 큰 부담이 될 만한 것들도 섞여 있었는데, 그중 대표적인 것이 제로금리로 대표되는 이른바 '양적 완화정책'이다. 돈을 엄청나게 풀어서라도 경제를 살려보고자 한 이 정책은 최근 세계금융역사상 보기 드문 일본의 디플레이션 때문에 가능했다. 인플레이션 상황에서 양적 완화정책은 타는 불에 기름을 끼얹는 것과 다를 바 없기 때문이다. 그러나 오랜 기간 유지된 양적 완화정책이 과연 오늘날 일본의 부활에 어떤 기여를 했는가는 역사적으로 더 많은 연구가 필요한 부분이다. 오히려 불황기의 충분한(?) 휴식과 느리지만 꾸준한 구조조정이 더 큰 역할을 했다는 주장도 만만치 않게 제기되고 있기 때문이다. 아무튼 이제 일본은 양적 완화정책을 포기해도 좋을 만큼 부활했다.

일본이 장기불황에 고통을 받는 동안 바깥 세계는 1990년대 말 금융공황의 소용돌이에 있었다. 우리나라를 포함한 대부분 국가들은 이로부터 벗어나기 위해 금리를 크게 내리면서 시장유동성을 폭발적으로 증가시켰다. 그에 힘입어 세계금융시장은 위기에서 벗어날 수 있었지만, 과도하게 풀린 유동성의 악영향은 부동산 거품의 어두운 그림자로 우리에게 남았다. 미국을 포함한 각국은 금리인상을 통해 이를 제어하려 하고 있지만, 충분히 안심할 만큼 튼튼하지 않은 경제로 인해 과감한 금리인상에는 나서지 못하는 모습이다.

필자가 개인적으로 거듭된 실패에도 불구하고 세 번째로 일본편

드에 가입한 것은 이상의 분석을 마치고 이제 일본경제가 부활하고 있다는 여러 가지 지표들을 확인한 다음이었다. 그러나 징크스처럼 이번에도 (적어도 이글을 쓰는 시점까지는) 손해를 보았는데, 가장 큰 이유는 엔화 환율이었다. 엔화가 필자의 예상과 달리 대폭 약세로 전환한 것이었다. 경기회복 국면에서 통화는 대개 강세로 전환하는 것이 보통이라, 해외펀드에서 필수적으로 권고되는 환 헤지도 일본 펀드의 경우에는 일부러 하지 않은 상태였다. 그렇다면 일본 엔화는 왜 약세로 전환한 것일까?

다수의 분석가들은 일본경제 회복이 기대만큼 강하지 않음을 엔화약세의 원인으로 지적한다. 그러나 필자는 주요 상대국 대비 일본의 금리가 낮게 유지되는 것이 더 큰 원인이 아닌가 싶다. 일본은 '잃어버린 10년'을 극복하기 위해 엄청난 돈을 푸는 과정에서 재정적자가 심각한 지경에 이르렀다. 경제규모를 고려할 때 일본의 재정적자가 미국보다 상대적으로 더 심각하다는 것을 아는 사람들은 의외로 많지 않은 것 같다. 쌍둥이 적자로 고전하는 미국은 강한 군사력을 바탕으로 유지되는 기축통화로서 달러의 위치 덕분에 그나마 경쟁력을 유지하고 있지만 일본의 경우는 다르다. 경제가 부활하더라도 산더미 같은 재정적자가 단기간 내에 해소될 것이라는 희망이 없는 한 일본엔화의 약세는 불가피했는지 모르며, 이 부분을 바로 필자가 제대로 고려하지 못했던 것이다. 따라서 일본 주식시장의 강세에도 불구하고 엔화약세로 인해 원화로 환산된 투자수익은 마이너스가 된 것이다.

일본이 엔화를 강세로 전환시키려면 금리인상이 불가피하지만 이는 곧바로 재정부담 증가로 나타난다. 그러나 현재 일본의 재정상태는 추가적인 부담을 감당하기 어려울 것 같다. 또한 디플레이션을 오래 경험한 일본으로서는 엔화약세에 따른 인플레이션 압력 증가와 수출증가가 오히려 바람직할 것이다. 따라서 당분간 엔화의 약세는 불가피한 것이 아닌 가 판단된다. 그렇다면 일본과의 오랜 무역적자 갈등을 겪고 있는 미국의 입장은 어떠할 것인가? 엔화약세는 불가피하게 일본의 대미수출 경쟁력을 상승시켜 양국 간 무역불균형을 확대시킬 것이 명확한 상황이기 때문이다.

이에 대해 보너(Bonner)와 위긴(Wiggin)은 『세계사를 바꿀 달러의 위기(*Empire of Debt*)』라는 최근 저서에서 다음과 같이 주장한다. 2003-04년간 일본은 대규모로 통화를 증발(增發)했는데, 이는 35조 엔에 달하는 경상수지 흑자로 인한 달러 매입용이었다는 것이다. 만일 당시 일본이 이런 조치를 취하지 않았으면 시장메커니즘에 따라 달러 값이 폭락하면서 환율조정에 따라 양국 경상수지는 균형에 달할 수 있었을 것이다. 그러나 이는 미국과 일본, 모두가 바라지 않는 상황이었던 것 같다.

이미 알려진 바와 같이 미국의 대규모 쌍둥이 적자를 지탱해주고 있는 것은 대미 무역흑자를 크게 내고 있는 일본과 중국이다. 이들 국가는 적자보전용 미국국채를 대량 매입해왔다. 이러한 상황에서 달러가치가 급락한다면 미국은 채권판매에 큰 어려움을 겪게 될 것이며, 쌍둥이 적자를 해결할 방도가 없어진다. 한편, 일본의 입장에서도 막대한 무역흑자에서 번 돈으로 투자한 미국국채 가격이 폭락하는 것이 바람직하지 않다. 만일 이들 국가 간 협조체제가 깨어져서 달러가치가 폭락할 경우 미국으로서는 금리인상이 불가피할 것이며, 이는 전 세계적인 금융긴축으로 전염되어 세계경제를 파탄으로 몰고 갈 위험성이 아주 큰 상황이다. 미국, 일본 및 중국에 거의 모든 것을 걸고 있는 한국경제로서도 치명적 타격은 불 보듯 당연하다.

이상의 논의를 종합해보면 왜 일본엔화의 약세가 당분간 용인될 수밖에 없는가가 명확해진다. 그러나 여기서 문제점은 이러한 해결책이 '당분간'에 국한한다는 것이다. 작금의 세계경제를 불안하게 하는 최대 원인의 하나는 일본과 미국의 대규모 재정적자이다. 역사적으로 재정파탄의 결과는 하이퍼인플레이션이다. 더군다나 일본은 현재 노령화와 출산율 저하로 고생하고 있으며, 이는 불가피하게 연금제도의 파탄을 불러올 수 있다. 상황은 다르지만 미국을 포함한 각국 대부분이 연금개혁이 필요한 상황이다. 연금제도를 포함하여 재정적자를 개선시키기 위한 대규모 개혁이 없으면 하이퍼인플레이션은 불가피할 것이다. 그렇다면 그 시기는 언제쯤이 될까? 필자는 중국이 '세계의 공장'으로서 싼 노동력을 기반으로 '디플레이션'을 수출하는 동안은 세계경제가 버틸 수 있을 것이라고 믿는다. 문제는 이 기간 동안 강대국 일본과 미국이 재정적자를 해결할 수 있을지 여부에 달려있다. 이러한 점에서 세계경제는 지금 불안한 외줄타기를 하고 있는 형국이다.

알렌 그린스펀과 본디오 빌라도의 공통점은 '(본인 스스로) 틀린 줄 알면서도 대중들에게 그들이 원하는 것을 준 것'이라고 한다. 그린스펀은 1997-8년의 금융위기를 성공적으로 극복한 것으로 크게 칭송받아왔지만, 그가 남긴 유산, 즉, 시장의 과도한 유동성 공급과 이에 따른 거품현상은 장기적으로 경제에 큰 부담을 주지 않을까 걱정되는 것이다. 재정이 건전하다면 위기 극복과정에서 일시적으로 과도하게 풀린 유동성을 긴축을 통해 흡수할 수 있지만, 지금처럼 미국과 일본 모두 재정악화로 고생하는 시점에서는 금리인상 등 긴축이 생각만큼 쉽지 않은 탓이다. 그렇다면 결국 우리를 기다리는 하이퍼인플레이션을 피할 수 없는 것인가? 일부의 비난대로 그린스펀은 이러한 가능성을 예견하면서도 대중들에게 그들이 원하는 것을 준 것일까?

2007년, 새로운 한 해가 문을 연 지 이제 거의 한 달이 되어간다. 근거 유무가 불확실하지만 '황금돼지의 해'라고 해서 올해는 재테크에 희망의 빛이 비추이기를 기대하는 분위기가 만연하다. 강대국들의 재정적자가 시한폭탄으로 자리 잡고 있고 과도한 유동성이 전 세계를 휘젓는 와중에 적합한 투자대상을 어떻게 선별할 것인가? 가장 바람직한 해법은 유동성이 생산적인 부문으로 집중되어 경제성장을 이룩하고, 이에 따라 재정적자가 서서히 해소되어가는 것일 것이다. 이러한 가능성이 보인다면 주식시장이 가장 큰 수혜자가 될 것임에 분명하다.

그러나 그렇지 않다면? 재정적자는 계속 악화되고 시장유동성이 갈 곳 모르고 헤맨다면? 결국 거품은 붕괴될 것이다. 거품붕괴를 방치한다면 세계는 극심한 불황으로 접어들 것이며, 거품붕괴를 막기 위해 유동성을 또다시 추가 공급한다면 세계경기는 마약의 진통효과에 힘입어 뼈를 썩게 하는 질병조차 잊은 채 또 하루하루를 그렇게 연명해 갈 것이다. 그 어느 것도 결코 바람직하지 않은 상황이다.

필자는 이러한 시점에서 금(金: gold)이 최소한 중립적이거나 더 나아가 바람직한 투자대안이 될 수 있다고 믿는다. 금은 역사적으로 오늘날 달러가 갖고 있는 기축통화의 역할을 오랜 기간 수행해왔다. 재정적자와 과도한 시장유동성은 각국 통화가치의 하락을 가져올 가능성을 점점 크게 만들고 있다. 환율이 각국 통화가치의 상대적 비율이라고 할 때 국제적 환율 움직임은 상대적으로 안정적일 수 있지만, 반면 금 가치에 대비한 각국 통화가치는 크게 절하될 가능성이 아주 농후해진 상황이다. 아마 올해가 '황금돼지의 해'라고 한다면 '돼지'보다는 '황금'에 더 중심을 두어야 하는 것이 아닌가 싶은 것이다. 아무쪼록 올해는 독자들 모두 넉넉한 살림이 되기를 희망하며 이 글을 마친다.

/ 필자의 개인 웹 칼럼 2007년 1월

# 대학에서의 기금의 필요성

가난하여 영양실조(營養失調)에 걸릴 지경인 친척이 있다. 가난의 원인이 일시적인 것이 아니어서 당분간 크게 호전될 가능성이 없다. 이때 부자친척이 아이들 영양보충에 도움이 되라고 알 낳는 닭을 몇 마리 건네주었다. 닭들이 매일 낳는 달걀을 기대하는 것이다. 이런 상황에서 아이들이 지금 당장 너무 배가 고프니 아예 닭을 잡아먹고 당장의 포만감(飽滿感)이라도 즐기자고 주장하면 어찌할 것인가? 오늘 배부르게 먹기야 하겠지만 내일부터는 달걀조차 먹지 못하는 배고픔이 기다릴 것이 분명한 상황에서 말이다. 이에 대한 대답은 현재의 소비와 미래의 소비 간 대체율을 감안한 각 가정의 소비선호도에 따라 달라지겠지만, 대부분의 집안에서는 당장 닭을 잡기보다는 매일 달걀로 최소한의 영양을 보충하면서 미래를 기다릴 것이다. 이 내용은 현재 국내 대학들이 놓인 상황을 비유한 것이다.

대학은 비(非)영리법인으로서 가계나 기업 부문과 다른 재정여건을 갖고 있다. 개인의 경우 20세 중반 정도까지 부모의 도움을 받아 교육을 마친 후 밥벌이를 시작한다. 초기에는 수입보다 지출이 크겠지만 곧 저축 여력이 생기기 시작한다. 이후 대개 50세 중반 정도까지 이어지는 흑자(黑字) 시기에 모으고 투자한 여유자금은 개인이 여생(餘生)을 외부의 도움 없이 버텨나가는 기반이 되어준다. 따라서 개인에게 있어 평생에 걸친 수입과 지출의 현재가치가 일치함에 무리가 없다. 물론 부자와 가난한 사람들의 경우 그렇지 않은 경우가 종종 발생하지만……

기업의 경우라면 영속기업(Going Concern)으로서 투자기회에 따라 현금흐름이 얼마든지 자유롭게 변동가능하다. 당장의 여유 자금이 부족하다해도 좋은 아이디어와 능력이 있는 상태라면 외부조달을 통해 이를 보충할 수 있다. 반대로 여유자금이 생긴 경우라면 적절한 투자대상을 선정하여 재테크를 해볼 수도 있다.

그러나 대학의 경우라면 얘기가 크게 달라진다. 우선 대학은 유한한 생명을 갖는 개인과 달라서, 여유자금을 모았다 하더라도 이를 당대(當代)에 전부 소비할 수 없다. 현재 갖고 있는 기금의 소유권이 당대에만 있는 것이 아니라 후대(後代)에도 나누어주어야 하기 때문이다. 또한 기업과 달리 일시적 재정부족 상태에 빠졌다 하더라도 외부차입을 통해 보충하기 쉽지 않다. 기업에서는 현재의 투자가 미래의 더 큰 금전적 이익으로 이어질 기대가 있어 차입을 허용하지만, 대학에서는 그와 같은 경우를 찾기가 쉽지 않기 때문이다. 따라서 우리는 대학에서의 재무관리가 가계부문이나 기업부문과 크게 달라질 수밖에 없음을 인정해야 한다.

대학에서 시설투자와 우수교원 확보 등은 경쟁력 향상의 관건이다. 특히 현재와 같은 글로벌 무한경쟁시대에 대학의 중요성은 아무리 강조해도 지나치지 않을 것이다. 그런데 자본주의 하에서 대학은 수도원(修道院)이 아니다. 돈이 절대적으로 필요한 조직인 것이다. 그러나 현재 국내 사립대학의 재정현황을 보면 국제경쟁력 향상은 고사하고 현재 수준을 유지하기에 급급한 상황이다. 우리나라 대학의 수입구조를 대략 살펴보면 등록금, 기부금, 재단전입금, 교육 외 수입 및 국고보조의 순서로 되어 있지만, 등록금 비중이 60%를 넘어서 등록금 의존도가 지나치게 높은 구조를 갖고 있다. 한편 지출구조를 보면 교직원 보수, 관리운영비, 연구비 및 장학금 등 실질적으로 경직성(硬直性) 경비가 대부분의 비중을 차지하고 있어, 재정 운용상 융통성이 크게 부족한 실정이다.

이를 조금 과장되게 얘기한다면 현재 우리나라 대학들은 일부를 제외하고는 하루 벌어 하루 먹고 사는 극히 영세한 재정구조를 갖고 있다는 것이다. 이러한 구조는 결국 대학 차원에서 미래를 위한 적극적 투자를 막는 결정적 장애요인으로 작동하고 있다. 차입을 통해 미래 투자를 감행할 수 없는 대학의 본질상 결국 대학이 기댈 수 있는 곳은 현재 상황에서 두 가지밖에 없다. 첫째는 등록금 인상이다. 대학의 교육비용을 학생들의 등록금에 크게 의지하는 것은 미국식 모형이다. 미국의 주요 대학 등록금은 우리나라 대학의 수백 %에 달한다. 그러나 우리나라 대학에서 등록금 인상은 학생들과의 격렬한 투쟁을 각오해야 하는 지극히 어려운 과제이다.

재정난 타개의 두 번째 방법은 정부지원을 대폭 확대하는 것이다. 이른바 유럽식 모형이다. 2005년 우리나라 정부 14개 부처의 대학 재정지원액은 4조4천8백80억 원으로서 전체 대학재정의 22.7%를 차지했다. 그러나 이는 OECD 평균의 78.1%, 미국의 45.1%, 일본의 41.5%에 불과한 빈약한 상황이다.

이렇듯 빈약한 재정의 결과로서 나타난 것은 당연히 대학교육의 질 저하이다. 국민들에게 우리나라에서 살기 힘든 두 가지 이유를 꼽으라면 대부분이 '치솟는 부동산 값'과 '살인적인 사교육비(私敎育費)'를 들 것이다. 이렇듯 엄청난 교육비를 직간접적으로 지불하는 국가에서 교육의 현실은 참담하기 그지없다. 주어진 공교육(公敎育) 과정의 암담한 현실을 참지 못한 수많은 학생들은 바다를 건너 해외로 도피한다. 이로 인한 기러기 아빠들의 고통은 이미 사회문제화되고 있는 상황이다. 그러나 고통의 과정을 이겨내고 성공적으로 대학에 입학하는 학생들의 학력은 날로 떨어져만 가니 참으로 이해하기 어려운 현실이다. 이들을 맞이하는 국내 대학의 현실도 밝지 않다. 현재 4년제 대학 교수 1인당 학생 수는 대략 40명으로 OECD 평균의 2-3배에 달한다.

결국 이상의 논의를 종합하면 우리나라 대학들은 현재 빈약한 교육여건에 처해 있으면서도, 이를 해결할 수 있는 재정적 여력을 갖지 못하고 있다고 할 수 있다. 글머리에서 비유한 바와 따르면 "가난하여 영양실조(營養失調)에 걸린 지경인데, 가난의 원인이 일시적인 것이 아니어서 당분간 크게 호전(好轉)될 가능성이 없는" 상황에 놓인 것이다. 이를 해결하기 위한 대학의 재원확보방안으로는 국고지원 확대, 수익사업 다양화, 연구비 집중관리 및 간접 징구 확대, 재정

운영 합리화를 통한 경비절감, 용역계약 및 민자유치 등이 다양하게 검토되고 있으나, 아직은 '언 발에 오줌 누기' 형국이다. 결국 대학은 발전기금의 조성을 통해 자립하는 것이 중장기적으로 바람직하다는 것이 필자의 판단이다. 이때 발전기금은 "가난한 집 아이들의 영양보충에 도움이 되라고 부자친척으로부터 건네진 알 낳는 닭"의 역할을 할 수 있고 또 해야 한다.

현재 시점에서 대학의 기금조성에 꼭 필요한 것은 대학기금을 바라보는 사회인식의 변화이다. 단기적으로는 기부금 모금 방식을 다양화하고 기부자 예우(禮遇) 수준을 높이는 것이 효과적일지 모르나, 장기적으로는 대학기금에 대한 인식을 개선하고 대학교육에 대한 신뢰를 회복하는 것이 기부를 늘릴 수 있는 지름길이라고 믿는다.

그러나 필자가 체감하는 바에 따르면 현재 국내에서 대학기금에 대한 인식은 크게 부정적이다. 첫째, 학생들과 일부 사회단체들은 대학이 이미 모아진 기금을 사용하여 등록금 인상을 억제 또는 동결할 것을 주장한다. 그러나 이러한 주장은 "지금 너무 배가 고프니 아예 닭을 잡아먹고 당장의 포만감(飽滿感)이라도 즐기자"는 것에 다름없다. 기금조성에 결정적 기여를 할 수 있는 "부자친척"인 기업들의 입장에서 본다면 이런 집안에 닭을 주고 싶지 않을 것이다.

두 번째 부정적인 입장은 정부당국에 있다. 내용을 잘 알만한 교육당국자들도 대학의 '경상비 잉여(剩餘) 적립'과 '기업들로부터 들어온 기부금 적립'을 구분하지 못하고, 대학의 기금이 쌓여가는 것에 대해 부정적인 시각을 갖고 있는 것을 보면 우리나라 교육의 미래에 암담한 심정을 금하기 어렵다. 동냥을 주지 못할 바에는 쪽박이라도 깨지 말아야 하는데, 정부당국이 하는 행동을 보면 쪽박을 깨고 싶어 안달이 난 것 같다.

세 번째 부정적인 입장은 대학 내부자들에게서 나온다. 경쟁력 향상을 위해 당장의 투자필요성이 보이는데 기금을 헐어 쓰자는 주장을 쉽게 내세운다. 그러나 이는 대학이 개인과 달리 영속성(永續性)을 갖는 조직이며, 기업과 달리 차입이 자유롭지 못하다는 두 가지 점을 간과한 것이다. 대학의 기금(endowment)은 특정 목적의 사업 또는 프로젝트에 영구적으로 자금을 지원하기 위한 목적으로 설립된 펀드로 이해되어야 한다. 이는 등록금 중심의 만성적(慢性的) 적자구조를 개선하여, 불규칙한 외부지원에 따른 불안감을 없애고 안정적 수입원을 확보하는 주요한 도구로서 이해되어야 한다. 특히 선투자(先投資), 후정산(後精算)이 불가피한 대학에서 일정 규모의 기금을 상시적으로 확보하고 유지하는 것은 당연한 것이다.

이러한 대학기금은 특별한 운용의 원칙이 있다. 첫째, 설립목적 사업의 지원은 영구히 일정 금액 수준 이상으로 이루어져야 하며, 이를 위해서 기금의 필요(실질)투자수익률은 '지원금액 / endowment 원금' 보다 커야 한다. 둘째, 지원하는 금액의 실질가치 하락이 없어야 한다. 따라서 기금 규모가 매년 물가상승률만큼 증액되어야 한다. 이를 종합하면 결국 기금의 필요투자수익률은 필요(실질)투자수익률과 물가상승률을 합친 것보다 커야 한다. 이와 같은 원칙을 지킬 경우 대학기금의 원금(元金)을 헐어 쓰는 것은 극히 제한된 경우에 국한되어야 함을 알 수 있다.

전 세계 대학 중에서 대학기금을 가장 잘 관리하는 모범사례는 미국 하버드대학교(Harvard University)이다. 우리나라 돈 가치로 수십조 원에 달하는 안정적 기금을 확보한 이 대학은 기금운용 수익만으로 전체 예산을 감당할 수 있는 정도이지만 높은 등록금 수준은 그대로 유지한 채로 적극적 기금운용과 모금활동을 통해 기금규모를 계속하여 늘려가고 있다. 이 대학에서는 막대한 기금규모를 이유로 등록금 삭감을 요구하는 학생들의 목소리도 없으며, 기금을 백안시(白眼視)하는 정부관리들도 발견하기 어렵다. 대학구성원들도 기금원금을 헐어쓰기는커녕 적극적으로 이를 늘려가는 데 혈안이다. 그 결과로서 나타난 것이 세계 최고의 교육경쟁력이다.

그렇다면 이제 우리는 어떻게 시작하면 좋은가? 앞서 언급한 대로 대학기금을 둘러싼 사회의 부정적 인식을 제거하는 것이 급선무(急先務)이다. 현재 우리나라 대학의 경쟁력을 향상시키는 필요조건으로 대학기금의 필요성을 사회가 인식한다면 자연스럽게 '기여(寄與) 입학제'를 받아들일 수 있을 것이며, 기업들도 이제까지보다 훨씬 적극적으로 기부문화에 동참할 것이다.

필자는 교육정책이 학생들로 하여금 보다 좋은 일자리에 보다 쉽게 취업 가능하도록 해주며, 이들이 일하게 될 기업의 국제경쟁력을 향상시키는 데 기여해야 한다고 믿는다. 그러나 지금까지의 교육정책은 학생, 학부모, 대학의 모든 당사자들에게 억압적인 고통만을 주어왔다. 미국의 고등학교에서는 우수한 학생들에게 대학교육을 미리 맛볼 수 있는 기회를 주어 개개인의 경쟁력을 지속적으로 향상시키도록 하는 데 반해, 우리나라 대학에서는 거꾸로 대학교육 수학능력이 없는 신입생들을 대상으로 고등학교 수업내용을 보충 교육해야 하는 참담한 실정에까지 이르렀다. 이제 우리가 여기서 상황을 개선시키지 못한다면 우리나라의 미래는 어찌할 것인가?

발전기금의 존재가 대학경쟁력 향상의 충분조건은 아닐 것이나 필요조건임에는 분명하다. 이런저런 형평성의 이유를 들어 필자의 이와 같은 주장에 반대하는 분들께 마지막으로 두 가지 화두(話頭)를 던지면서 글을 맺고자 한다. 첫째, 절대빈곤(絶對貧困)을 줄이는 것과 빈부격차(貧富隔差)를 줄이는 것 중 어느 것이 더 중요한가? 이를 교육현실로 치환(置換)하면 학생들의 '평균실력 향상'과 '실력의 평준화' 중 어느 것이 더 중요한가? 둘째, 발전기금 적립을 대체할 다른 대안은 무엇인가?

/ 필자의 개인 웹 칼럼 2007년 2월

# 두꺼비가 파리를 물고

다음은 조선 말기(末期) 농부 김갑돌과 최병석의 한담(閑談)을 기록한 것이다.

갑돌: 이봐, 병석이. 오랜만에 돌아오니 고향산천의 모습이 마음을 넉넉하게 해주는구먼. 올해 농사는 그럭저럭 잘 되려나 몰라. 몇 년 전 큰 가뭄도 잘 넘겼다고 하고, 보아하니 저수지에 물도 가득하니 당장에 큰 걱정은 없는 듯하니.

병석: 그래, 농사는 무어니 해도 치수(治水)가 근본이라. 높은 곳에 저수지를 쌓고 계곡에 흐르는 물 모아, 꼭 필요한 논밭에 잘 흘려보내주면 그게 농사의 절반이지. 나머지야 우리네 땀방울과 하늘의 도우심 아니겠는가?

갑돌: 왜 안 그렇겠는가? 그런데 고향으로 오는 길에 안 좋은 얘기를 들었네. 윗마을에서 누군가가 흐르는 물줄기를 바꿔 자기 논에

만 물을 공급하는 일이 있었는가 하면, 아랫마을에서는 흐르는 물에 농약을 지나치게 뿌려서 다른 사람 농사를 망친 경우도 있다는 얘기 말일세.

병석: 맞네. 천하에 나쁜 사람들 같으니라고. 아, 그래서 바쁜 마을사람들 모아놓고 그 중 바르고 정직한 사람을 뽑아서 '치수(治水) 관리인'으로 임명한 것 아닌가? 이들이 저수지로 들어오는 물, 흘러나가는 물도 관리하고, 혹시 나쁜 녀석들이 자기 욕심만 차리느라고 엉뚱한 짓 하지 못하게끔 관리감독하도록 말일세.

갑돌: 그럼, 그 사람들은 감독하느라 바빠서 자기 농사지을 시간이 없을 터인즉 무엇을 먹고 사나?

병석: 그래서 우리 나머지 마을사람들이 십시일반(十匙一飯)으로 거둬, 치수 관리인들에게 전달하기로 했네.

갑돌: 잘 했네. 그런데 듣고 보니 이거 재미있게 되었네. 결국 학생들이 직접 회초리를 만들어 마을 훈장님께 전해드리고, 그 회초리로 우리를 잘 다스려주소서라고 한 셈이 아닌가?

병석: 왜 아니겠는가? 그래서인지 관아(官衙)에서도 사람을 보내 노골적으로 자기들이 그 일에 참여했으면 하는 눈치를 보이던걸. 마을사람들이 이구동성(異口同聲)으로 치수관리는 우리가 자율적으로 할 수 있으니, 관아에서는 우리가 잘 하지 못하거나 갈등이 생길 때만 도와주어도 된다고 해도 어째 떨떠름한 표정이야. 결국은 우리가 뽑은 치수 관리인들 옆에 아전(衙前)들 몇 명을 붙여놓고 감독하라고 하고 갔다네.

갑돌: 충분히 그러고도 남을 사람들이지. 왜, 몇 년 전 일 기억나

지 않는가? 아전 노릇하는 김 아무개하고 주막에서 술 먹고 한판 붙은 일 말일세. 그때 김 아무개가 그러지 않던가? 민간인들은 그냥 놔두면 항상 사고 칠 궁리나 하므로, 관아(官衙)에서 늘 신경쓰고 부모처럼 보호해주어야만 한다고 말일세. 내가 그 말에 분통이 터져 싸움 끝에 잠시 고향을 등졌던 것이 아닌가?

병석: 물론 기억나지. 그렇지만 관아(官衙) 사람들 말이 아주 틀린 것은 아니지. 민초(民草)들이 어리석고 무식하던 시절에는 똑똑한 사람들이 초시(初試)라도 보아 관아로 들어갔으니, 그때는 아전들의 지휘감독을 받는 것이 큰 도움이 되기도 했지. 그런데 이제 더 이상은 아니야. 우리도 스스로를 규율할 만큼 성장했지 않는가?

갑돌: 그래, 마을사람들이 뽑은 치수 관리인 옆에 아전들을 몇 명이나 붙여놓고 갔던가?

병석: 처음에는 한두 명이 왔다 갔다 하더니만 어제 논물 보러 가면서 보니 제법 자기들 사무실도 지어놓고 꽤 여러 명이 모여 일하더라고. 그런데 더 속이 상하는 것은 처음 약속과 달리 관아 사람들, 자기들이 주인인 것처럼 우리가 뽑은 치수 관리인들을 부하처럼 부리더란 말일세. 치수 관리인들이야 무슨 힘이 있는가? 그저 관아(官衙) 사람들이 오라면 오고 가라면 가는 수밖에……

갑돌: 아니 그런 법이 어디 있는가? 입은 비뚤어져도 말을 바로 하랬다고…… 치수 관리인들 월급도 마을에서 거둬 주는 것이고, 관아 아전(衙前)들의 월급도 결국은 우리가 내는 세금에서 나오는 것인데, 어째서 관아 사람들이 주인 노릇을 하려든다는 말인가?

병석: 이 사람이 아무리 몇 년 고향을 등져 떠났다 왔기로서니

새삼스럽게 무슨 말인가? 관아 사람들의 오만(傲慢)이 어디 하루 이틀의 일인가?

갑돌: 내가 왜 모르겠는가? 하도 답답하니 그저 한번 뱉어본 말일세.

병석: 그런데 문제는 거기서 끝나는 것이 아닌 것 같네.

갑돌: 아니, 마을사람들이 저수지 짓고 우리가 돈 걷어 치수 관리인까지 뽑아놓은 데 관아(官衙)에서 자기들 마음대로 쳐들어와서 감 놔라, 배 놔라, 주인 행세하는 것으로 모자라서 뭐 또 문제를 일으켰다는 말인가?

병석: 자네, 재 너머 김 초시 집 근처 문전옥답(門前沃畓)을 기억하는가? 왜, 몇 년 전 대홍수(大洪水) 때 다 쓸려나가서 흔적도 없다시피 된 것을 마을에서 공동으로 돈과 인력을 추렴하여 다시 만들어 놓은 논 말일세. 그때 마을사람들이 있는 돈, 없는 돈 끌어 모아 살려보고자 애쓰던 그 모습이 지금도 생생한데 말이지.

갑돌: 당연히 기억하지. 그때 마을사람들이 추렴했던 돈들을 아직 다 갚지 못했다고 들었는데.. 맞는가?

병석: 그 땅이 지금 제대로 농사가 되어 그야말로 금싸라기 땅이 되었다네. 마을에서 유능한 농부들마다 소작을 받으려고 경쟁이 치열하지. 그런데 이번에 관아(官衙)에서 물러난 퇴물 아전(衙前)이 자기가 직접 농사를 지어보겠다고 밀고 들어와 압력이 대단하다고 하지 글쎄. 마을 이장인들 무슨 힘이 있어 관아(官衙)에서 내려온 무언(無言)의 압력을 이겨내겠는가? 울며 겨자 먹기로 받아들이려는 것 같은데. 그때 피땀 흘려 무너진 땅을 일구어 살려낸 농민들만 '닭 쫓

던 개, 지붕 쳐다보는 꼴'이 되고 만 셈이지.

갑돌: 아니, 그게 말이 되는가? 이장이야 자기 자리 보전하느라고 아무 말 하지 못한다 하더라도 농민들이 단합하여 낙하산을 거부해야지.

병석: 그런데 아까 말한 치수(治水) 관리인에 대한 관아(官衙)의 지배와 이 문제가 관련이 있다네. 관아에서 나온 아전들이 치수 관리인들을 지휘, 감독하게 되면서 실질적으로 지배하기에 이르렀지. 따라서 저수지에서 나오는 물길을 좌지우지(左之右之)하는 힘을 관아(官衙)에서 슬금슬금 장악해버렸다네. 그래서 자기네 말을 잘 듣는 집에는 때맞춰 물길을 돌려주지만, 조금이라도 반항을 하고 이번 일 같은 경우에 바른 말 하는 농부들에게는 물길을 돌려주지 않는다네. 더군다나 가끔은 괘씸죄라고 해서 저지르지도 않은 죄를 덮어씌워 아예 마을 밖으로 추방하기까지 하니, 순박한 농부들이 어찌 관아(官衙)를 상대로 저항할 수 있겠는가?

갑돌: 세상이 어떻게 이렇게까지 허물어졌다는 말인가? 우리 조선 500년 역사가 오늘날 이렇게까지 피폐하기에 이른 것은 사농공상(士農工商)의 차별정책이 큰 원인들 중 하나임을 이제 다 아는 사실이거늘, 지금이 어느 때라고 아직도 아전(衙前)들이 후안무치(厚顔無恥)한 뻔뻔함을 드러낸다는 말인가?

병석: 이제는 마을 공동의 일이 생겼을 때 누가 팔 걷고 나서서 자기 일처럼 열심히 할지 걱정이네. 죽 쒀서 뭐준다는 옛말처럼 기껏 마을 공동의 일이라 열심히 가꾸어놓았더니 아전(衙前)들이 홀랑 단물을 다 빨아먹는 꼴이니 말일세.

갑돌: 아니, 아전(衙前)들이 농사를 지어보기를 했는가? 어찌 농부가 해야 할 일을 그들이 차지하겠다고 할 수 있는가?

병석: 정말 몰라서 하는 얘기는 아니겠지? 똑똑하고 양심적인 애국자는 대부분 관아(官衙)에 모여 있고, 민간에는 우리와 같은 너부렁이들만 있다고 보는 것이 그들의 생각 아니던가? 아전(衙前)들이 앞에서 이끌고 지도하면 순진한 무지렁이들은 알아서 시키는 대로 따라만 하면 마을이 잘 된다고 믿는 것이 그들의 기본 주장이 아니던가?

갑돌: 에헤라, 얼싸디야. 지금 한양(漢陽)에서는 집값이 올라서 난리이더니만, 고향에 오니 여기도 편안하지 않구먼. 에이, 그렇다면 어디로 가야 마음 편히 살려나……

병석: 한양 집값이 올랐으면 집 주인들이야 좋지, 무엇이 문제란 말인가?

갑돌: 그것이 꼭 그렇지만 않다네. 집값이 오른 것은 나라님의 실책(失策) 때문인데, 집값이 올랐다고 나라에서 애꿎게 세금만 엄청나게 올리는 바람에 세금 낼 돈이 없어 쩔쩔매는 사람이 한둘이 아닐세. 나라에서는 세금 낼 돈이 없으면 팔고서 낙향(落鄕)하라고 하네만, 그게 어디 사람이 할 짓인가? 열심히 살아 일군 삶의 터전인데, 나라님의 실정(失政) 탓으로 집값이 오른 죄를 덤터기씌워서 사람들을 정들어 사는 터전에서 쫓아내려고 하니 말일세. 더 큰 문제는 한양에 집 한 채도 갖고 있지 못하던 서민들이 상대적인 박탈감에 분노를 삭이지 못하고 있다는 것이니…… 일촉즉발(一觸卽發), 한양 분위기가 영 어수선하다네.

병석: 한양이나 우리 마을이나 꼭 같구먼. 관아의 아전들은 일이 잘되건 못되건 그저 승승장구(乘勝長驅) 하건만, 민초(民草)들은 이래서 깨지고, 저래서 손해보고…… 늘 이렇구먼. 정말 우리 민초(民草)들이 어리석어서 아전(衙前)들의 현명한(?) 가르침이 늘 필요한 존재라면, 그들의 정책실패로 인한 손해를 왜 우리만 덤터기써야 한다는 말인가?

갑돌: 에이, 시시한 얘기 집어치우고 오랜만에 귀향한 친구에게 걸쭉한 농주(農酒) 한잔 내와 보게나.

병석: 왜 아니겠는가? 자네의 구성진 노래 가락을 안주삼아 오늘 크게 한번 즐겨 보세나. 자, 한 곡조 뽑아보시게나.

갑돌: 그럴까 그럼.

두터비 ᄑᆞ리를 물고 두험 우희 치ᄃᆞ라 안자

것넌 山(산) ᄇᆞ라보니 白松骨(백송골)이 ᄯᅥ잇거ᄂᆞᆯ 가슴이
금즉ᄒᆞ여 풀덕 ᄯᅱ여 내ᄃᆞᆮ다가 두험 아래 쟛바지거고

모쳐라 ᄂᆞᆯ낸 낼싀만정 에헐질 번ᄒᆞ괘라.

(해석: 두꺼비가 파리를 물고 두엄 위에 뛰어 올라가 앉아
건너편 산을 바라보니 흰 송골매가 떠 있기에 가슴이
섬뜩하여 펄쩍 뛰어 내닫다가 두엄 아래 자빠졌구나.
마침 날랜 나였기에 망정이지 하마터면 다쳐서 멍들 뻔했구나.

출전: 진본청구영언, 자료: ‘이완근, 이학준의 희망의 문학’ )

병석: 에헤라, 얼싸디야…… 니나노……

/ 필자의 개인 웹 칼럼 2007년 3월

# 국민연금 문제의 해결책

상술(商術)이란 묘한 데가 있어서 잘 안 팔리는 것일수록 광고선전을 더 많이 하게 마련이다. 지난 수년간 국민연금에 대해 정부가 엄청나게(?) 퍼부은 홍보자료들을 보면서 필자가 느낀 생각이 그러하다. 국민연금이 정부가 주장하는 것만큼 그렇게 좋은 상품이라면 국민들은 하지말래도 알아서 적극적으로 가입했을 것이다. 아파트나 오피스텔 청약에서 돈이 된다 싶으면 몇 날 밤을 새우더라도 수천 명이 줄 서서 기다리는 것을 보면 알 수 있다. 그런데 국민연금은 이상했다. 정부는 국민연금이 참으로 좋은 제도이며 노후대비에 효자(孝子)보다 낫다고 선전하는 데 반해, 국민들은 이를 피하는 눈치가 뚜렷하다. 아예 '이름만 다른' 세금이라고 혹평(酷評)하는 사람도 있었다. 왜 다수의 국민들은 정부의 의도와 달리 국민연금을 회피해온 것일까?

회피하는 국민들의 첫째 부류는 현재 재정적 여력이 없어서 이에 가입할 수 없거나 어려운 사람들이다. 흔히 말하는 제도의 사각지대(死角地帶)에 놓인 납부예외자와 기피자들이다. 이들에게는 정부가 퍼붓는 홍보가 짜증나게 들릴 수밖에 없다. 둘째 부류는 연금납부의 재정적 여력이 있으되 정부를 믿지 못하는 사람들이다. 지금 당장은 연금급여 지출이 적립금 증가액보다 적어서 적립금이 증가하므로 안전한 것처럼 보이지만, 실제로는 적립금보다 연금급여 청구권이 2배 속도로 증가하므로 자신이 연금을 수령할 때가 되면 적립금이 고갈되지 않을까 우려하는 것이다. 그런데 안타깝게도 이들의 우려는 맞다. 따라서 현재의 국민연금 제도는 부담능력이 되건, 안 되건 상관없이 모든 사람들에게 심각한 결함을 갖는 제도인 것이다.

식물(植物) 국회, 무능(無能) 국회로 비난받는 우리 국회가 오랜만에 일다운 일을 처리하는 모습을 보였다. 보건복지부 장관이 사표를 던지고 배수진(背水陣)을 친 것이 약발을 발휘한 것인지는 모르지만, 어쨌든 이번에 국민연금 개정을 둘러싼 정치권의 합의에는 칭찬을 하고 싶다. 지금 이대로 간다면 썩어서 부작용이 심각할 문제인데, 이 문제를 더군다나 대선을 앞둔 시점에서 처리해냈다는 것은 우리 국회의 지난 과거사를 돌이켜보면 기특하기까지 한 것이다.

한나라당과 열린 우리당은 국민연금법 개정과 관련하여, 보험료율은 현행 월 소득의 9%로 유지하되 급여율은 40%로 낮추는, 즉 '그대로 내고 덜 받는' 식으로 합의했다. 이렇게 되면 기금 적자발생 시기는 2036년에서 2047년으로 11년, 기금고갈 시기는 2047년에서 2061년으로 14년 각각 늦춰진다. 기초(노령)연금은 65세 이상 노인들 중 60%에게 매월 연금 가입자 평균소득의 5%(약 8만9000원)를 주되, 2028년까지 액수를 10%(약 60만 원)로 올려주자는 쪽으로 가

닥을 잡고 있다. 매월 360만 원을 버는 직장인이 20년간 국민연금에 가입했을 경우, 현 제도대로라면 월 81만 원을 받겠지만 새로운 제도 하에서는 57만 원으로 24만 원이 줄어든다. 그러니까 일부에서는 노후를 대비한 연금이 아니라 '용돈'이냐는 비아냥거림이 나오기 시작했다. 과연 이번 개편안은 잘못된 것인가에 대해 살펴보자.

이번 국민연금개혁 문제의 핵심은 연금적자로 인한 재정 불안정을 해결하고, 대략 1,000만 명으로 추산되는 사각지대 문제를 해결하는 것이었다. 현행 제도를 유지한다면 1988년에 도입된 국민연금은 2048년에 소진이 불가피한데, 이는 기존 제도가 정치적 목적에 의해 저(低) 부담/ 고(高) 급여 체제로 만들어져 불가피한 것이었다. 결국 해결책은 부담/급여비율 조정과 기초연금의 개편을 통해서만 가능한 것이다.

첫 번째, 부담/급여비율의 조정은 보험요율을 높이거나 급여비율을 낮추는 것만이 정답이다. 전자의 경우 그렇지 않아도 현행 제도 하에서도 심각한 사각지대가 확대될 우려가 있는 반면, 후자의 경우 불가피하게 기득권 침해의 어려움을 유발하며 노후에 지급되는 연금 급여가 충분치 않아 삶이 불안해질 수 있다는 반발에 부딪혔다. 따라서 대개의 진보진영은 전자를 선호한 반면, 보수진영은 후자를 지지했다.

두 번째, 납부예외자를 위한 기초연금의 설립은 막대한 재정 부담이라는 암초를 넘어서야만 하는 문제가 있다. 저출산, 고령화 추세에서 고령자 빈곤문제는 심각해질 것이 분명하고 사각지대의 문제도 심각하지만, 이의 책임을 조세가 아닌 사회보험이 짊어져야 하는가에 대한 당위성(當爲性) 논쟁도 심각했다. 국민연금의 소득 재배분 기능을 고려하더라도 이는 국민연금에게 지나친 부담이 될 수 있다는 것이다.

이상의 논의가 복잡해보이지만 필자가 보기에 문제의 핵심은 결국 한 가지, '돈'이다. 고령화 노인들의 삶을 어떤 돈으로 책임질 것인가 하는 것이다. 연금부담을 확대하든 세금을 늘리든 많이 거둬서 이에 대비하자는 주장과, 개인의 삶은 기본적으로 개인이 책임져야 한다는 주장이 이 논쟁의 양 극단에 놓여 있는 것이다. 그리고 이는 더 나아가서 우리가 바라는 사회경제체제와도 맞물려 있다. 전자(前者)의 경우라면 사회주의/복지국가의 성격이 강한 것이며, 후자(後者)의 경우라면 신자유주의/자본주의 국가의 성격이 보다 강한 것이다.

결국 정치권은 앞서 서술한 바와 같이 '그대로 내고 덜 받는' 식으로 합의함으로써 신자유주의의 편을 든 셈이 되었다. 기초노령연금을 2028년까지 확대한다는 보완책이 반대파의 압력을 다소 완화시킬 것으로 예상되기는 하지만 말이다. 아직까지 국회통과를 포함한 여러 절차들이 남아 있지만, 필자가 판단하기에 이제까지 합의본 내용 이상의 획기적 개선은 어려울 것이다. 아쉽고 부족하지만 현재 우리 능력의 한계가 여기까지라고 본다. 장기적으로 꾸준히 경제를 발전시켜 재정능력을 향상시키는 것만이 유일한 해결책이 될 수 있을 것이다. 선진국의 사례만을 들어 이 이상의 무리수를 쓰다가는 '참새 가랑이가 찢어지는' 고통이 예상될 뿐이다.

누구도 개인의 삶을 대신 책임져줄 수는 없다. 그러기에 우리 선조들은 '가난은 나라도 구제 못 한다'고 못 박았는지 모르겠다. 국가가 나서서 개인의 삶을 공평하게 책임져주겠다고 한 역사적 실험이 '공산주의'였다. 소련이 망하고 중국이 실질적인 자본주의로 돌아오고, 마지막 남은 북한이 꽁꽁 닫았던 문을 열려고 마지막 진통을 겪는 것을 지켜보면 공산주의가 내세운 이상이 얼마나 헛된 것이었던가를 절실히 깨달을 수 있다. 이미 전 세계적으로도 복지국가에 대한 환상은 깨져가고 있으며, 기존에 복지국가를 지향하던 나라들도 연금제도 개혁에 박차를 가하는 것이 오늘의 현실이다.

우리의 삶을 개선해주는 원동력은 '좋은 일자리'를 확충하는 것이다. 거기서 즐겁게 열심히 일하면서 삶의 보람을 찾고, 건전한 검약(儉約) 생활을 통해 자신의 노후를 스스로 책임지도록 하는 교육이야말로 우리에게 지금 절실히 필요한 것이다. 이렇게 될 때 국가의 조세수입도 증대되어 사각지대의 문제도 해결할 능력을 오히려 갖추게 된다. 힘들여 일하지 않아도 노후를 국가가 책임져준다는 환상이 이 사회에 확산된다면, 우리에게 희망은 그만큼 멀어진 단어가 될 것이다. 다시 강조하지만 지금 우리가 신경써야 할 최대 과제는 '좋은 일자리'를 확충하는 것이다. 일의 중요성과 관련한 좋은 글 하나를 소개하며 오늘 칼럼을 맺는다.

> 후안이라는 사람이 있었습니다. 그는 죽자마자 자신이 매우 아름다운 곳에 있다는 것을 알게 됩니다. 꿈에서 그리던 안락함과 아름다움이었습니다. 그때 하얀 옷을 입은 사람이 다가와서 말했습니다. "원하는 건 뭐든지 해도 됩니다. 무슨 음식이든 실컷 먹고 재미있고 즐겁게 지내세요." 후안은 너무 기뻐서 그가 살았을 때 꿈꾸던 것들을 다 해봤

습니다. 몇 년 동안 즐겁게 지내던 후안은 어느 날 하얀 옷을 입은 사람에게 말했습니다. "이미 제가 하고 싶은 일은 다 했습니다. 이젠 약간의 일이 필요합니다. 내가 쓸모 있는 사람이라는 느낌을 받고 싶습니다." "미안합니다. 내가 당신에게 줄 수 없는 것이 딱 하나 있는데 그게 바로 일입니다. 이곳엔 전혀 할 일이 없습니다." "영원히 지루하게 살라는 말입니까? 차라리 지옥에 가겠습니다." 그러자 하얀 옷을 입은 사람이 다가와서 낮은 목소리로 이야기했습니다. "지금 당신이 어디에 있다고 생각합니까?" (코엘료의 에세이 '일곱 가지 대죄', 『조선일보』에서 인용)

/ 필자의 개인 웹 칼럼 2007년 4월

# 미자루, 이와자루, 키카자루

어릴 때 서커스에 간 기억이 가끔 난다. 볼 것이 별로 없던 시절에 동네마당에 펼쳐진 천막 속의 세계가 어린 필자에게 커다란 환상으로 다가왔었음을 비슷한 시기를 살았던 분들은 대개 동감할 것이다. 여러 가지 묘기들 중에서도 가장 손에 땀을 쥐게 했던 것은 공중 그네타기였다. 아슬아슬하게 교차하는 그네 사이로 가볍게 몸을 옮겨 타는 묘기는 지금도 눈에 선하다. 그네타기가 겁나는 것은 추락할 위험이다. 그래서인지 그네 아래에는 넓게 펼쳐진 튼튼한 그물이 서커스 재인(才人)을 보호한다. 최선을 다해 묘기를 펼치다가 혹여 실수를 하더라도, 안전한 그물에 떨어짐으로써 큰 부상을 방지하는 것이다. 이를 들어 안전망(safety net)이라 부른다.

안전망의 개념은 금융에도 응용되고 있다. 현대 경제는 금융과 불가분의 관계로 운영된다. 따라서 금융시장의 안정은 경제발전에 필요조건임을 부인하지 못한다. 그러나 금융산업은 리스크를 먹고 사는 것으로서 금융회사는 항시 망할 우려가 있다. 특히 은행의 부실화는 막대한 외부불경제 효과로 인해 더욱 조심해야 하는 것이다. 자신이 애써 모은 저축이 한순간에 날아갈 수도 있다는 두려움은 금융소비자들로 하여금 은행을 기피하게 만들 수 있다. 차라리 베개 밑에 숨겨두는 것이 낫다는 어리석은(?) 결정을 내릴 수도 있는 것이다. 그렇게 되면 시중에 돈이 제대로 돌지 않게 되고 따라서 시장 내 자원배분이 효율적일 수 없다. 이를 해결하기 위해 금융안전망이 필요한 것이다.

금융안전망은 크게 세 가지로 구성된다. 금융회사의 건전성을 감독하는 금융감독당국, 부실화된 금융회사를 대신하여 예금을 대지급해주는 예금보험공사, 금융위기 국면에서 최후의 대부자로서 역할을 하는 한국은행이 그들이다. 이들의 존재로 인해 시장참가자들은 큰 두려움 없이 매일 매일의 금융활동을 유지한다.

그런데 이러한 금융안전망은 아쉽게도 부작용이 있다. 이른바 역선택(adverse selection)과 도덕적 해이(moral hazard)가 발생하는 것이다. 공중 그네타기를 하는 재인(才人)이 밑에 깔린 그물망을 너무 믿고 무모한 행동을 하게 되면 이전보다 추락할 가능성이 커진다. 금융안전망도 비슷하다. 금융회사에 맡긴 예금 또는 보험금이 보호된다는 믿음은 소비자들이 회사의 건전성과 상관없이 무조건 수익성이 높은 불량 금융회사를 선택하는 이유가 된다(역선택). 그리고 일단 돈을 맡긴 다음에 금융회사의 부실화 가능성에 대한 감시를 등한시 하게 되며, 금융회사 또한 일단 들어온 돈을 함부로 운용하는 어리석음을 범할 수 있다(도덕적 해이). 이 모두가 돈이 제도적으로 보장받고 있다는 믿음에 기초한 것이다.

따라서 금융은 이와 같이 상충하는 두 가지 목표, 즉, 금융시장 안정 및 소비자 보호 추구와 역선택 및 도덕적 해이문제의 해결을 동시에 달성해야하는 어려움을 갖게 된다. 이에 대한 상세한 논의는 이 칼럼의 범위를 넘는 전문적 내용이므로 구체적 설명을 줄이겠다. 다만, 예금보호한도에 제한을 둠으로써 거액 예금자들의 시장 감시활동을 촉진하거나, 금융회사들의 자본건전성 규제를 통해 무모한 투자를 방지하는 것 등이 이상의 두 마리 토끼를 동시에 잡고자 하는 대표적인 해결책이라고 할 수 있다.

자본주의 경제 또한 이와 비슷하지만 또 다른 안전망을 필요로 한다. 공산주의에 비해 자본주의가 우월함은 이미 역사를 통해 증명된 사실이다. 계획경제에 비해 시장경제는 이른바 '보이지 않는 손'의 작동으로 인해 자원이 효율적으로 배분된다는 특장(特長)을 갖는다. 자본주의가 많은 병폐에도 불구하고 오늘날 세계표준(global standard)으로 자리 잡게 된 가장 큰 배경이다.

그런데 자본주의는 불가피하게 경쟁을 유발하며 이 과정에서 낙오된 사람들이 생길 수밖에 없다. 자본주의란 마치 달리는 열차와 같아서 한번 떨어지면 다시 올라타기가 생각만큼 쉽지 않다. 따라서 자본주의 체제의 성공적 유지를 위해서는 한 번 낙마(落馬)한 사람들이 극단적 상황에 내몰리지 않고 두 번째 기회(second chance)를 잡을 수 있도록 도와주는 조치가 필요하다. 이것이 또 다른 의미의 '사회안전망'이며, 대표적인 것으로 실업수당 지급, 사회복지정책 실시, 실업자 재교육 등을 들 수 있다.

흥미로운 것은 금융안전망과 꼭 같이 사회안전망도 역선택과 도덕적 해이의 문제를 낳는다는 것이다. 국가로부터 제공되는 각종 복지정책과 실업수당 등에 기대어 제대로 된 생산활동을 하지 않고 사는 사람들이 대표적인 경우이다. 이들의 존재가 가시화되면 열심히 일하는 사람들이 근로의욕을 잃게 된다. 부지런히 쉬지 않고 일하여 꼬박꼬박 낸 세금으로 빈둥거리며 노는 사람들의 배를 불린다고 생각하면 일할 맛이 날 리가 없다. 이렇게 되면 악화(惡貨)는 양화(良貨)를 밀어내게 되고, 결국 경제 내 생산성과 잠재성장 가능성이 떨어지게 된다. 이것이 바로 지난 수십 년간 복지국가를 지향하며 사회안전망을 두텁게 갖춰온 유럽의 여러 나라들이 오늘날 겪는 어려움이다.

사회안전망은 자본주의 체제를 유지하는 데 절대적으로 필요하다. 그러나 이것만을 지나치게 강조하다보면 역선택과 도덕적 해이로 인해 자본주의 활력이 떨어지는 어리석음을 범할 가능성이 크다. 우리가 국가경영이 어렵다고 말하는 것은, 이들 간 조화를 추구하는 것이 보통사람들의 능력범위 밖에 있어서 도덕성을 갖춘 전문가의 판단이 절대적으로 필요한 일이기 때문이다.

이제 참여정부는 불과 몇 달이면 간판을 내리고 새 정부가 들어설 예정이다. 많은 국민들의 애정에 힘입어 출범한 참여정부의 공과(功過)는 훗날 역사가 판단할 몫이겠으나, 현재 전반적 사회분위기는 그다지 호의적인 것 같지 않다. 역대 정치사상 여당이 대선을 앞두고 저토록 지리멸렬(支離滅裂)한 것을 보고 들은 기억이 없다. 필자는 참여정부가 목표했던 바에는 좋은 것들도 많았으나, 개혁이 아마추어적으로 흐른 것이 가장 큰 패인(敗因)이라고 믿는다. 빈부격차를 해소한다는 명분으로 가진 자들에게 과도한 세금을 부과하고, 이를 사회안전망 구축에 대거 투입한 것의 목적 자체는 이해할 수 있다. 그러나 그 과정이 지나치게 아마추어적이라 결국 우리 사회의 잠재성장력을 크게 훼손하고 말았다. 참여정부가 그토록 돕고자했던 중산층 이하 서민들은 참여정부가 경제를 망쳐서 먹고 살기 힘들어졌다는 비난을 하고 있고, 중산층 이상은 세금폭탄의 고통을 토로하고 있다. 이렇게 된 원인 중 대표적인 것이 능력이 부족한 상태에서 사회안전망 건설에 급급하다가 역선택과 도덕적 해이 문제를 심각하게 고려하지 못한 것이다.

얼마 전 야당의 대통령 경선 관련 당내 분쟁에서 재미있는 한자숙어가 등장했다. 당랑규선(螳螂窺蟬) 또는 당랑재후(螳螂在後)라는 숙어는 사마귀가 매미를 잡으려고 엿보고 있는데 그 사마귀는 뒤에서 참새가 노리고 있음을 모른다는 말로, 눈앞의 이익에 어두워서 뒤에 따를 걱정거리나 고난을 생각하지 않는다는 뜻이다. 전한(前漢) 유향(劉向)의 『설원(說苑)』 정간(正諫)에 나오는 단어이다. 필자는 이야말로 작금의 우리 상황을 참으로 잘 표현한 것이 아닌가 싶다.

적어도 현재까지 여론조사만 따르면 한나라당이 집권할 가능성이 커 보인다. 그런데 이를 믿고 같은 당내 두 대선후보 진영은 이전투구(泥田鬪狗)의 정도를 매일 매일 높여만 가고 있다. 언제 참새가 뒤에서 나타날지도 모르는 상황임에도 뒤를 조심하는 기색은 보이지 않는다. 또한 여당과 야당 간 다툼에 있어서도 좁디좁은 한반도, 그것도 반쪽으로 갈려 섬보다 조금 큰 이 나라를 둘러싸고 치사한 싸움이 하루 이틀이 아니다. 신용불량으로 파산신청을 하는 사람들이 줄을 잇고 중소기업들은 피 말리는 자금조달에 지쳐가며, 기업들마다 선착순이라도 하듯 공장을 해외로 옮겨가면서 실업문제가 심각해지고 있다. 잠재성장력이 날로 훼손된다는 우려와 더불어, 당장 10년 후에 먹고 살 성장동력이 보이지 않는다는 한탄이 기업가들로부터 쏟아지고 있다. 오죽하면 국내 굴지의 재벌회장이 경제위기 가능성을 언급하며, 전직 장관들이 제2의 외환위기를 공개적으로 경고하겠는가? 각 정파들이 자신들이 벌이는 치졸한 싸움이 한갓 매미 한 마리 잡고자 하는 사마귀들의 전쟁임을 깨닫지 못하는 한, 나라 밖 참새들은 언제든지 나라 안 매미와 사마귀들을 함께 먹어치우려 덤빌 것이다. 불과 100년 전 친일파, 친러파로 나뉘어 싸우다가 일본이라는 참새한테 먹혀버린 당시 사마귀들을 정녕 잊은 것인가?

정치인들의 세계는 필자와 같은 백면서생(白面書生)이 이해하기는 참으로 오묘(?)하다. 잠시 전까지 멱살을 잡고 싸우던 사람들이 언제 그랬냐는 듯이 저녁이면 술 한 잔을 함께한다. 따라서 작금의 어지럽고 더러운 정치싸움만을 보면 필자는 저 분들이 나중에 대선이 끝나면 한 나라에서 함께 살 수 있을까 하는 걱정이 들지만, 그들의 세계는 평범한 우리네와 다르다니 일단 믿어보자. 지금 우리나라에서 가장 걱정스러운 것은 마구잡이식 여론몰이에 의해 사분오열(四分五裂)된 국민정서라고 생각한다. 어느 나라, 어느 시대나 국민여론이 분열되는 것은 드문 일이 아닐 것이나, 작금의 상황은 분열이 커다란 분노를 유발한다는 것이 걱정인 것이다. 이런 상황에서 경제와 금융이 순항(順航)하기를 바라는 것은 그야말로 쓰레기통에서 장미가 피어나기를 기대하는 것과 같다.

이제부터 몇 달은 원하건 원치 않건 우리 국민들이 대선열풍 속에서 헤어나기 어려울 것이다. 정치문외한인 필자가 정치인들에게 오직 바라는 것을 『사기(史記)』 「이사열전(李斯列傳)」에 나오는 다음 시구로 요약할 수 있을 것 같다.

> 泰山不讓土壤(태산불양토양) 故能成其大(고능성기대),
> 河海不擇細流(하해불택세류) 故能就其深(고능취기심)

> 태산은 한 줌의 흙도 사양하지 않기 때문에 그렇게 클 수 있었던 것이고, 큰 강과 바다는 작은 시냇물이라도 마다하지 않기 때문에 그렇게 깊어질 수 있었다.

매미를 잡아서 함께 나눠 먹자거나, 아니면 이번에는 당신이 먼저 먹고 다음에 내가 먹겠다거나 하는 도량과 관용이 아쉬운 시점이다. 민초(民草)들의 입장에 서서 등 뒤에 다가올 참새의 위협을 생각하고, 눈앞의 매미라는 먹이에 대한 욕심을 자제할 수 있는 거목(巨木)과 같은 정치인을 기대하는 것은 정말 불가능한 일일까?

일본에 있는 도쇼구(東照宮)는 에도 막부시대를 연 도쿠가와 이에야스를 모신 신사인데, 이곳에는 세 마리 원숭이(Three Wise Monkeys) 판각이 유명하다. 각 원숭이들은 눈을 가리거나 입을 막거나 귀를 두 손으로 막고 있다. 이는 일본말로 미자루, 이와자루, 키카자루(見ざる´いわざる´きかざる), 즉 번역하면 (나쁜 것을) 보지

도 말하지도 듣지도 말라는 의미를 담고 있다고 한다.

경제와 금융이 무언가 걱정스럽게 돌아간다는 조짐이 점차 강해지는 현 시점에서 다가오는 연말 대선은 우리에게 커다란 기회이자 위협이 될 수 있다. 아무쪼록 이제부터 매일 언론을 장식할 정치기사들을 보면서 우리 자라나는 아이들에게 '세 마리 원숭이' 인형을 선물하고, 정치에 관해 보지도, 말하지도, 듣지도 말라는 가르침을 주지 않게끔 부탁한다.

/ 필자의 개인 웹 칼럼 2007년 5월

# 국민연금의 은행인수

이번 학기는 유난히도 분주했다. 겨우 성적정리를 마치고 마침 내리는 장맛비 소리를 들으며, 이번 달 칼럼 주제를 구상하는 즐거움을 누리는 중이었다. 이번 방학에는 이제까지 쓴 칼럼들을 묶어 새로운 책으로 출간할 예정이므로 마지막으로 적절한 주제를 잡기 위해 한참 고심하고 있었다. 그런데 며칠 전 들려온 황당무계한 소식에 따라, 이미 검토 중인 주제를 버리고 이번 달 칼럼은 이를 다루기로 한다. 그 소식은 바로 국민연금이 우리금융 및 외환은행의 인수 후보로 거론되고 있다는 것이다. 자세한 논의전개에 앞서 분명히 할 것은 우리금융과 외환은행 인수는 구분되어야 한다는 것이다. 국민연금이 예금보험공사로부터 우리금융을 인수하는 것은 정부의 영향력을 계속 유지하려는 것임에 반해, 외환은행을 인수하는 것은 순수한 투자목적으로 봐줄 수 있는 여지가 있기 때문이다. 그러나 이러한 부분적 차이를 인정한다 하더라도 과연 국민연금의 은행인수를 바람직하다고 할 수 있을 것인가?

외환위기 이후 급속하게 진행된 은행 구조조정의 마무리는 '주인 찾아주기'였다. 당시 우리가 선택할 수 있었던 방법으로서 네 가지가 있었지만, 이들은 각각 뚜렷한 장단점을 갖고 있었다. 첫째, 산업자본에 매각하는 것은 경영효율화를 추구할 수 있는 반면 경제력 집중이 우려되고 금산분리원칙에 위배되었다. 둘째, 금융전업그룹에게 매각하는 것은 금융산업 경쟁력 향상을 위해 중장기적으로 바람직하다고 평가받았지만, 현실적으로 은행을 인수할 만한 마땅한 금융그룹이 없었다. 세 번째로 검토된 것이 은행을 국민기업화하는 것이다. 국민정서에 가장 부합한다는 평가를 받았지만, 이는 관료들의 낙하산 인사 등 정부의 도덕적 해이가 우려되었다. 마지막 대안이 외국인에게 매각하는 것이었다. 국부유출에 대한 부정적 정서가 있었음에도 불구하고, 선진금융기법 전수라는 명목 하에 은행들 대부분이 이 방식에 따라 외국계에 매각된 것이 오늘날의 현실이다. 현재 외국인 투자비중이 50%에 미달하는 은행은 우리은행을 포함하여 단 두 곳뿐이다. 이제 은행 구조조정의 마지막 대상인 우리은행과 외환은행 처리에 갑자기 국민연금이 뛰어든 것이다.

국민연금의 은행인수에 배경이 되고 있는 것은 앞서 다른 은행들이 대부분 외국계에 인수된 데 따른 반작용으로서 이른바 '토종자본 역할론' 및 연금수익률 제고가 언급된다. 따라서 명분으로만 볼 때 무조건 반대만 할 수 있는 것이 아니다. 그러나 일본인들의 혼네〔本音〕는 본심, 타테마에〔建前〕는 겉으로 드러내는 말이나 행동이라고 할 때, 국민연금이나 이를 관장하는 보건복지부가 내세우는 위의 명

분들은 타테마에일 뿐이라고 필자는 믿는다. 현재 국민연금은 정책 수립, 의결과 집행 및 결산·평가를 보건복지부 관료들이 맡아하고 있는 상황이다. 이들은 보건과 복지에 전문성을 갖고 있을 뿐이며, 거의 200조에 육박하는 기금운용에 대해서는 문외한이나 다름없다. 이렇기 때문에 지금도 국민연금의 지배구조 개선이 끊임없이 논의되고 있는 마당에, 한 수 더 떠서 아예 국내 최대 은행의 하나를 인수하여 제도금융권에 진입하고자 하는 욕심 앞에 할 말을 잃을 뿐이다.

우리은행을 인수하고자 하는 관료들의 혼네는 현재 예금보험공사를 통해 누리는 간접적 통제권한을 민간에게 넘겨주고 싶지 않다는 것이다. 또한 보건복지부 관료들 입장에서는 우리금융이라고 하는 거대 조직을 산하에 두게 될 경우, 퇴직 후 자리마련 및 각종 이권 개입 등의 보이지 않는 혜택이 부수적으로 따라올 것임을 당연히 계산하였을 것이다. 우리은행은 엄청난 부실로 인해 거대한 공적 자금이 투여된 대표적 은행이다. 국민들의 피땀 어린 세금을 퍼부어 겨우 살려놓았더니 낙하산이 고위직을 점령하더니만, 이번에는 아예 관료들이 국민연금을 앞세워 경영권을 인수하려 들고 있다.

국민연금의 은행 인수 가능성이 보건복지부 장관, 기획예산처 장관에 이어 국무총리에 이르기까지 고위관료들의 입을 통해 잇따라 제기되는 것을 보면, 정부 차원에서 이미 공감대가 형성됐다는 느낌을 받는다. 관료들로서는 은행 주인 찾아주기 대안으로 획기적이라고 평가하는지 모르겠지만 이를 바라보는 필자의 마음은 답답하기 그지없다. 국민연금의 은행인수가 가져올 부작용으로 관치금융 복귀에 따른 시장왜곡이나 리스크 관리 소홀 등을 우선 들 수 있다.

국민연금이 은행을 소유하게 되면 새로운 거대 공기업이 탄생하는 셈이며, 이는 막대한 자금을 바탕으로 금융시장을 좌지우지할 가능성이 크다. 현재 갖고 있는 공기업도 민영화해야 할 마당에 이는 시대흐름에 분명히 역행하는 것이다. 최근 조사된 바에 따르면 정부 산하 기관들의 주먹구구식 기금 운용이 여전한 것으로 드러났다. 낙하산 인사, 방만하고 비효율적인 경영으로 상징되는 공기업을 금융권에 새로 들여올 수는 없다.

보다 큰 걱정은 금융을 바라보는 정부의 시각에 있다. 1997년 외환위기를 겪으면서 한국 금융은 상전벽해(桑田碧海)처럼 변화하였다. 정부 주도의 관치금융, 규제 위주의 금융에서 벗어나 창의력을 바탕으로 수익을 추구하되 리스크를 중시하는 선진금융으로 탈바꿈하고 있는 것이다. 이의 성공적 정착을 위해서는 정부의 간섭을 가능한 줄이고, 민간의 창의력을 북돋우는 조치가 필요하다. 자본시장통합법에서 금융상품 허가를 열거주의에서 포괄주의로 바꾸고 기능별 규제조치를 도입한 것은 모두 이러한 맥락에서이다. 이러한 시점에서 관료들이, 그것도 금융과 전혀 별개인 보건복지부 관료들이 개입할 여지를 갖는 국민연금의 은행인수를 추진한다는 것은 역사의 수레바퀴를 거꾸로 돌리는 것과 같다.

우리나라 관료들이 유능하고 깨끗했기 때문에 우리가 이만큼 발전했다는 점에 대해 필자는 부정하지 않는다. 해방과 한국전쟁을 겪는 과정에서 가장 우수한 집단이 공무원과 군인이었기 때문에 개발연대 시기에 이들에 의해 국정이 좌우되었던 불가피한 점도 인정한다. 그러나 이제는 세상이 변했다. 이제는 관(官) 주도의 일사불란한 체제하에서 고속성장을 이루는 것이 아니라, 호기심과 창의력을 기반으로 한 우수한 민간인재들에 의해 세상이 발전하고 있다. 이제 관료들은 과거처럼 자신들이 앞장서서 일을 하려는 욕심에서 벗어나, 민간부문을 지원하고 보호하는 작은 정부의 일원으로서만 만족하기 바란다.

투자 포트폴리오를 확대하여 기금 수익률을 제고해야 하는 국민연금 입장에서 토종자본의 기치를 들고 은행인수에 나서는 것은 일부의 지지를 받을 수도 있다. 그러나 이상에서 자세하게 살펴보았듯이 이는 장점보다 단점이 많은 하책(下策)일 뿐이다. 그렇다면 대안은 무엇인가?

국민연금이 은행에 관심이 있다면 투자수익을 추구하는 재무적 투자자로 들어오면 된다. 굳이 경영권을 갖는 전략적 투자자로 들어올 이유가 없는 것이다. 또한 재무적 투자의 대상은 국내은행만이 아니다. 현재 국내시장은 달러가 과잉 공급되면서 원화절상이 급속하게 이루어져 기업들의 수출가격 경쟁력이 하락하고 있는데, 이런 시점에서 국민연금이 해외투자에 적극적으로 나선다면 원화가치를 안정시키면서도 포트폴리오 다변화 및 투자역량 강화에 큰 도움이 될 것이다. 이렇듯 국민연금은 원래의 취지에 맞게 국민들의 노후를 책임지는 적정수익을 창출하는 데 머무르기 바란다.

그렇다면 우리금융과 외환은행은 어떻게 처리하는 것이 좋을까? 필자는 이제는 금산분리의 원칙을 재검토할 시점에 도달하였다고 믿는다. 결국 은행의 주인은 산업자본, 금융전업그룹, 국민기업화, 외국인의 네 가지 선택밖에는 없다. 국민연금의 인수는 이 중 국민기업화에 해당한다. 외국인에게는 충분히 주었고 국민기업화하는 것이 시대에 역행하는 것이라면, 이제 남은 대안은 산업자본에게 기회를 주는 것이다. 여러 가지 부작용이 걱정되지 않는 것은 아니지만 최선(最善)이 없다면 차선(次善)이라도 선택해야 하는 것이다.

다만 산업자본에게 기회를 주기 위해서는 전제조건이 필요함을 분명하게 지적하고자 한다. 현재 국민정서는 산업자본의 은행 지배에 거부감이 크다. 금산분리의 근거로 지적되는 두 가지 우려, 즉 재벌총수가 적은 지분만으로 거대 조직을 전횡(專橫)한다는 것과 경제력 집중에 따른 시스템 리스크 증대 우려 중에서 후자는 여러 가지 정책을 통해 통제 가능하다. 그러나 첫 번째에 대해서는 아직 우리 사회의 반감이 적지 않다. 이를 해결하기 위해서는 산업자본이 앞장서서 적극적인 지배구조 개선노력을 해야 한다. 예를 들어 이사회 중심의 경영을 확고하게 정착시키는 것은 총수의 전횡을 막는 좋은 방안이 될 것이다. 또한 재벌의 금융부문을 비금융부문에서 분리하여 금융전업 그룹화하는 것은 신선한 노력으로 간주될 수 있을 것이다. 이러한 자구노력을 전제로 하여 산업자본의 은행경영을 허용하게 될 경우 국내 금융은 새로운 도약의 기회를 맞을 수도 있다. 산업자본은 새로운 미래 성장동력을 찾고 있고 금융은 경제성장 지원역할을 넘어서서 국부(國富) 창출의 새로운 원천으로 등장하고 싶어한다. 예상되는 여러 부작용에도 불구하고 우리가 지금 금산분리의 철칙(鐵則)을 재검토해야 하는 것은 이러한 까닭이다. 또한 그래야만 국민연금의 은행인수와 같은 허황된 주장이 발을 못 붙이게 할 수 있다.

/ 필자의 개인 웹 칼럼 2007년 6월

# 참여정부 시기의 금융 이야기

올 장마의 끝물이 시원스레 거리를 적시고 있다. 아마도 다음 주면 장마도 지나가고 폭염이 시작되리라고 한다. 마침 방송은 한나라당 검증청문회로 도배를 하고 있다. 이른바 '정치의 시절'이 본격화하는 느낌이다. 지겨운 청문회를 건성으로 들으며 운전을 하는 동안 저절로 2002년 대선의 기억이 떠올랐다. 치열했던 격전이었지만 그 어느 때보다 우리 사회의 선택의 폭을 넓혀주었던 여야 후보들에게 필자는 긍정적 평가를 하는 칼럼을 썼었다. 이제 우리 사회에서도 'red complex' 없이 건강한 좌우 가치논쟁이 가능하리라는 희망을 보았었다. 최후에 승리한 현재 대통령이 당선사례에서 했던 말씀, 당신을 지지했던 사람들만 아니라 반대편에 섰었던 사람들까지 품고 가는 정치를 하겠노라는 약속 앞에 필자는 순진하게 대한민국의 화목한 미래를 꿈꾸기도 했었다. 이래서 대학교수는 현실을 모르는 책상물림이라는 비난을 받나보다.

이제 여야의 자체 경선이 끝나면 가을부터는 본격적인 대선정국이 펼쳐질 것이다. 민주주의가 갖는 여러 장점들 중 하나가 주기적으로 지도자를 교체하여 사회에 적절한 활력을 재공급할 수 있다는 것이다. 따라서 가을부터는 칼럼 내용도 현재보다는 미래지향적 내용을 담을 가능성이 크므로, 이번 칼럼에서는 이른바 참여정부로 불리는 현 정부의 금융정책에 대해 종합적으로 되돌아보고자 한다.

참여정부의 공과(功過)를 논하기는 아직 빠르다. 역사의 흐름은 도도하여 당시에 보기에는 굽어가는 듯 보이는 길도 긴 안목으로 뒤돌아보면 가장 빠른 길이기도 했고, 숨 가쁘게 달려가는 듯해도 결과적으로 보면 역사의 수레바퀴를 오히려 거꾸로 돌린 적도 많았음을 알게 된다. 따라서 오늘 내리는 필자의 평가를 먼 훗날 스스로 다시 읽어볼 때 얼굴 붉히는 부끄러움이 치솟을지라도 오늘은 오늘 나름대로의 평가가 필요할 것으로 생각한다. 우리는 어차피 미래를 알 수 없으며 주어진 하루하루를 최선으로 살아갈 수밖에 없는 유한한 존재이기 때문이다.

필자는 참여정부 시기의 금융을 다음과 같이 요약하여 평가한다. 첫째, 이 시기의 금융산업은 그 어느 때 보다도 자신의 이익만을 추구하는 모습을 보였다. 특히 은행산업의 경우 공공성에 지나치게 치중한 나머지 1997년 외환위기를 맞았다는 반성으로 수익성을 추구하는 방향으로 무게중심을 옮긴 것은 지극히 타당하였으나, 그 과정에서 국민들의 정서와 괴리된 아쉬움이 있다. 막대한 공적 자금을 투입하고 상당수의 직원을 정리해고하면서 거둔 막대한 이익의 상당부분을 외국인들에게 넘겨줄 수밖에 없었던 은행의 소유구조 문제는 다시 생각해볼 문제로 등장했다.

둘째, 은행 중심의 간접금융은 위험한 기업대출보다 안전한 가계대출 및 부동산담보대출에 치중하여 가계신용불안과 부동산 거품이라는 큰 병폐를 우리 경제에 유산으로 남겼다. 1997년 외환위기가 기업의 금융위기였기 때문에 고통은 금융회사 구조조정과 실업증가로 나타났지만, 향후 걱정되는 가계발 금융위기는 가계부문이 훨씬 더 민감하고 고통스럽게 느낄 상황으로 다가올 가능성이 커지고 있다. 외환위기 이후 경제주체들의 안정희구성향(flight-to-quality) 추구가 은행의 자금운용을 리스크 회피적으로 유도했고, 기업들 자신도 엄청난 내부유보를 쌓으면서도 투자를 하지 않았던 것이 간접금융 부문의 이와 같은 병폐를 유도한 것이 사실이다. 그러나 금융산업이 외부환경만을 탓하기에는 공적 자금을 통해 국민들이 퍼부은 애정(!)의 무게가 더욱 크게 느껴진다.

셋째, 직접금융 또한 자금의 생산적 중개기능을 못했기는 마찬가지이다. 채권시장은 규모가 커졌으나 대부분은 국공채와 은행채가 자리를 차지했고 막상 기업금융의 핵심인 회사채 시장은 침체되었다. 경제가 활력을 잃고 기업들이 투자를 기피하면서 회사채 발행도 줄었지만, 막상 이를 사고자 하는 수요도 과거에 비해 크게 줄어든 것이 현실이다. 한편 주가가 사상 최고치를 연일 경신하면서 참여정부 스스로가 이를 자신들의 가장 큰 업적으로 자주 언급하지만 실상을 보면 아쉬운 점이 많다. 우리나라 전체 주식의 절반에 가까운 액수를 외국인들이 소유하고 또 나머지의 상당액도 대주주들이 갖고 있는 상황에서 일반 국민들은 주가상승의 혜택에서 소외될 수밖에 없었다. 또한 유통시장은 뜨겁게 달아올랐으되 발행시장을 통해 자금을 조달해 간 기업은 지난 몇 년간 손에 꼽을 정도의 소수이다. 이렇다보니 누구를 위한 주가상승이냐는 비난도 나올 만하다.

이상으로 내용을 종합하면 한마디로 '참여정부 시기의 금융은 국민복리 증진에 기여하지 못했다'로 요약할 수 있을 것 같다. 생산적 금융은 경제 내의 비생산적 자금에게 생산적 기회를 부여하는 것이다. 가계부문이 피땀 흘려 저축한 자금을 기업에게 공급함으로써, 기업이 투자를 일으키고 이에 따라 고용을 창출하며 그 결과로서 이자 및 배당을 다시 가계부문에 돌려줌으로써 나라 전체를 살찌우게 한다. 그러나 아쉽게도 지난 몇 년 동안 금융은 이러한 순기능을 수행하지 못했다.

참여정부에 대한 평가는 역사학자들의 몫으로 이제 넘어간다. 다만 필자로서 정말 궁금한 점은 어떤 이유로 인해 참여정부는 본인들이 목표로 내세운 것과 반대방향으로 결과를 낸 일이 그리도 많은가 하는 점이다. 하늘이 두 쪽이 나도 부동산만은 잡겠다고 했지만 결국 사상 최대의 부동산 거품을 만들어냈으며, 중산층 이하 서민들을 잘살게 하겠다고 외쳐댔지만 양극화는 날로 심각해져만 가고 있다. 오히려 주식시장에는 그다지 관심을 두는 것 같지 않았는데 주가는 사상 최고를 달리고 있다. 시간이 지나 좀 더 많은 자료를 갖고 객관적으로 지금 이 시기를 되돌아볼 때가 오면 이 궁금증을 풀 날이 오리라 희망할 뿐이다.

보통 사람들은 열심히 추구하던 일이 계속 반대 결과를 낳게 되면 잠시 템포를 늦추고 쉬면서 상황을 관조한다. 그런데 현 정부는 마지막까지 최선을 다해서 열심히 하려는 욕심에서인지 '집착의 끈'을 놓지 못하는 것 같아 보인다. 여기서 필자는 노자의 글 한 조각을 음미해본다.

> 천하에 해서는 안 된다고 금(禁)해진 일이 많으면 많을수록 백성들은 더욱 가난해진다. 백성들에게 문명의 이기가 잘 보급되는 나라일수록 더욱 혼란해진다. 기술이 발달하면 이상한 물건들이 계속 만들어진다. 법률이 정밀해지면 그만큼 죄인은 늘어난다. 그래서 성인은 말한다. 내가 무위(無爲)하면 백성은 저절로 감화되고〔無爲而自民化〕 내가 움직이지 않고 가만히 있으면 백성은 저절로 잘살게 되고 내가 욕심이 없으면 저절로 소박해진다. —노자(老子) 57장

모든 정치는 백성들을 잘살게 하는 데 궁극적인 목표를 둔다. 금융의 역할도 이에서 벗어날 수 없다. 따라서 참여정부의 남은 시간 동안 역할은 이제라도 이를 위한 기반을 무리 없이 잘 다져서 차기 정부에게 성공적으로 넘겨주는 것이다. 그리고 차기 정부는 최우선적으로 다음에 중점을 두어야 할 것이다. 첫째, 가계부문의 여유자금을 기업부문으로 연결시켜 기업의 투자를 이끌어내고, 따라서 기업이 고용을 창출하고 성장을 이끄는 '금융선순환' 구조를 회복해야 한다. 이를 위해서는 정부와 기업이 협력하여 미래 신성장동력을 찾는 국가적 노력이 선행되어야 하며, 기업의 투자를 가로막는 각종 장애요인들을 적극적으로 제거해야만 한다. 둘째, 금융이 특정 계층에만 혜택을 주는 것에서 벗어나 골고루 혜택을 주어 양극화를 해소하

는 방향으로 나아가도록 해야 한다. 이를 위해서는 특히 서민금융과 micro credit에 대한 보완이 절대적으로 필요할 것이다. 일하는 대한민국! 금융산업 자신만이 아닌, 국가경제성장을 함께 지원하는 금융산업을 우리는 보고 싶은 것이다.

/ 필자의 개인 웹 칼럼 2007년 7월

# 참여정부 시기의 금융 이야기

**펴낸날** 1판 1쇄 2007년 9월 21일
**지은이** 김진호
**펴낸이** 최민숙
**펴낸곳** 이화여자대학교출판부
**주소** 서울특별시 서대문구 대현동 11-1(우 120-750)
**등록** 1954년 7월 6일 제9-61호
**전화** 02) 3277-2965, 2966(편집팀)
02) 3277-3164, 362-6076(영업팀)
**팩스** 02) 312-4312
**전자우편** press@ewha.ac.kr
**인터넷서점** www.ewhapress.com
**책임편집** 민지영
**디자인** 정혜진
**찍은곳** (주)백산하이테크


ISBN 978-89-7300-755-4 03320

값 13,000원